FOS·BOS 13

**Abitur-Prüfungs-
aufgaben mit Lösungen**

2011

Mathematik
Ausbildungsrichtung Technik
Bayern
2002–2010

STARK

ISBN 978-3-89449-368-4

© 2010 by Stark Verlagsgesellschaft mbH & Co. KG
12. ergänzte Auflage
www.stark-verlag.de

Das Werk und alle seine Bestandteile sind urheberrechtlich geschützt. Jede vollständige oder teilweise Vervielfältigung, Verbreitung und Veröffentlichung bedarf der ausdrücklichen Genehmigung des Verlages.

Inhalt

Vorwort

Hinweise und Tipps zum Abitur

Aufgabe der Beruflichen Oberschule I
Die schriftliche Abiturprüfung in Mathematik I
Inhalte und Schwerpunktthemen II
Methodische Hinweise und allgemeine Tipps zur schriftlichen Prüfung VI

Abiturprüfung 2002 (Ausbildungsrichtung Technik)

Analysis A I $\quad f: x \mapsto f(x) = \arctan\left(\dfrac{3x^2}{1-2x}\right)$

$\qquad h_k: x \mapsto h_k(x) = \dfrac{e^x}{(k+e^x)^3}$

$\qquad \dot{f}(t) = 0,2 \cdot [60 \cdot 10^6 - f(t)]$ mit $t \geq 0$ 2002-1

Analysis A II $\quad f_k: x \mapsto f_k(x) = k + k \ln[(x-k)(x+2)]$ mit $k \in \mathbb{R}^+$

$\qquad g: x \mapsto g(x) = \begin{cases} f_2(x) & \text{für } |x| > 2 \\ -2\arctan(x^2 - 4) & \text{für } |x| \leq 2 \end{cases}$

$\qquad \dot{y}(t) = \dfrac{Q}{V} \cdot k_0 - \dfrac{Q}{V} \cdot y(t)$ mit $t \geq 0$ 2002-8

Stochastik B I 2002-15
Stochastik B II 2002-19

Abiturprüfung 2003 (Ausbildungsrichtung Technik)

Analysis A I $\quad f: x \mapsto f(x) = \arctan\left(\dfrac{e^x - 1}{e^x + 1}\right)$

$\qquad g: x \mapsto g(x) = \dfrac{e^x}{e^{2x} + 1}$

$\qquad 2 \cdot \dot{x} = (1+x) \cdot (1-x)$ mit $x \in [0; 1[$

$\qquad (2x + 3) \cdot y' + y = x$ mit $x \in \,]-1{,}5; \infty[$ 2003-1

Analysis A II $f_a: x \mapsto f_a(x) = \dfrac{4}{1+e^{ax}}$ mit $k \in \mathbb{R}^+$

$F_a: x \mapsto F_a(x) = \int_0^x f_a(t)\,dt$

h: $x \mapsto h(x) = \sqrt{x^2 - 1}$

$y' + 2y \cdot \tan(x) = \sin(x) \cdot \cos(x)$ für $x \in \,]0; \dfrac{\pi}{2}[$ 2003-8

Stochastik B I 2003-15
Stochastik B II *(Teilaufgabe 1.3*)*............................... 2003-20

Abiturprüfung 2004 (Ausbildungsrichtung Technik)

Analysis A I $f_a: x \mapsto \ln\left(\dfrac{x-1}{ax^2}\right); a \in \mathbb{R}\setminus\{0\}$

F: $x \mapsto \int_2^x \ln\left(\dfrac{t-1}{0,25t^2}\right)dt; D_F = \,]1; \infty[$

$2y'(x^4 + 16) + 6xy = 3xy^2$ für $x \in \mathbb{R}$, $y > 2$, $y(0) = 4$

$s(t) = \dfrac{150}{1 + a \cdot e^{-bt}}$ mit $a, b \in \mathbb{R}$ 2004-1

Analysis A II $f_a: x \mapsto a \cdot e^{-(x+a)} \cdot (x+a+1); a \in \mathbb{R}\setminus\{0\}; D_{f_a} = \mathbb{R}$

g: $x \mapsto \arctan(f_2(x)); D_g = \mathbb{R}$

h: $x \mapsto h(x) = \begin{cases} f_2(x) & \text{für } x \geq -3 \\ g(x) & \text{für } x < -3 \end{cases}$

$U_0 - L \cdot \dot{J}(t) - R \cdot J(t) = 0$ für $J(0) = 0$ 2004-9

Stochastik B I *(Teilaufgabe 4.2*)*................................. 2004-16
Stochastik B II *(Teilaufgabe 2.3*)*............................... 2004-20

Abiturprüfung 2005 (Ausbildungsrichtung Technik)

Analysis A I Graph von g: $x \mapsto g(x)$

h: $x \mapsto \arccos(g(x))$

J: $x \mapsto J(x) = \int_0^x g(t)\,dt$

$f_a: x \mapsto f_a(x) = ax + \sin(x)$

$\dot{N}(t) = 0,1 \cdot N(t) \cdot [5 - N(t)]$ 2005-1

* Diese Teilaufgaben sind nicht mehr **prüfungsrelevant**.

Analysis A II $\quad f_k: x \mapsto \dfrac{2|x|}{\sqrt{k^2-x^2}}$; $D_{f_k} =]-k; k[$

$$F_k(x) = \int_{-1}^{x} f_k(t)\,dt \text{ mit } k > 1$$

$$h_a: x \mapsto \dfrac{(x-5)\cdot |x+1|\cdot (x-a)}{x^2-2x-15}$$

$$g_a: x \mapsto \arctan\left(\dfrac{|x+1|\cdot (x-a)}{x+3}\right)$$

$y' - y \cdot \left(\dfrac{2x}{x^2+1} - \dfrac{1}{x}\right) = \dfrac{-2}{x^2+1}$ 2005-8

Stochastik B I *(Teilaufgabe 5*)* 2005-16
Stochastik B II 2005-20

Abiturprüfung 2006 (Ausbildungsrichtung Technik)

Analysis A I $\quad f_a: x \mapsto \arctan\dfrac{\sqrt{a^2-x^2}}{x}$ mit $a \in \mathbb{R}^+$

$$h_a: x \mapsto h_a(x) = \begin{cases} f_a(x)+c & \text{für } -a \le x < 0 \\ b & \text{für } x = 0 \\ f_a(x) & \text{für } 0 < x \le a \end{cases} \quad (b, c \in \mathbb{R})$$

$\dfrac{c^2}{g} \cdot \dot{v} = c^2 - v^2$ 2006-1

Analysis A II $\quad f_a: x \mapsto (x^2-2x) \cdot e^{a\cdot(3-x)}$ mit $a \in \mathbb{R}\setminus\{0\}$

$\quad h: x \mapsto \arcsin(\sqrt{x^2-4})$

$\dot{m}(t) = \left(\dfrac{4m_0}{235} - m(t)\right) \cdot \lambda$ mit $t \ge 0$ 2006-7

Stochastik B I 2006-13
Stochastik B II 2006-17

Abiturprüfung 2007 (Ausbildungsrichtung Technik)

Analysis A I $\quad f_a: x \mapsto \ln\left(\dfrac{x}{x-2a}\right)$ mit $a \in \mathbb{R}^+$

$\quad g_a: x \mapsto \arctan(f_a(x))$

$\dfrac{dN(t)}{dt} = k \cdot (M - N(t))^2$, wobei $k > 0$

$y' \cdot \cos(x) + y \cdot \sin(x) - 2 \cdot \cos(x) \cdot \sin(x) = 0$ 2007-1

Analysis A II $f_a: x \mapsto \dfrac{4}{1+a\cdot e^{-2x}}$ mit $a \in \mathbb{R}$

$y' = 2y - \dfrac{1}{2}y^2$

$F: x \mapsto \displaystyle\int_0^x f(t)\,dt$

$y' + 2\cdot y = \cos(x)$

$\dot z(t) = \lambda \cdot z(t)$ 2007-8
Stochastik B I 2007-15
Stochastik B II 2007-20

Abiturprüfung 2008 (Ausbildungsrichtung Technik)

Analysis A I $f: x \mapsto \begin{cases} -2\cdot \arcsin(e^{-x}-1) & \text{für } x \geq 0 \\ 2\cdot \arcsin(e^{x}-1) & \text{für } x < 0 \end{cases}$

$F: x \mapsto \displaystyle\int_{-1}^{x} f(t)\,dt$ mit $x \in \mathbb{R}$

$g: x \mapsto 1, x \in \mathbb{R}$ und $h: x \mapsto \dfrac{4}{\sqrt{x\cdot (x-1)\cdot \ln\left(\frac{x}{x-1}\right)}}$

$RC\cdot \dot Q(t) + Q(t) = \dfrac{CU}{T}\cdot t$ 2008-1

Analysis A II $f_a: x \mapsto \dfrac{(1+ax)\cdot e^{ax}}{1+x^2\cdot e^{2ax}}$ und $F_a: x \mapsto \displaystyle\int_0^x f_a(t)\,dt$ mit $a \in \mathbb{R}^+$

$h_a: x \mapsto \arctan(x\cdot e^{ax}), x \in \mathbb{R}, a \in \mathbb{R}^+$

$g: x \mapsto x\cdot \sqrt{e^2 - e^x}$ mit $x \in [0; 2]$

$\dot n(t) = \lambda_M \cdot N_0 \cdot e^{-\lambda_M \cdot t} - \lambda_T \cdot n(t)$ 2008-7
Stochastik B I 2008-13
Stochastik B II 2008-18

Abiturprüfung 2009 (Ausbildungsrichtung Technik)

Analysis A I $f: x \mapsto \dfrac{|x-1|}{\sqrt{x^2 - 2x + 2}}$ mit $D_f \subseteq \mathbb{R}$

$g: x \mapsto \arccos(f(x))$ und $h: x \mapsto \begin{cases} \arctan\left(\dfrac{1}{|x-1|}\right) & \text{für } x \neq 1 \\ 0{,}5\pi & \text{für } x = 1 \end{cases}$

$H(x) = \displaystyle\int_1^x h(t)\,dt, \; x > 1$

$\dot U(t) = a \cdot (U_1 - U(t))$ 2009-1

Analysis A II $\quad f_a: x \mapsto 2e^{-x} \cdot \sqrt{e^x - a}$ mit $a \in \mathbb{R}^+$

$$F(x) = \int_0^x f_1(t)\, dt \text{ mit } D_F = \mathbb{R}_0^+$$

$$V = \frac{4}{3}\pi \cdot (R^2 - r^2)^{1,5}$$

$x \cdot y' - 3y' + y = \dfrac{x-3}{x^2+1}$ für $x > 3$ 2009-8

Stochastik B I 2009-14
Stochastik B II 2009-19

Abiturprüfung 2010 (Ausbildungsrichtung Technik)

Analysis A I $\quad f_a: x \mapsto \ln\left(\dfrac{x^2}{a-x^2}\right)$ mit $a \in \mathbb{R}^+$

$g(x) = f_4(x)$ mit $D_g = \,]0; 2[$

$\dot{v}(t) + 2v(t) = \sin(2t)$

k: $x \mapsto 2 \cdot \arctan\left(\sqrt{x^2-1}\right)$ und h: $x \mapsto \arcsin\left(1 - \dfrac{2}{x^2}\right)$ 2010-1

Analysis A II $\quad f_a: x \mapsto \dfrac{x^2 - a^2}{ax^2}$ mit $a \in \mathbb{R}\setminus\{0\}$ und $D_f = \mathbb{R}\setminus\{0\}$

g: $x \mapsto \arccos(f_1(x))$

$$\int_1^3 g(x)\, dx$$

s: $x \mapsto 5\sqrt{\ln(x)} \cdot (x+1)^{-1}$

$y' \cdot (x^2 + 1) = x(1-y)$ 2010-7

Stochastik B I 2010-15
Stochastik B II 2010-20

Jeweils im Herbst erscheinen die neuen Ausgaben
der Abiturprüfungsaufgaben mit Lösungen.

Lösungen der Aufgaben:

Harald Krauß

Vorwort

Liebe Schülerinnen und Schüler,

Sie haben zwei lehrreiche Jahre an der BOS oder an der FOS ein zusätzliches 13. Schuljahr absolviert und werden eine schriftliche Prüfung im Fach Mathematik ablegen.

Bei der Vorbereitung auf die Abschlussprüfungen wird Ihnen dieses Buch eine gute Hilfe sein. Es enthält die **offiziellen schriftlichen Abiturprüfungsaufgaben**, die vom Land Bayern in den letzten Jahren gestellt wurden. Das Buch versteht sich nicht als Lehrbuch, sondern als ein **Übungsbuch**, mithilfe dessen Sie sich gezielt und effektiv auf die Prüfungen vorbereiten können.

Zu jede dieser Aufgaben folgen **vollständige, kommentierte Lösungsvorschläge** und ab dem Jahrgang 2007 zusätzliche **Lösungshinweise und Tipps**, die Ihnen das eigenständige Lösen der Aufgaben erleichtern. Sie gewinnen somit einerseits einen unmittelbaren Eindruck von Niveau, Inhalt und Umfang der Prüfungsaufgaben, andererseits ermöglichen Ihnen die Lösungen, die jeweils geeigneten Lösungsstrategien und Berechnungsschritte zu üben. Die angeführten Lösungen sind dabei als **möglicher, aber keineswegs einziger Weg** zum Erreichen des Ergebnisses zu sehen.

Das Ziel der Arbeit mit dem Buch besteht darin, dass Sie die Problemstellungen weitgehend selbstständig bearbeiten können und die beschriebenen Lösungswege nur noch zur Kontrolle Ihrer eigenen Ergebnisse nutzen. Wenn Sie dieses Ziel erreicht haben, sind sie gut auf die bevorstehende Prüfung vorbereitet.

Darüber hinaus halten Sie ein Hilfsmittel in Händen, mit welchem Sie Ihren Mathematikunterricht nacharbeiten und sich systematisch auf Schulaufgaben im Fach Mathematik vorbereiten können, da ihr Fachlehrer oder Ihre Fachlehrerin bei der Konzeption jeder Schulaufgabe auch immer die Abiturprüfung im Blick haben wird.

Sollten nach Erscheinen dieses Bandes noch wichtige Änderungen im Abitur 2011 vom Bayerischen Staatsministerium für Unterricht und Kultus bekannt gegeben werden, finden Sie aktuelle Informationen dazu im Internet unter:
www.stark-verlag.de/info.asp?zentrale-pruefung-aktuell

Ich wünsche Ihnen für Ihre Prüfungen viel Erfolg!

Harald Krauß

Hinweise und Tipps zum Abitur

Aufgabe der Beruflichen Oberschule

In der Beruflichen Oberschule sind die Fachoberschule (FOS) und die Berufsoberschule (BOS) zusammengefasst.

Ziel der Berufsoberschule (BOS) ist es, Schülerinnen und Schüler mit einem mittleren Schulabschluss und einer Berufsausbildung innerhalb von zwei Schuljahren (Jahrgangsstufen 12 und 13) in den Ausbildungsrichtungen Technik, Wirtschaft und Sozialwesen zur fachgebundenen Hochschulreife (nur Englisch als Fremdsprache) oder auch zur allgemeinen Hochschulreife (mit einer zweiten Fremdsprache) zu führen. Die Schüler der Berufsoberschule können nach der 12. Jahrgangsstufe an der Fachabiturprüfung zum Erwerb der Fachhochschulreife teilnehmen und mit diesem Abschluss die Schule verlassen. Dies wurde durch eine weitgehende Abstimmung der Lehrpläne und Stundentafeln für die 12. Jahrgangsstufen der Fachoberschule und der Berufsoberschule ermöglicht.

Ziel der Fachoberschule (FOS) ist es, Schülerinnen und Schüler mit einem mittleren Schulabschluss innerhalb von zwei Schuljahren (Jahrgangsstufen 11 und 12) in den Ausbildungsrichtungen Technik, Wirtschaft, Sozialwesen und Gestaltung zur Fachhochschulreife zu führen. Im Anschluss daran können Schülerinnen und Schüler, die im Zeugnis der Fachhochschulreife einen bestimmten Notendurchschnitt erreicht haben, die 13. Jahrgangsstufe der Fachoberschule besuchen. Stundentafeln, Lehrpläne, Abiturprüfungen und die möglichen Abschlüsse (fachgebundene bzw. allgemeine Hochschulreife) stimmen mit denen der Berufsoberschule überein.

Bei der Prüfung im Fach Mathematik werden für die technische und die nichttechnische Ausbildungsrichtung, in der Sozialwesen, Wirtschaft und Gestaltung zusammengefasst sind, unterschiedliche Prüfungsaufgaben gestellt.

Die schriftliche Abiturprüfung in Mathematik

Aufbau und Auswahl der Prüfungsaufgaben

Die Aufgaben werden einheitlich vom Bayerischen Staatsministerium für Unterricht und Kultus gestellt. Die Auswahl je einer Aufgabe aus den Aufgabengruppen A (Analysis) und B (Stochastik) trifft die Schule; der Schüler hat keine Wahlmöglichkeit. Die Arbeitszeit für die beiden Aufgaben beträgt 180 Minuten.

Bewertung der Prüfungsaufgaben

Bei jeder Teilaufgabe sind die erreichbaren Bewertungseinheiten (BE) angegeben. Es sind maximal 100 BE zu erreichen; davon werden auf die Aufgabe A (Analysis) 60 BE, auf die Aufgabe B (Stochastik) 40 BE verteilt.

Die erreichten Bewertungseinheiten werden nach dem folgenden verbindlichen Schlüssel den Punkten und Notenstufen zugeordnet:

Bewertungs-einheiten	100–96	95–91	90–86	85–81	80–76	75–71	70–66	65–61	60–56	55–51	50–46	45–41	40–34	33–27	26–20	19–0
Punkte	15	14	13	12	11	10	9	8	7	6	5	4	3	2	1	0
Noten	1			2			3			4			5			6

Sämtliche Entwürfe und Aufzeichnungen dürfen nur auf Papier, das den Stempel der Schule trägt, angefertigt werden.

Zugelassene Hilfsmittel

Zugelassen ist die Formelsammlung „Mathematische Formeln und Definitionen" v. Barth u. a. (München: Bayerischer Schulbuch-Verlag/J. Lindauer Verlag) und *eines* der beiden Tabellenwerke zur Stochastik: „Stochastik-Tabellen" v. Barth u. a. (München: Ehrenwirth-Verlag); „Tafelwerk zur Stochastik" v. Wörle/Mühlbauer (München: Bayerischer Schulbuch-Verlag). Im Fach Mathematik ist die Verwendung von elektronischen Taschenrechnern gestattet, die nicht programmierbar und nicht grafikfähig sind.

Inhalte und Schwerpunktthemen

In der folgenden Übersicht sind die wesentlichen Schwerpunktthemen für die schriftliche Abiturprüfung stichpunktartig aufgeführt. Diese Auflistung soll Ihnen einen Überblick über den prüfungsrelevanten Lehrstoff vermitteln, sie ersetzt jedoch nicht den ausführlichen Lehrplan für das Fach Mathematik. Die Zusammenstellung kann Ihnen jedoch bei der Vorbereitung auf die Abiturprüfung als Leitfaden für die verbindlichen Inhalte und wichtigsten mathematischen Begriffe dienen.

In der Analysis werden die Lerninhalte der 12. Jahrgangsstufe als bekannt vorausgesetzt, sie sind daher im Folgenden noch einmal aufgeführt. Das Lerngebiet Lineare Algebra und Analytische Geometrie wird nicht geprüft!

Die Aufgabenstellung in der 13. Jahrgangsstufe unterscheidet sich von der der 12. Jahrgangsstufe auch darin, dass die Aufgaben nicht mehr so kleinschrittig untergliedert sind. Bei vielen Teilaufgaben müssen Sie eine komplexere Lösungsstrategie selbst entwickeln.

Analysis – 12. Jahrgangsstufe

Grundbegriffe bei reellen Funktionen

Grundlagen
- Zahlenmengen $\mathbb{N}$, $\mathbb{Z}$, $\mathbb{Q}$, $\mathbb{R}$ und ihre Eigenschaften
- Reelle Funktionen: Abbildungsvorschrift, Funktionsterm, Definitions- und Wertemenge, Funktionsgraph
- Symmetrie, Schnittpunkte mit den Koordinatenachsen

Ganzrationale Funktionen und Funktionsscharen
- Faktorisierung des Funktionsterms und Vielfachheit der Nullstellen
- Nullstellenbestimmung unter Verwendung von Polynomdivision und Substitution, Schnittpunkte von Funktionsgraphen
- Bestimmung einer Funktion aus vorgegebenen Wertepaaren
- Anwendungsorientierte Aufgaben

Verknüpfung von Funktionen
- Summe, Differenz, Produkt, Quotient und Verkettung von Funktionen
- Abschnittsweise definierte Funktionen
- Betragsfunktion, Verknüpfung von linearen Funktionen mit einer Betragsfunktion

Gebrochen-rationale Funktion
- Echt- und unecht gebrochen-rationale Funktionen
- Verhalten der Funktionswerte in einer Umgebung der Definitionslücke und für $x \to \pm\infty$, Unendlichkeitsstelle, stetig behebbare Definitionslücke, stetige Fortsetzung
- Polynomdivision mit Rest, Asymptoten

Sinus- und Kosinusfunktion
- Graph, Nullstellen, Periodizität und Symmetrie von $x \mapsto a \cdot \sin(bx + c)$ sowie $x \mapsto a \cdot \cos(bx + c)$

Grenzwert und Stetigkeit

Grenzwert
- Grenzwert einer Funktion für $x \to \pm\infty$ bzw. $x \to x_0$, Divergenz
- Grenzwertsätze für Summe, Differenz, Produkt und Quotient von Funktionen

Stetigkeit
- Stetigkeit einer Funktion an einer Stelle
- Stetigkeit einer Funktion in einem Intervall
- Stetigkeitssätze: Zwischenwertsatz, Nullstellensatz, Extremwertsatz

Differenzialrechnung
- Differenzenquotient, Differenzialquotient, Differenzierbarkeit und Ableitungsfunktion
- Tangente, Normale, Änderungsrate einer Größe
- Zusammenhang zwischen den Graphen von Funktionen und deren Ableitungsfunktionen
- Ableitung einer Funktion mit konstantem Faktor, Summenregel, Produktregel, Quotientenregel, Kettenregel, Ableitung der Polynomfunktionen und gebrochen-rationalen Funktionen, Ableitung der Sinus- und Kosinusfunktion
- Stetigkeit als notwendige Voraussetzung für Differenzierbarkeit
- Ableitung von abschnittsweise definierten Funktionen ohne Parameter
- Monotoniedefinition, Monotoniekriterium, maximale Monotonieintervalle
- Links- und Rechtskrümmung, maximale Krümmungsintervalle
- Zusammenhang zwischen den Graphen von s(t) und a(t) bei beschleunigten Bewegungen
- Extrempunkte, Wendepunkte, Randextrema und absolute Extrema

Integralrechnung
- Stammfunktion einer Funktion
- Unbestimmtes Integral
- Definition und Eigenschaften des bestimmten Integrals
- Deutung des bestimmten Integrals als Flächenbilanz
- Berechnung von bestimmten Integralen und Flächeninhalten auch mit Parameter

Exponential- und Logarithmusfunktionen
- Exponentielles Wachstum bzw. Abnahme
- Potenz- und Logarithmusgesetze
- Eigenschaften der Funktionsgraphen
- Exponentialfunktion mit der Basis e
- Ableitung der natürlichen Exponential- und Logarithmusfunktion mit Basis e
- Berechnung von Integralen unter Verwendung von $\int e^{ax+b} \, dx$ und $\int \frac{1}{ax+b} \, dx$

Anwendung der Differenzial- und Integralrechnung
- Regeln von de L'Hospital
- Kurvendiskussion von ganzrationalen und gebrochen-rationalen Funktionen und einparametrigen Funktionenscharen
- Kurvendiskussion von einfachen Funktionen, die als Produkt, Quotient, Summe oder Verkettung von Exponential-, Logarithmus- und Polynomfunktionen entstehen
- Kurvendiskussion von trigonometrischen Funktionen des Typs $f: x \mapsto a \cdot \sin(bx + c)$
- Aufstellen eines Funktionsterms bei vorgegebenen Eigenschaften
- Flächenberechnungen mithilfe des bestimmten Integrals
- Newton-Verfahren zur näherungsweisen Bestimmung der Lösung einer Gleichung
- Anwendungsaufgaben, Optimierungsaufgaben

Analysis – 13. Jahrgangsstufe

Umkehrfunktionen
- Definitions- und Wertemenge von Funktion und Umkehrfunktion
- Kriterien für die Umkehrbarkeit in einem Intervall
- Bestimmung des Funktionsterms der Umkehrfunktion
- Ableitung der Umkehrfunktion

Arcusfunktionen
- Arcussinus-, Arcuskosinus- und Arcustangensfunktion
  – Definitions- und Wertemengen
  – Funktionsgraphen
  – Beziehungen zwischen den Arcusfunktionen
- Ableitung von arcsin(x), arccos(x) und arctan(x)
- Kurvendiskussion: Verknüpfung von Arcusfunktionen mit bisher bekannten Funktionstypen

Vertiefung des Integralbegriffs
- Ober- und Untersumme zur Abschätzung und durch Grenzwertbildung zur exakten Berechnung des Inhalts krummlinig begrenzter Flächen
- Bestimmtes Integral, Integralfunktion, Hauptsatz der Differenzial- und Integralrechnung
- Uneigentliche Integrale 1. und 2. Art

Integrationsverfahren
- Integration durch Substitution
- Partielle Integration
- Partialbruchzerlegung

Anwendung der Differenzial- und Integralrechnung
- Kurvendiskussion von Funktionen und Funktionsscharen, die bei der Verknüpfung und Verkettung von rationalen Funktionen, Wurzelfunktionen, Betragsfunktionen, trigonometrischen Funktionen, Arcusfunktionen, Exponentialfunktionen und Logarithmusfunktionen entstehen
- Symmetrienachweis zu beliebigen Punkten bzw. senkrechten Geraden
- Extremwertaufgaben
- Gleichung und Definitionsmenge der Ortskurven besonderer Kurvenpunkte
- Rauminhalte von Drehkörpern, die bei der Rotation um die x-Achse entstehen
- Anwendungsorientierte Aufgaben

Gewöhnliche Differenzialgleichungen
- Ordnung einer Differenzialgleichung (DGL)
- Beispiele von Differenzialgleichungen aus Naturwissenschaften und Technik

- Lineare Differenzialgleichungen $y' + g(x) \cdot y = s(x)$, Variation der Konstanten
- Anfangs- und Randwertprobleme
- Separierbare Differenzialgleichungen: $y' = g(x) \cdot h(y)$ mit $h(y) \neq 0$ (nur Anfangswertprobleme), Lösung durch Trennung der Variablen
- Überprüfung von Lösungsansätzen auch mit Parametern

Stochastik

Zufallsexperiment und Ereignis
- Ergebnisraum Ω eines ein- bzw. mehrstufigen Zufallsexperimentes
- Baumdiagramm eines mehrstufigen Zufallsexperimentes
- Ereignis als Teilmenge des Ergebnisraumes
- Venn-Diagramme
- Elementarereignis, sicheres und unmögliches Ereignis, Gegenereignis
- Verknüpfung von Ereignissen, Gesetze von De Morgan
- Unvereinbarkeit von Ereignissen

Relative Häufigkeit und Wahrscheinlichkeit
- Relative Häufigkeit eines Ereignisses und deren Eigenschaften
- Empirisches Gesetz der großen Zahlen
- Axiomensystem von Kolmogorow mit Folgerungen
- Satz von Sylvester für zwei Ereignisse
- Rechnen mit Wahrscheinlichkeiten, Wahrscheinlichkeitsverteilung

Berechnung von Wahrscheinlichkeiten
- Allgemeines Zählprinzip der Kombinatorik
- Urnenmodell: Ziehen mit Zurücklegen mit Beachtung der Reihenfolge, Ziehen ohne Zurücklegen mit Beachtung der Reihenfolge, gleichzeitiges Ziehen mehrerer Kugeln
- n! und Binomialkoeffizient
- Laplace-Experiment
- Bernoulli-Experiment, Bernoulli-Kette
- Verwendung eines Tafelwerkes

Unabhängigkeit von Ereignissen
- Bedingte Wahrscheinlichkeit $P_A(B)$
- Pfadregeln
- Vierfeldertafel
- Stochastische Unabhängigkeit von zwei Ereignissen

Zufallsgröße und Wahrscheinlichkeitsverteilung
- Zufallsgröße und Zufallswert
- Wahrscheinlichkeitsverteilung einer Zufallsgröße
  - in Tabellenform
  - in grafischer Darstellung, Histogramm u. a.
- Erwartungswert, Varianz und Standardabweichung einer Zufallsgröße
- Verschiebungsformel zur Berechnung der Varianz
- Binomialverteilte Zufallsgröße und ihre charakteristischen Maßzahlen
- Kumulative Verteilungsfunktion (Eigenschaften, Graph)

Normalverteilung, Näherungsformel für die Binomialverteilung
- Stetige Zufallsgröße, Standardisierung einer Zufallsgröße
- Standardnormalverteilung, lokale Näherungsformel, integrale Näherungsformel
- Verwendung eines Tafelwerks bei Anwendungsaufgaben

Testen von Hypothesen
- Ziel eines Hypothesentests
- Stichprobe und Testgröße
- Nullhypothese und Gegenhypothese
- Entscheidungsregel
- Ablehnungsbereich der Nullhypothese
- Fehler 1. und 2. Art
- Signifikanzniveau
- Ein- und zweiseitiger Signifikanztest sowie Alternativtest bei zugrunde liegender Binomialverteilung und Verwendung der Näherungsformel

Methodische Hinweise und allgemeine Tipps zur schriftlichen Abiturprüfung

Vorbereitung

Folgende Vorgehensweise bei der Prüfungsvorbereitung hat sich als vorteilhaft erwiesen.

- Eine gründliche und kontinuierliche Vorbereitung ist die Voraussetzung, um das notwendige mathematische Wissen und Verständnis für eine erfolgreiche Abiturprüfung zu erwerben. Um Ihnen die Prüfungsvorbereitung zu erleichtern, bietet Ihnen dieses Buch eine umfangreiche Zusammenstellung der **vollständigen schriftlichen Abiturprüfungen** der letzten Jahre.

- Der Aufgabenstellung folgt jeweils ein **komplett ausgearbeiteter Lösungsvorschlag** mit umfangreichen Erläuterungen zu jedem einzelnen Lösungsschritt. Diese kommentierten Lösungsvorschläge stellen jedoch nur einen möglichen Weg dar, um das Ergebnis zu erreichen. Es ist möglich, dass Sie bei der selbstständigen Bearbeitung einer Teilaufgabe auf einem anderen Weg zum selben Ziel kommen.

- Um einen **optimalen Lernerfolg** zu erreichen, empfiehlt es sich, das Lern- und Übungspensum langfristig zu planen.
Es ist zweckmäßig, alle eigenen schriftlichen Bearbeitungen der Aufgaben übersichtlich aufzubewahren. Dies erleichtert Ihnen spätere Wiederholungen und ermöglicht eine unmittelbare Übersicht über die von Ihnen bereits bearbeiteten Inhalte und Themenbereiche.

- Es empfiehlt sich, während der Prüfungsvorbereitung stets die **Hilfsmittel** zu verwenden, die auch in der Abiturprüfung zugelassen sind. Dies führt zur Vertrautheit mit wichtigen Seiten der Formelsammlung und mit den verwendeten Funktionen des Taschenrechners.

- Teilen Sie die Vorbereitung zur Abiturprüfung in einzelne **Phasen** ein. Versuchen Sie von der ersten Übungsphase bis zur letzten Übungsphase schrittweise das angestrebte Ziel zu erreichen, eine Prüfungsaufgabe in der dafür vorgegebenen Zeit selbstständig zu lösen. Simulieren Sie selbst eine Prüfungssituation unter Bedingungen wie im „Ernstfall".

- Bei der **selbstständigen Bearbeitung** der Prüfungsaufgaben sollten Sie zunächst versuchen, allein mit der Aufgabenstellung zurechtzukommen. Finden Sie jedoch bei einer Teilaufgabe keinen eigenen Lösungsansatz oder geraten Sie ins Stocken, so nutzen Sie zuerst die **Tipps und Hinweise**, die seit dem Prüfungsjahrgang 2007 zwischen den Angaben und den Lösungen eingefügt sind. Diese sollen Ihnen einen Denkanstoß geben, der Ihnen weiterhilft ohne die Lösung vorwegzunehmen. Gehen Sie dabei schrittweise vor, indem Sie jeden einzelnen Tipp erst bei Bedarf lesen.
Schlagen Sie im Lösungsteil erst nach, wenn Sie Ihre selbst erarbeitete Lösung mit der im Buch dargestellten vergleichen wollen. Die ausgearbeiteten Lösungsvorschläge dienen vor allem zur Kontrolle, ob Ihre Ergebnisse richtig und vollständig sind. An vielen

Stellen zeigen Ihnen die von den Autoren entworfenen Lösungswege aber auch bewährte und übersichtliche mathematische Verfahren, die Ihnen hilfreich sein können.

Denken Sie daran: Wer sich gut vorbereitet hat, kann optimistisch und gelassen in die Abiturprüfung gehen.

Bearbeitung der Prüfungsaufgaben

Erinnern Sie sich in der Prüfungssituation an folgende Ratschläge und Tipps:
- Beginnen Sie nach einem kurzen **Überblick** mit der Bearbeitung des Themenbereichs (Analysis oder Stochastik), den Sie am besten beherrschen. Als sehr vorteilhaft hat es sich erwiesen, sich mit der einzelnen Aufgabe intensiv zu beschäftigen und nicht immer wieder von einer Aufgabe zur anderen zu wechseln.
- Lesen Sie den Aufgabentext konzentriert und markieren Sie dabei die **Schlüsselwörter** wie beispielsweise *Nullstellen* oder *Testgröße*. Wichtig sind dabei vor allem genaue Unterscheidungen innerhalb der Aufgabenstellung wie z. B. *mindestens eine Nullstelle* oder *genau eine Nullstelle*.
- Die einzelnen Teilaufgaben sind oftmals inhaltlich eng miteinander verbunden. Daraus ergibt sich eine sinnvolle Bearbeitung in der vorgegebenen nummerierten **Reihenfolge der Teilaufgaben**.
  So kann beispielsweise eine durchgeführte Fallunterscheidung bei einem Parameter wertvolle Hinweise für die Lösung einer anderen Teilaufgabe mit einem speziellen Parameterwert geben.
- Sie dürfen die zugelassene mathematische **Formelsammlung** benützen. Dabei ist es wichtig, dass Sie die Formelsammlung lediglich als eine Gedächtnisstütze verstehen, mit deren Umgang Sie sich bereits während der Prüfungsvorbereitung vertraut gemacht haben. Es hilft wenig, wenn Sie im Stichwortverzeichnis der Formelsammlung beispielsweise unter dem Begriff *Symmetrie* eine Formel finden, deren Anwendung Sie bei der Vorbereitung auf die Abiturprüfung nicht geübt haben.
- Bemühen Sie sich um eine **ordentliche äußere Form** der Prüfungsarbeit. Schreiben und zeichnen Sie deutlich und übersichtlich, streichen Sie fehlerhafte Stellen mit einem Lineal durch und fügen Sie Ihre Korrektur ein. Nummerieren Sie die beschriebenen Seiten, um spätere Verweise und Korrekturen einfacher zuordnen zu können.
- Achten Sie bei der Aufgabenstellung auch auf die verwendeten **Operatoren** (Handlungsanweisungen). Diese geben Ihnen zusammen mit den zu erzielenden Bewertungseinheiten einen Überblick über den notwendigen Umfang der erwarteten Lösung.
  So verlangt beispielsweise die Aufgabenstellung „*Berechnen Sie ...*", dass Sie anhand einer Formel per Hand rechnen, oder einen Taschenrechner zu Hilfe nehmen und so lange wie möglich exakt rechnen. Die Aufgabenstellung „*Geben Sie die Koordinaten des Hochpunktes an ...*" verlangt dagegen unter Umständen keine Rechnung, weil sich das Ergebnis eventuell aus der Lösung einer vorangehenden Teilaufgabe unmittelbar ergibt.
- Beachten Sie, dass Sie zu einer Aufgabe nur **einen** Lösungsvorschlag erarbeiten sollen.
- Die Verteilung der zu erzielenden **Bewertungseinheiten** der Themengebiete Analysis und Stochastik im Verhältnis $60:40$ kann als Anhaltspunkt für die Aufteilung der zur Verfügung stehenden Arbeitszeit von 180 Minuten angesehen werden.

„Ohne Fleiß kein Preis!"
Nach diesem Motto wird Ihre Ausdauer bei der Bearbeitung der Aufgaben mit vielen Punkten bei der Abiturprüfung belohnt.

Lösungsplan

Aufgrund des Umfangs und der Komplexität von Aufgaben auf Abiturniveau empfiehlt es sich, beim Lösen systematisch zu arbeiten. Folgende Vorgehensweise hilft Ihnen dabei:

Schritt 1:
Nehmen Sie sich ausreichend Zeit zum **Analysieren** der Aufgabenstellung. Stellen Sie fest, zu welchem Themenbereich die Aufgabe gehört. Sammeln Sie alle Informationen, welche direkt gegeben sind, und achten Sie darauf, ob evtl. versteckte Informationen enthalten sind.

Schritt 2:
Markieren Sie die **Operatoren** in der Aufgabenstellung. Diese geben an, was in der Aufgabe von Ihnen verlangt wird. Vergegenwärtigen Sie sich die Bedeutung der verwendeten Fachbegriffe.

Schritt 3:
Versuchen Sie, den Sachverhalt zu veranschaulichen. Fertigen Sie gegebenenfalls mithilfe der Angaben und Zwischenergebnisse aus vorherigen Teilaufgaben eine **Skizze** an.

Schritt 4:
Erarbeiten Sie nun schrittweise den **Lösungsplan**, um aus den gegebenen Größen die gesuchte Größe zu erhalten. Notieren Sie sich, welche Einzel- und Zwischenschritte auf dem Lösungsweg notwendig sind. Prinzipiell haben Sie zwei Möglichkeiten, oft hilft auch eine Kombination beider Vorgehensweisen:
- Sie gehen vom Gegebenen aus und versuchen, das Gesuchte zu erschließen.
- Sie gehen von dem Gesuchten aus und überlegen „rückwärts", wie Sie zur Ausgangssituation kommen.

Schritt 5:
Suchen Sie nach geeigneten Möglichkeiten, das Endergebnis zu **kontrollieren**. Oftmals sind bereits Überschlagsrechnungen, Punktproben oder Grobskizzen ausreichend. Überprüfen Sie noch einmal, ob Sie tatsächlich alle in der Aufgabe geforderten Ergebnisse ermittelt haben.

Berufsoberschulen in Bayern – Abiturprüfung 2002
Mathematik (Ausbildungsrichtung Technik) – Analysis A I

BE

1 Gegeben ist die reelle Funktion f in der in $\mathbb{R}$ maximalen Definitionsmenge D_f durch f: $x \mapsto f(x) = \arctan\left(\dfrac{3x^2}{1-2x}\right)$.

1.1 Geben Sie die maximale Definitionsmenge D_f sowie die Nullstelle von f an, und untersuchen Sie das Verhalten von f(x) für $x \to 0{,}5$ sowie für $x \to \infty$ und $x \to -\infty$. Geben Sie die Gleichungen der horizontalen Asymptoten des Graphen von f an.   6

1.2 Bestimmen Sie die maximalen Intervalle, in denen die Funktion streng monoton ist, und ermitteln Sie Art und Koordinaten der lokalen Extrempunkte des Graphen von f.

$\left(\text{Zwischenergebnis: } f'(x) = \dfrac{6x - 6x^2}{(1-2x)^2 + 9x^4}\right)$ 8

1.3 Zeichnen Sie unter Verwendung der bisherigen Ergebnisse den Graphen von f und seine horizontalen Asymptoten für $-1 \leq x \leq 2$ in ein Koordinatensystem mit der Längeneinheit 4 cm ein, und geben Sie die Wertemenge von f an.   5

1.4 Gegeben ist die Integralfunktion F durch $F(x) = \displaystyle\int_{-1}^{x} f(t)\,dt$ und $D_F = {]-\infty;\, 0{,}5[}$.

Geben Sie die Anzahl und die Lage der Nullstellen von F sowie das Krümmungsverhalten des Graphen von F und die Abszisse seines Wendepunktes an, ohne das Integral zu berechnen, und begründen Sie Ihre Antworten.   6

1.5 Gegeben ist eine Funktion g durch $g(x) = \begin{cases} f(x) & \text{für } x < 0{,}5 \\ -f(x) & \text{für } x > 0{,}5 \end{cases}$.

Zeigen Sie, dass $x = 0{,}5$ eine stetig behebbare Definitionslücke von g ist, und geben Sie die stetige Fortsetzung g* von g an. Untersuchen Sie, ob g* an der Stelle $x = 0{,}5$ differenzierbar ist.   5

2 Gegeben ist eine Schar reeller Funktionen h_k in der in $\mathbb{R}$ maximalen Definitionsmenge D_{h_k} durch h_k: $x \mapsto h_k(x) = \dfrac{e^x}{(k+e^x)^3}$, mit $k \in \mathbb{R}\setminus\{0\}$.

2.1 Bestimmen Sie die maximale Definitionsmenge D_{h_k} in Abhängigkeit von k. Untersuchen Sie das Verhalten von $h_k(x)$ für $x \to \infty$ und $x \to -\infty$, sowie für den Fall, dass eine Definitionslücke vorliegt, in der Umgebung dieser Definitionslücke.   6

2.2 Bestimmen Sie Art und Koordinaten der lokalen Extrempunkte der Graphen von h_k in Abhängigkeit von k sowie die Gleichung der geometrischen Ortslinie, auf der all diese Extrempunkte liegen.   8

2.3 Berechnen Sie für $k \in \mathbb{R}^+$ den Wert des Integrals: $J = \int_0^1 h_k(x)\,dx$ in Abhängigkeit von k. 6

3 Zum Zeitpunkt $t = 0$ besitzen die 80 Millionen Einwohner eines Staates 10 Millionen Handys. Die Anzahl der Handys, die in diesem Staat in Privatbesitz sind, wird durch den Funktionsterm f(t) beschrieben, wobei t in Jahren gemessen wird.

3.1 Nach einem vereinfachten Modell gilt für die Anzahl der Handys in Privatbesitz in diesem Staat zum Zeitpunkt t, für $t \geq 0$, die Differenzialgleichung:
$\dot{f}(t) = 0,2 \cdot [60 \cdot 10^6 - f(t)]$, wobei $\dot{f}(t)$ die Ableitung von f(t) nach der Zeit ist.
Leiten Sie aus dieser Differenzialgleichung den Funktionsterm f(t) her. 7

3.2 Nun soll gelten $f(t) = 60 \cdot 10^6 - 50 \cdot 10^6 e^{-0,2t}$.
Geben Sie an, welche konkrete Bedeutung die Zahl 60 Millionen in diesem Funktionsterm hat. Berechnen Sie den Zeitpunkt, $t \geq 0$, an dem 60 % der Einwohner dieses Staates ein Handy besitzen, wobei angenommen wird, dass jeder Einwohner höchstens ein Handy hat.
$\frac{3}{60}$

Lösung

1 $f(x) = \arctan\left(\dfrac{3x^2}{1-2x}\right)$ mit $D_f \subseteq \mathbb{R}$

1.1 $1 - 2x \neq 0 \;\Rightarrow\; \underline{D_f = \mathbb{R} \setminus \{0{,}5\}}$; Nullstelle: $\underline{x = 0}$

$x \xrightarrow{<} 0{,}5 \;\Rightarrow\; \underbrace{\dfrac{3x^2}{1-2x}}_{\to +0} \to +\infty \;\Rightarrow\; f(x) \to \dfrac{\pi}{2}$

$x \xrightarrow{>} 0{,}5 \;\Rightarrow\; \underbrace{\dfrac{3x^2}{1-2x}}_{\to -0} \to -\infty \;\Rightarrow\; f(x) \to -\dfrac{\pi}{2}$

$x \to +\infty \;\Rightarrow\; \dfrac{3x^2}{1-2x} \to -\infty \;\Rightarrow\; f(x) \to -\dfrac{\pi}{2}$

$x \to -\infty \;\Rightarrow\; \dfrac{3x^2}{1-2x} \to +\infty \;\Rightarrow\; f(x) \to +\dfrac{\pi}{2}$

$\Rightarrow$ waagrechte Asymptoten: $a_1: \; \underline{\underline{y = \dfrac{\pi}{2}}}; \quad a_2: \; \underline{\underline{y = -\dfrac{\pi}{2}}}$

1.2   **Monotonieverhalten**

$f'(x) = \dfrac{1}{1 + \left(\dfrac{3x^2}{1-2x}\right)^2} \cdot \dfrac{6x(1-2x) - 3x^2 \cdot (-2)}{(1-2x)^2} = \dfrac{-6x^2 + 6x}{(1-2x)^2 + 9x^4} = \dfrac{-6x(x-1)}{(1-2x)^2 + 9x^4};$

Vorzeichenuntersuchung von $f'(x) = \dfrac{-6x(x-1)}{(1-2x)^2 + 9x^4}$: $f'(x) = 0 \;\Rightarrow\; x_1 = 0; \; x_2 = 1$.

Da der Nenner stets positiv ist, hängt das Vorzeichen von $f'(x)$ nur vom Vorzeichen des Zählers $Z(x) = -6x(x-1) = -6x^2 + 6x$ ab.

Vorzeichen($Z(x)$)

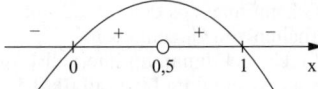

$\Rightarrow$ f ist streng monoton abnehmend in den Intervallen $]-\infty; 0]$ bzw. $[1; +\infty[$;
     f ist streng monoton zunehmend in den Intervallen $[0; 0{,}5[$ bzw. $]0{,}5; 1]$.

Damit besitzt G_f bei $x = 0$ einen Tiefpunkt T und bei $x = 1$ einen Hochpunkt H.

$f(0) = 0; \; f(1) = \arctan(-3) \approx -1{,}25 \;\Rightarrow\; \underline{\underline{T(0; 0)}}; \quad \underline{\underline{H(1; -\arctan(3))}}$

1.3 **Graph**

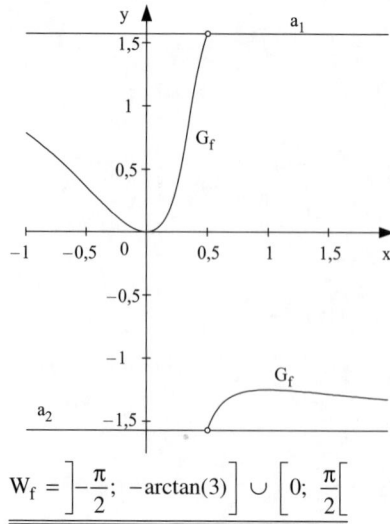

$$W_f = \left]-\frac{\pi}{2};\ -\arctan(3)\right] \cup \left[0;\ \frac{\pi}{2}\right[$$

1.4 Integralfunktion

$F(x) = \int_{-1}^{x} f(t)\, dt$ und $D_F =]-\infty;\ 0{,}5[$.

Wegen $F(-1) = \int_{-1}^{-1} f(t)\, dt = 0$ ist $x = -1$ eine Nullstelle von F.

Wegen $F'(x) = f(x)$ lässt sich das Monotonieverhalten der in $D_F =]-\infty;\ 0{,}5[$ stetigen Funktion am Graphen von f ablesen (Vorzeichen von f(x)).
Man erkennt, dass G_F im Intervall $]-\infty;\ 0{,}5[$ streng monoton steigend verläuft.
Damit ist $\underline{\underline{x = -1}}$ die einzige Nullstelle von F.
Wegen $F''(x) = f'(x)$ kann man aus dem in 1.2 untersuchten Vorzeichen von $f'(x)$ auf das Krümmungsverhalten von G_F schließen.
Damit gilt: G_F ist rechtsgekrümmt im Intervall $]-\infty;\ 0]$ und
linksgekrümmt im Intervall $[0;\ 0{,}5[$.
Damit besitzt G_F einen Wendepunkt bei $\underline{\underline{x = 0}}$.

1.5 $g(x) = \begin{cases} f(x) & \text{für } x > 0{,}5 \\ -f(x) & \text{für } x < 0{,}5 \end{cases}$

$\left.\begin{array}{l} x \xrightarrow{<} 0{,}5 \Rightarrow g(x) = f(x) \to \dfrac{\pi}{2} \\[4pt] x \xrightarrow{>} 0{,}5 \Rightarrow g(x) = -f(x) \to \dfrac{\pi}{2} \end{array}\right\} \Rightarrow$ g besitzt eine stetig behebbare Definitionslücke bei $\underline{\underline{x = 0{,}5}}$.

Für die stetige Fortsetzung g^* gilt: $g^*(x) = \begin{cases} f(x) & \text{für } x < 0{,}5 \\ \dfrac{\pi}{2} & \text{für } x = 0{,}5 \\ -f(x) & \text{für } x > 0{,}5 \end{cases}$

$x \xrightarrow{<} 0{,}5 \;\Rightarrow\; g'(x) = f'(x) = \dfrac{-6x(x-1)}{(1-2x)^2 + 9x^4} \to \dfrac{8}{3}$

$x \xrightarrow{>} 0{,}5 \;\Rightarrow\; g'(x) = -f'(x) = \dfrac{6x(x-1)}{(1-2x)^2 + 9x^4} \to -\dfrac{8}{3}$

Wegen $\dfrac{8}{3} \neq -\dfrac{8}{3}$ ist g^* bei $x = 0{,}5$ nicht differenzierbar.

2 $h_k(x) = \dfrac{e^x}{(k+e^x)^3}$ mit $k \in \mathbb{R} \setminus \{0\}$ und $D_g \subseteq \mathbb{R}$.

2.1 h_k ist nicht definiert falls gilt: $k + e^x = 0 \;\Leftrightarrow\; e^x = -k$

Die Gleichung $e^x = -k$ besitzt keine Lösung falls $k > 0$ und genau die eine Lösung $x = \ln(-k)$ falls $k < 0$.

$\Rightarrow$ Für $\underline{\underline{k > 0}}$ gilt: $\underline{\underline{D_{h_k} = \mathbb{R}}}$;

für $\underline{\underline{k < 0}}$ gilt: $\underline{\underline{D_{h_k} = \mathbb{R} \setminus \{\ln(-k)\}}}$.

$x \to +\infty \;\Rightarrow\; h_k(x) = \dfrac{\overbrace{e^x}^{\to +\infty}}{\underbrace{(k+e^x)^3}_{\to +\infty}} \xrightarrow{L'H} \dfrac{e^x}{3 \cdot (k+e^x)^2 \cdot e^x} = \dfrac{1}{\underbrace{3 \cdot (k+e^x)^2}_{\to +\infty}} \to 0$

$x \to -\infty \;\Rightarrow\; h_k(x) = \dfrac{\overbrace{e^x}^{\to 0}}{\underbrace{(k+e^x)^3}_{\to k^3}} \to \dfrac{0}{k^3} = 0$

Für $k < 0$ existiert die Definitionslücke $x = \ln(-k)$.

$x \xrightarrow{<} \ln(-k) \;\Rightarrow\; h_k(x) = \dfrac{\overbrace{e^x}^{\to -k > 0}}{\underbrace{(k+e^x)^3}_{\to 0^-}} \to -\infty$

$x \xrightarrow{>} \ln(-k) \;\Rightarrow\; h_k(x) = \dfrac{\overbrace{e^x}^{\to -k > 0}}{\underbrace{(k+e^x)^3}_{\to 0^+}} \to +\infty$

2.2 Extrempunkte

$$h_k'(x) = \frac{e^x \cdot (k+e^x)^3 - 3(k+e^x)^2 \cdot e^x \cdot e^x}{(k+e^x)^6} = \frac{e^x(k+e^x) - 3e^x \cdot e^x}{(k+e^x)^4} = \frac{e^x \cdot (k-2e^x)}{(k+e^x)^4}$$

$h_k'(x) = 0 \;\Rightarrow\; k - 2e^x = 0 \;\Leftrightarrow\; e^x = \frac{k}{2} \;\Leftrightarrow\; x = \ln\left(\frac{k}{2}\right)$ falls $k > 0$.

$\Rightarrow$ Für $k < 0$ besitzt der Graph von h_k keinen Extrempunkt.

Vorzeichenuntersuchung von $h_k'(x) = \dfrac{e^x \cdot (k-2e^x)}{(k+e^x)^4}$ mit $k > 0$.

Da der Nenner und der Faktor e^x stets positiv sind, hängt das Vorzeichen von $h_k'(x)$ nur vom Vorzeichen des Terms $L_k(x) = k - 2e^x$ ab.

Vorzeichen($L_k(x)$):

```
           +    |    −
  ─────────────┼────────────►
           ln(0,5k)          x
```

$\Rightarrow$ $h_k'(x)$ wechselt für $k > 0$ das Vorzeichen bei $x = \ln\left(\dfrac{k}{2}\right)$ von $+$ nach $-$.

$\Rightarrow$ Der Graph von h_k besitzt bei $x = \ln\left(\dfrac{k}{2}\right)$ einen Hochpunkt H_k.

$$h_k\left(\ln\left(\frac{k}{2}\right)\right) = \frac{\frac{k}{2}}{\left(k+\frac{k}{2}\right)^3} = \frac{k}{2} \cdot \frac{8}{27k^3} = \frac{4}{27k^2}; \quad H_k\left(\ln\left(\frac{k}{2}\right); \frac{4}{27k^2}\right) \text{ mit } k > 0$$

Ortslinie: $x = \ln\left(\dfrac{k}{2}\right) \;\Leftrightarrow\; e^x = \dfrac{k}{2} \;\Leftrightarrow\; k = 2e^x;$

$$y = \frac{4}{27 \; k^2} = \frac{4}{27 \cdot 4 \cdot e^{2x}} \;\Leftrightarrow\; y = \frac{1}{27} e^{-2x} \text{ mit } x \in \mathbb{R}.$$

2.3 Integral

$\displaystyle\int h_k(x)\,dx = \int \frac{e^x}{(k+e^x)^3}\,dx =$

Substitution: $z = k + e^x$

$\Rightarrow \dfrac{dz}{dx} = e^x \;\Leftrightarrow\; dx = \dfrac{dz}{e^x}$

$= \displaystyle\int \frac{e^x}{z^3} \cdot \frac{dz}{e^x} = \int z^{-3}\,dz = -\frac{1}{2} z^{-2} + C =$

$= -\dfrac{1}{2}(k+e^x)^{-2} + C$

$J = \displaystyle\int_0^1 h_k(x)\,dx = -\frac{1}{2}(k+e^1)^{-2} + \frac{1}{2}(k+e^0)^{-2} = \frac{1}{2}\left((k+1)^{-2} - (k+e)^{-2}\right)$

3.1 $\dfrac{df}{dt} = 0,2 \cdot (60 \cdot 10^6 - f)$;

Trennen der Variablen: $\Rightarrow \dfrac{df}{60 \cdot 10^6 - f} = 0,2 \cdot dt$

$\Rightarrow \int \dfrac{1}{60 \cdot 10^6 - f} df = \int 0,2 \, dt; \quad \Leftrightarrow \quad -\int \dfrac{-1}{60 \cdot 10^6 - f} df = \int 0,2 \, dt$

$\Rightarrow -\ln|60 \cdot 10^6 - f| = 0,2 \cdot t + C$; mit $C \in \mathbb{R}$

$\Leftrightarrow \ln|60 \cdot 10^6 - f| = -0,2 \cdot t - C$

$\Leftrightarrow |60 \cdot 10^6 - f| = e^{-0,2 \cdot t} \cdot e^{-C}$

$\Leftrightarrow 60 \cdot 10^6 - f = D \cdot e^{-0,2 \cdot t}$

mit $D \in \mathbb{R}$ ist auch die triviale Lösung $f(t) = 60 \cdot 10^6$ enthalten.

$\Leftrightarrow f(t) = 60 \cdot 10^6 - D \cdot e^{-0,2 \cdot t}$; mit $D \in \mathbb{R}$

$f(0) = 10 \cdot 10^6 \quad \Rightarrow \quad 60 \cdot 10^6 - D = 10 \cdot 10^6 \quad \Leftrightarrow \quad D = 50 \cdot 10^6$

$\Leftrightarrow \underline{\underline{f(t) = 60 \cdot 10^6 - 50 \cdot e^{-0,2 \cdot t}}}$

3.2 $t \to +\infty \quad \Rightarrow \quad f(t) \to 60 \cdot 10^6$

Das heißt: Der Markt ist bei ca. 60 Millionen Handys gesättigt.

$f(t) = 0,6 \cdot 80 \cdot 10^6 \quad \Rightarrow \quad 60 \cdot 10^6 - 50 \cdot 10^6 \cdot e^{-0,2 \cdot t} = 48 \cdot 10^6$

$\Leftrightarrow \quad 60 - 50 \cdot e^{-0,2 \cdot t} = 48$

$\Leftrightarrow \quad 50 \cdot e^{-0,2 \cdot t} = 12 \quad \Leftrightarrow \quad e^{-0,2 \cdot t} = 0,24$

$\Leftrightarrow \quad -0,2 \cdot t = \ln(0,24) \quad \Leftrightarrow \quad t = -5 \cdot \ln(0,24) \approx 7,1$

Nach ca. 7,1 Jahren werden 60 % der Einwohner ein Handy besitzen.

Berufsoberschulen in Bayern – Abiturprüfung 2002
Mathematik (Ausbildungsrichtung Technik) – Analysis A II

		BE
1	Gegeben ist eine Schar von reellen Funktionen f_k mit der in $\mathbb{R}$ maximalen Definitionsmenge D_k durch $f_k: x \mapsto f_k(x) = k + k \ln[(x-k)(x+2)]$ mit $k \in \mathbb{R}^+$.	
1.1	Bestimmen Sie in Abhängigkeit von k die maximale Definitionsmenge und das Verhalten von $f_k(x)$ an den Rändern der Definitionsmenge. Geben Sie die Gleichungen aller Asymptoten des Graphen von f_k an.	8
1.2	Weisen Sie nach, dass alle Graphen der Schar genau 2 Nullstellen haben und berechnen Sie diese.	5
1.3	Untersuchen Sie in Abhängigkeit von k das Monotonieverhalten des Graphen der Funktion f_k. $\left(\text{Zwischenergebnis: } f_k'(x) = \dfrac{k(2x-k+2)}{(x+2)(x-k)}\right)$	6
2	Gegeben ist nun die abschnittsweise definierte Funktion g mit $$g(x) = \begin{cases} f_2(x) & \text{für } |x| > 2 \\ -2\arctan(x^2-4) & \text{für } |x| \le 2 \end{cases}$$ wobei f_2 die Funktion f_k aus Aufgabe 1 mit $k=2$ ist.	
2.1	Zeigen Sie, dass der Graph der Funktion g achsensymmetrisch ist, geben Sie die Nullstellen von g an und begründen Sie ohne weitere Rechnung, ob g stetig in D_g ist.	7
2.2	Ermitteln Sie unter Verwendung der bisherigen Ergebnisse die Koordinaten und die Art eventueller Extrempunkte. $\left(\text{Teilergebnis: } g'(x) = \dfrac{-4x}{x^4-8x^2+17} \text{ für } |x| < 2\right)$	4
2.3	Zeichnen Sie unter Verwendung der bisherigen Ergebnisse den Graphen der Funktion g einschließlich seiner Asymptoten in ein kartesisches Koordinatensystem für $|x| \le 2{,}5$ (1 LE = 1 cm).	6
2.4	Begründen Sie, dass für die Funktion h mit $h(x)=f_2(x)$, $D_h = \;]2;+\infty[$ eine Umkehrfunktion h^{-1} existiert. Bestimmen Sie deren Funktionsgleichung und geben Sie die maximale Definitionsmenge von h^{-1} an. Zeichnen Sie zusätzlich in das Koordinatensystem aus Aufgabe 2.3 den Graphen der Umkehrfunktion h^{-1} einschließlich seiner Asymptote ein.	7
2.5	Der Graph der Umkehrfunktion h^{-1}, die Gerade $y=2$ und die Gerade $x=0$ begrenzen im 2. Quadranten eine sich ins Unendliche erstreckende Fläche. Zeigen Sie mithilfe der Funktion g, dass die Maßzahl dieser Fläche endlich ist, und berechnen Sie diese Maßzahl auf 4 Nachkommastellen genau.	8

3. Für einen Laborversuch wird eine Kupfersulfatlösung gebraucht, deren Konzentration y(t) mit der Zeit t abnimmt. Dazu wird in einem Behälter eine Kupfersulfatlösung mit einer bestimmten Konzentration und dem Volumen V bereitgestellt. Während des Versuchs fließt eine weitere Kupfersulfatlösung mit konstanter Durchflussmenge Q und konstanter Konzentration k_0 in den Behälter. Gleichzeitig fließt dieselbe Durchflussmenge Q bereits vermischter Kupfersulfatlösung aus dem Behälter ab. In dieser Versuchsphase gelte für die Konzentration y(t) der Kupfersulfatlösung im Behälter die folgende Differenzialgleichung

$$\dot{y}(t) = \frac{Q}{V} \cdot k_0 - \frac{Q}{V} \cdot y(t) \text{ mit Q, } k_0 \text{ und V konstant, } t \geq 0.$$

Ermitteln Sie die allgemeine Lösung der Differenzialgleichung und bestimmen Sie die Integrationskonstante C, wenn sich zum Zeitpunkt t = 0 im Behälter eine Kupfersulfatlösung mit der Konzentration $30\frac{g}{\ell}$ befindet und $k_0 = 24\frac{g}{\ell}$ ist.

$$\left(\text{Teilergebnis: } y(t) = Ce^{-\frac{Q}{V} \cdot t} + k_0\right)$$

Lösung

1    $f_k : x \mapsto f_k(x) = k + k\ln[(x-k)(x+2)]$, $k \in \mathbb{R}^+$.

1.1 Maximale Definitionsmenge, Asymptoten
Das Argument $\arg(x) = (x-k) \cdot (x+2)$ muss positiv sein. D. h.: $(x-k) \cdot (x+2) > 0$
Vorzeichen($\arg(x)$)

$\Rightarrow \underline{\underline{D_k =]-\infty; -2[\cup]k; +\infty[}}$

$x \to \pm\infty \Rightarrow (x-k) \cdot (x+2) \to +\infty \Rightarrow f_k(x) \to +\infty$

$x \xrightarrow{<} -2 \Rightarrow f_k(x) = k + k \cdot \ln[\underbrace{(x-k) \cdot (x+2)}_{\to 0}] \to -\infty$

$x \xrightarrow{>} k \Rightarrow f_k(x) = k + k \cdot \ln[\underbrace{(x-k) \cdot (x+2)}_{\to 0}] \to -\infty$

$\Rightarrow$ senkrechte Asymptoten: $x = -2$; $x = k$

1.2 Nullstellen
$f_k(x) = 0 \Leftrightarrow k + k \cdot \ln[(x-k) \cdot (x+2)] = 0$

$\Leftrightarrow \ln[(x-k) \cdot (x+2)] = -1$

$\Leftrightarrow (x-k) \cdot (x+2) = e^{-1}$

$\Leftrightarrow x^2 + (2-k) \cdot x - (2k + e^{-1}) = 0$

Diskriminante: $D(k) = \underbrace{(2-k)^2}_{\geq 0} + \underbrace{4 \cdot (2k + e^{-1})}_{>0} > 0$ für alle $k > 0$

$\Rightarrow$ Es existieren stets zwei Nullstellen.

$x_{1;2} = \dfrac{k - 2 \pm \sqrt{D}}{2} = \dfrac{k - 2 \pm \sqrt{4 - 4k + k^2 + 8k + 4e^{-1}}}{2} = \dfrac{k - 2 \pm \sqrt{k^2 + 4k + 4 + 4e^{-1}}}{2}$

Nullstellen: $\underline{\underline{x_{1;2} = \dfrac{k - 2 \pm \sqrt{(k+2)^2 + 4e^{-1}}}{2}}}$

1.3 Monotonieverhalten
$f_k(x) = k + k \cdot \ln[(x-k) \cdot (x+2)]$

$\Rightarrow f_k'(x) = k \cdot \dfrac{1}{(x-k)(x+2)} \cdot (1 \cdot (x+2) + 1 \cdot (x-k)) = \dfrac{k \cdot (2x + 2 - k)}{(x-k)(x+2)}$

$f_k'(x) = 0 \Rightarrow 2x + 2 - k = 0 \Leftrightarrow x = \dfrac{k-2}{2} \notin D_k$

($\dfrac{k-2}{2}$ ist der Mittelwert der Zahlen -2 und k.)

Vorzeichenuntersuchung von $f_k'(x) = \dfrac{k \cdot (2x + 2 - k)}{(x - k)(x + 2)}$ mit $k > 0$:

Unter Beachtung von $D_k =]-\infty; -2[\ \cup \ ]k; +\infty[$ sowie der Vorzeichen des Zählers $Z(x) = k \cdot (2x + 2 - k)$ und des Nenners $N(x) = (x - k)(x + 2)$ lässt sich das Vorzeichen von $f_k'(x)$ ermitteln.

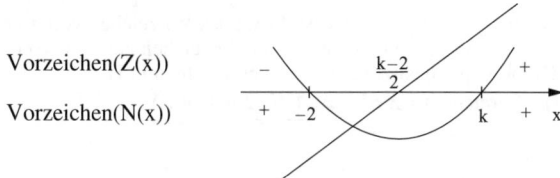

$\Rightarrow$ Der Graph von f_k ist streng monoton fallend im Intervall $]-\infty; -2[$, der Graph von f_k ist streng monoton steigend im Intervall $]k; +\infty[$.

2

$$g(x) = \begin{cases} f_2(x) & \text{für } |x| > 2 \\ -2\arctan(x^2 - 4) & \text{für } |x| \leq 2 \end{cases}$$

mit $f_2(x) = 2 + 2 \cdot \ln(x^2 - 4)$

2.1 Symmetrie

Für $|x| > 2$ gilt:

$g(-x) = f_2(-x) = 2 + 2\ln((-x)^2 - 4) = 2 + 2\ln(x^2 - 4) = f_2(x) = g(x)$

Für $|x| \leq 2$ gilt:

$g(-x) = -2\arctan((-x)^2 - 4) = -2\arctan(x^2 - 4) = g(x)$

$\Rightarrow$ Der Graph von g ist symmetrisch zur y-Achse.

Nullstellen

Für $|x| > 2$ erhält man die Nullstellen aus Aufgabe 1.2:

$x_{1;2} = \dfrac{2 - 2 \pm \sqrt{16 + 4e^{-1}}}{2} \quad \Leftrightarrow \quad \underline{\underline{x_{1;2} = \pm\sqrt{4 + e^{-1}} \approx \pm 2{,}09}}$

Für $|x| \leq 2$ gilt: $g(x) = 0 \Rightarrow x^2 - 4 = 0 \Leftrightarrow x^2 = 4 \Rightarrow \underline{\underline{x_{3;4} = \pm 2}}$

g ist nicht stetig an den Stellen $x = -2$ und $x = 2$ wegen

$x \xrightarrow{<} -2 \ \Rightarrow \ g(x) = f_2(x) \to -\infty \ \wedge \ g(-2) = 0$

$x \xrightarrow{>} 2 \ \Rightarrow \ g(x) = f_2(x) \to -\infty \ \wedge \ g(2) = 0$

2.2 Extrempunkte

Für $|x|>2$ gilt: $g'(x) = f_2'(x) = \dfrac{4x}{(x-2)(x+2)} \neq 0$ für alle zulässigen Zahlen x.

Für $|x|<2$ gilt: $g'(x) = -2 \cdot \dfrac{1}{1+(x^2-4)^2} \cdot 2x = \dfrac{-4x}{1+(x^2-4)^2}$

$g'(x) = 0 \Rightarrow x = 0$

Da der Nenner des Terms $g'(x)$ stets positiv ist, hängt das Vorzeichen von $g'(x)$ nur vom Zähler $Z(x) = -4x$ ab. Dieser wechselt sein Vorzeichen bei $x = 0$ von + nach −. $\Rightarrow$ Der Graph von g besitzt bei $x = 0$ einen Hochpunkt H.

$g(0) = -2\arctan(-4) = 2\arctan(4) \approx 2{,}65 \Rightarrow \underline{\underline{H(0;\, 2\arctan(4))}}$

2.3 Graph

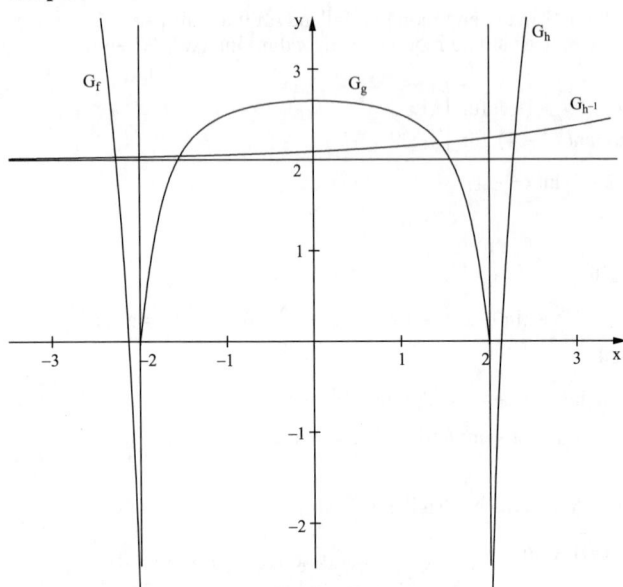

2.4 Umkehrfunktion

$h(x) = f_2(x)$ mit $D_h =]2;\, +\infty[$

h ist in $D_h =]2;\, +\infty[$ streng monoton (zunehmend)
$\Rightarrow$ h besitzt eine Umkehrfunktion h^{-1}.

Für h gilt: $y = 2 + 2\cdot\ln(x^2-4) \Leftrightarrow \dfrac{y-2}{2} = \ln(x^2-4) \Leftrightarrow e^{\frac{y-2}{2}} = x^2 - 4$

$\Leftrightarrow x^2 = e^{0{,}5y-1} + 4$; wegen $x > 0 \Rightarrow x = \sqrt{e^{0{,}5y-1}+4}$

$\Rightarrow \underline{\underline{h^{-1}(x) = \sqrt{e^{0{,}5x-1}+4}}}$ mit $D_{h^{-1}} = W_h = \mathbb{R}$

Da der Graph von h die senkrechte Asymptote $x = 2$ besitzt, besitzt der Graph von h^{-1} die waagrechte Asymptote $y = 2$.
Graph von h^{-1}: Siehe Schaubild in 2.3.

2.5 Flächenberechnung

$$A = \lim_{a \to -\infty} \int_a^0 (h^{-1}(x) - 2)\,dx = \lim_{a \to 2} \int_a^b -f_2(x)\,dx = -\lim_{a \to 2} \int_a^b f_2(x)\,dx = \ldots$$

mit $a > 2 \wedge b = \sqrt{4 + e^{-1}} \approx 2{,}089947$

$\int f_2(x)\,dx = \int (2 + 2 \cdot \ln((x-2)\cdot(x+2)))\,dx = 2 \cdot \int (1 + \ln(x-2) + \ln(x+2))\,dx =$

$= 2 \cdot (x + (x-2) \cdot \ln(x-2) - (x-2) + (x+2) \cdot \ln(x+2) - (x+2)) =$

$= 2 \cdot (-x + (x-2) \cdot \ln(x-2) + (x+2) \cdot \ln(x+2))$

$\Rightarrow A = -2 \cdot \lim_{a \to 2} (-b + (b-2)\ln(b-2) + (b+2)\ln(b+2) +$

$\qquad + a - \underbrace{(a-2)\ln(a-2)}_{\to 0} - (a+2)\ln(a+2)) =$

$= -2 \cdot (-b + (b-2)\ln(b-2) + (b+2)\ln(b+2) + 2 - 4\ln(4)) \approx \underline{\underline{0{,}1819}}$

3

(∗) $\dot{y} + q \cdot y = q \cdot k_0$ mit $t \geq 0$ und $q = \dfrac{Q}{V}$

I) homogene DG: $\dot{y} + q \cdot y = 0$ (triviale Lösung $y = 0$)

$\Rightarrow \dfrac{dy}{dt} = -q \cdot y \Rightarrow \int \dfrac{1}{y} dy = -\int q\,dt$ mit $y \neq 0$

$\Rightarrow \ln|y| = -q \cdot t + C$

$\Rightarrow |y| = e^{-q \cdot t + C} = e^C \cdot e^{-q \cdot t}$

$\Rightarrow y_h = D \cdot e^{-q \cdot t}$ mit $D \in \mathbb{R}$ ist auch die triviale Lösung enthalten.

II) Variation der Konstante D:

$y = D(t) \cdot e^{-q \cdot t} \Rightarrow \dot{y} = \dot{D}(t) \cdot e^{-q \cdot t} + D(t) \cdot e^{-q \cdot t} \cdot (-q)$

in (∗): $\Rightarrow \dot{D}(t) \cdot e^{-q \cdot t} - q \cdot D(t) \cdot e^{-q \cdot t} + q \cdot D(t) \cdot e^{-q \cdot t} = q \cdot k_0$

$\Rightarrow \dot{D}(t) \cdot e^{-q \cdot t} = q \cdot k_0 \Rightarrow \dot{D}(t) = q \cdot k_0 \cdot e^{q \cdot t}$

$\Rightarrow D(t) = \int q \cdot k_0 \cdot e^{q \cdot t}\,dt = k_0 \cdot e^{q \cdot t} + \tilde{C}$

$\Rightarrow y_s = k_0 \cdot e^{q \cdot t} \cdot e^{-q \cdot t} = k_0 \cdot e^0 = k_0$ (spezielle Lösung)

III) allgemeine Lösung: $y = y_s + y_h$

$y = k_0 + D \cdot e^{-q \cdot t} \Leftrightarrow \underline{y(t) = k_0 + D \cdot e^{-\frac{Q}{V} \cdot t}}$ mit $D \in \mathbb{R}$.

IV) $y(0) = 30 \dfrac{g}{\ell} \Rightarrow k_0 + D = 30 \dfrac{g}{\ell} \Leftrightarrow 24 \dfrac{g}{\ell} + D = 30 \dfrac{g}{\ell} \Leftrightarrow \underline{\underline{D = 6 \dfrac{g}{\ell}}}$

Alternativ: (Trennen der Variablen)

$\dot{y}(t) = q \cdot k_0 - q \cdot y$ mit $t \geq 0$ und $q = \dfrac{Q}{V}$

$\Rightarrow \dfrac{dy}{dt} = -q \cdot (y - k_0)$; mit der trivialen Lösung $y = k_0$.

$\Rightarrow \displaystyle\int \dfrac{1}{y - k_0} dy = \int -q\, dt$ mit $y \neq k_0$

$\Rightarrow \ln|y - k_0| = -q \cdot t + C$

$\Rightarrow |y - k_0| = e^{-q \cdot t + C} = e^C \cdot e^{-q \cdot t}$

$\Rightarrow y - k_0 = D \cdot e^{-q \cdot t} \Leftrightarrow y(t) = k_0 + D \cdot e^{-q \cdot t}$

$\Leftrightarrow \underline{\underline{y(t) = k_0 + D \cdot e^{-\frac{Q}{V} \cdot t}}}$ mit $D \in \mathbb{R}$ ist auch die triviale Lösung enthalten.

$y(0) = 30\dfrac{g}{\ell} \Rightarrow k_0 + D = 30\dfrac{g}{\ell} \Leftrightarrow 24\dfrac{g}{\ell} + D = 30\dfrac{g}{\ell} \Leftrightarrow \underline{\underline{D = 6\dfrac{g}{\ell}}}$

Berufsoberschulen in Bayern – Abiturprüfung 2002
Mathematik (Ausbildungsrichtung Technik) – Stochastik B I

		BE
1	Eine Zufallsgröße X ist binomial verteilt mit $n = 110$ und der Trefferwahrscheinlichkeit $p = 0{,}7$.	
1.1	Bestimmen Sie auf zwei verschiedene Arten die Wahrscheinlichkeit $P(75 \leq X \leq 77)$ auf zwei Nachkommastellen genau, und geben Sie den wesentlichen Unterschied der Verfahren an.	7
1.2	Ermitteln Sie ein möglichst kleines, zum Erwartungswert symmetrisches Intervall, in dem mit mindestens 90-prozentiger Wahrscheinlichkeit die Anzahl der Treffer liegt.	6
2	In einer medizinischen Studie wurde festgestellt, dass bei zwei Drittel der untersuchten krawattentragenden, männlichen Versuchspersonen der Hemdenkragen zu eng war. Dies gefährdet nach Erkenntnissen der Ärzte den Blutzufluss zum Gehirn und zu den Sinnesorganen und mindert die Konzentrations- und Reaktionsfähigkeit.	
2.1	Die angegebene relative Häufigkeit von $\tfrac{2}{3}$ soll bei 100 Krawattenträgern in einem zweiseitigen Signifikanztest überprüft werden. Geben Sie die Testgröße an, und bestimmen Sie den größtmöglichen Ablehnungsbereich der Nullhypothese bei einem Signifikanzniveau von 5 %.	6
2.2	Außerdem soll in einem einseitigen Signifikanztest an 500 Personen überprüft werden, ob bei einem zu engen Kragen die Bearbeitungsdauer von 50 Rechenaufgaben um mindestens 10 Sekunden länger ist als bei offenem Kragen. Geben Sie für die Nullhypothese $p \leq 0{,}5$ die Testgröße und die Gegenhypothese an, und ermitteln Sie einen möglichst großen Ablehnungsbereich der Nullhypothese auf dem Signifikanzniveau von 2 %.	6
3	Wird mit einem handelsüblichen Laplace-Würfel beim ersten Wurf das Ergebnis ω_1, beim zweiten Wurf ω_2 und beim dritten Wurf ω_3 erzielt, so wird der Wert der Zufallsgröße X ermittelt durch $x = \omega_1 - \omega_2 + \omega_3$.	
3.1	Begründen Sie, dass gilt: $-4 \leq X \leq 11$.	2
3.2	Ermitteln Sie die fehlenden Werte in folgender Tabelle der Wahrscheinlichkeitsverteilung von X:	

x_i	-4 bzw. 11	-3 bzw. 10	-2 bzw. 9	-1 bzw. 8	0 bzw. 7	1 bzw. 6	2 bzw. 5	3 bzw. 4
$P(X = x_i)$	$\tfrac{1}{216}$				$\tfrac{10}{216}$	$\tfrac{15}{216}$	$\tfrac{21}{216}$	$\tfrac{25}{216}$	$\tfrac{27}{216}$

(Zur Kontrolle: $P(x = 9) = \tfrac{6}{216}$) 4

| 3.3 | Berechnen Sie den Erwartungswert $E(X)$ und die Varianz $Var(X)$. | 5 |
| 3.4 | Untersuchen Sie, ob die Ereignisse $X \leq 4$ und $X \geq 3$ stochastisch unabhängig sind. | 4 |

40

Lösung

1.1 Erwartungswert: $\mu = n \cdot p = 110 \cdot 0{,}7 = 77$;
$\text{Var} = n \cdot p \cdot q = 110 \cdot 0{,}7 \cdot 0{,}3 = 23{,}1 > 9$:
Eine **Näherung** mithilfe der Normalverteilung ist sinnvoll.

$$P(75 \leq X \leq 77) = F_{0,7}^{110}(77) - F_{0,7}^{110}(74) \approx \Phi\left(\frac{77-\mu+0{,}5}{\sigma}\right) - \Phi\left(\frac{74-\mu+0{,}5}{\sigma}\right) =$$

$$= \Phi\left(\frac{77-77+0{,}5}{\sigma}\right) - \Phi\left(\frac{74-77+0{,}5}{\sigma}\right) = \Phi\left(\frac{0{,}5}{\sqrt{23{,}1}}\right) - \Phi\left(\frac{-2{,}5}{\sqrt{23{,}1}}\right) =$$

$$= \Phi\left(\frac{0{,}5}{\sqrt{23{,}1}}\right) - \left(1 - \Phi\left(\frac{2{,}5}{\sqrt{23{,}1}}\right)\right) = \Phi\left(\frac{0{,}5}{\sqrt{23{,}1}}\right) + \Phi\left(\frac{2{,}5}{\sqrt{23{,}1}}\right) - 1 \approx$$

$$\approx \Phi(0{,}10) + \Phi(0{,}52) - 1 = 0{,}5398 + 0{,}6985 - 1 = \underline{\underline{0{,}24}}$$

Genaue Berechnung:
$$P(75 \leq X \leq 77) = \binom{110}{75} \cdot 0{,}7^{75} \cdot 0{,}3^{35} + \binom{110}{76} \cdot 0{,}7^{76} \cdot 0{,}3^{34} + \binom{110}{77} \cdot 0{,}7^{77} \cdot 0{,}3^{33} \approx$$

$$\approx 0{,}0748 + 0{,}0803 + 0{,}0828 = \underline{\underline{0{,}24}}$$

Das erste Rechnung ist im Gegensatz zur zweiten eine Näherungsrechnung.

1.2 $p = 0{,}7$; $q = 0{,}3$; $\mu = n \cdot p = 110 \cdot 0{,}7 = 77$; $\sigma = \sqrt{n \cdot p \cdot q} = \sqrt{23{,}1}$;

$P(\mu - a \leq X \leq \mu + a) = F_{0,7}^{110}(\mu + a) - F_{0,7}^{110}(\mu - a - 1) \geq 0{,}9$

Näherung:

$$\Phi\left(\frac{\mu + a - \mu + 0{,}5}{\sigma}\right) - \Phi\left(\frac{\mu - a - 1 - \mu + 0{,}5}{\sigma}\right) \geq 0{,}9$$

$$\Phi\left(\frac{a + 0{,}5}{\sigma}\right) - \Phi\left(-\frac{a + 0{,}5}{\sigma}\right) \geq 0{,}9$$

$$\Phi\left(\frac{a + 0{,}5}{\sigma}\right) - \left(1 - \Phi\left(\frac{a + 0{,}5}{\sigma}\right)\right) \geq 0{,}9$$

$$2 \cdot \Phi\left(\frac{a + 0{,}5}{\sigma}\right) - 1 \geq 0{,}9$$

$\Leftrightarrow \Phi\left(\frac{a+0{,}5}{\sigma}\right) \geq 0{,}95 \Leftrightarrow \frac{a+0{,}5}{\sigma} \geq 1{,}645$ (Quantile aus Tabellenwerk)

$\Leftrightarrow a \geq 1{,}645 \cdot \sigma - 0{,}5 = 1{,}645 \cdot \sqrt{23{,}1} - 0{,}5 \approx 7{,}41$

$\Rightarrow a_{\min} = 8 \Rightarrow \underline{\underline{a \in [69; 85]}}$

2.1 Testgröße: $X \triangleq$ Anzahl der Personen mit zu engem Kragen;
Stichprobenlänge: $n = 100$
Nullhypothese: $H_0: p = \frac{2}{3}$; Gegenhypothese: $H_1: p \neq \frac{2}{3}$

	Ablehnungsbereich von H_0 $\{0; ...; a\} \cup \{b+1; ...; 100\}$	Annahmebereich von H_0 $\{a+1; ...; b\}$
$H_0: p = \frac{2}{3}$	α	
$H_1: p \neq \frac{2}{3}$		β

Für die Irrtumswahrscheinlichkeit α gilt: $\alpha \leq 0,05$

Kriterium: $P(X \leq a) \leq \frac{\alpha}{2}$ und zugleich $P(X \geq b+1) \leq \frac{\alpha}{2}$

$P(X \leq a) = F_{\frac{2}{3}}^{100}(a) \leq 0,025$; Tabellenwerk $\Rightarrow a_{max} = 56$

$P(X \geq b+1) = 1 - F_{\frac{2}{3}}^{100}(b) \leq 0,025 \Leftrightarrow F_{\frac{2}{3}}^{100}(b) \geq 0,975$; Tabellenwerk

$\Rightarrow b_{min} = 76$

$\Rightarrow$ größtmöglicher Ablehnungsbereich von H_0: $\underline{[0; 56] \cup [77; 100]}$

2.2 Testgröße: $X \triangleq$ Anzahl der Personen, die bei zu engem Kragen mehr als 10 s länger brauchen
Stichprobenlänge: $n = 500$
Nullhypothese: $H_0: p = 0,5$; Gegenhypothese: $\underline{H_1: p > 0,5}$

	Ablehnungsbereich von H_0 $\{c+1; ...; 500\}$	Annahmebereich von H_0 $\{0; ...; c\}$
$H_0: p = 0,5$	α	
$H_1: p > 0,5$		β

Für die Irrtumswahrscheinlichkeit α gilt: $\alpha \leq 0,02$

$\Rightarrow \alpha = P(X \geq c+1) = 1 - P(X \leq c) = 1 - F_{0,5}^{500}(c) \leq 0,02 \Leftrightarrow F_{0,5}^{500}(c) \geq 0,98$;

Integrale Näherungsformel wegen $Var = n \cdot p \cdot q = 500 \cdot 0,5 \cdot 0,5 = 125 > 9$

$F_{0,5}^{500}(c) \approx \Phi\left(\frac{c - \mu + 0,5}{\sigma}\right) \geq 0,98 \Leftrightarrow \frac{c - \mu + 0,5}{\sigma} \geq 2,06$ (Quantile aus Tabelle)

$\Leftrightarrow c \geq 2,06 \cdot \sigma + \mu - 0,5 = 2,06 \cdot \sqrt{125} + 250 - 0,5 \approx 272,5 \Rightarrow c \geq 273$

$\Rightarrow$ größtmöglicher Ablehnungsbereich von H_0: $\underline{[274; 500]}$

3.1 $x_{min} = (\omega_1 + \omega_3)_{min} - (\omega_2)_{max} = 2 - 6 = -4;$

$x_{max} = (\omega_1 + \omega_3)_{max} - (\omega_2)_{min} = 12 - 1 = 11;;$

$\Rightarrow \underline{\underline{-4 \le X \le 11}}$

3.2 Beim 3-maligen Werfen eines Würfels sind $6^3 = 216$ verschiedene Ausgänge des Experiments möglich. Alle Ausgänge sind gleichwahrscheinlich. (Laplace-Experiment) Für die Zufallsgröße X = 10 gibt es nur 3 verschiedene Ausgänge:

$\left.\begin{array}{l}\omega_1 + \omega_3 - \omega_1 = 6 + 6 - 2 = 10; \\ \omega_1 + \omega_3 - \omega_1 = 6 + 5 - 1 = 10; \\ \omega_1 + \omega_3 - \omega_1 = 5 + 6 - 1 = 10;\end{array}\right\} \Rightarrow P(X = 10) = \underline{\underline{\frac{3}{216} = \frac{1}{72}}}$

Für die Zufallsgröße X = –3 gibt es ebenfalls nur 3 verschiedene Ausgänge:

$\left.\begin{array}{l}\omega_1 + \omega_3 - \omega_1 = 1 + 1 - 5 = -3; \\ \omega_1 + \omega_3 - \omega_1 = 1 + 2 - 6 = -3; \\ \omega_1 + \omega_3 - \omega_1 = 2 + 1 - 6 = -3;\end{array}\right\} \Rightarrow P(X = -3) = \underline{\underline{\frac{3}{216} = \frac{1}{72}}}$

Wegen $\sum_{x=-4}^{11} P(X = x) = 1$

$\Rightarrow P(X = 9 \lor X = -2) = 1 - 2 \cdot \frac{1 + 3 + 10 + 15 + 21 + 25 + 27}{216} = \frac{12}{216}$

Wegen $P(X = 9) = P(X = -2) \Rightarrow P(X = 9) = P(X = -2) = \underline{\underline{\frac{6}{216} = \frac{1}{36}}}$

3.3 $\underline{\underline{\mu = E(X)}} = \sum_{x=-4}^{11} x \cdot P(X = x) =$

$= \frac{7 \cdot 1 + 7 \cdot 3 + 7 \cdot 6 + 7 \cdot 10 + 7 \cdot 15 + 7 \cdot 21 + 7 \cdot 25 + 7 \cdot 27}{216} = \frac{7 \cdot 108}{216} = \underline{\underline{\frac{7}{2} = 3,5}}$

$\underline{\underline{Var(X)}} = E(X^2) - (E(X))^2 =$

$= \frac{16 + 9 \cdot 3 + 4 \cdot 6 + 10 + 21 + 4 \cdot 25 + 9 \cdot 27 + ... + 121}{216} - \frac{49}{4} = \underline{\underline{8,75}}$

3.4 $P(E_1) = P(X \le 4) = \frac{1}{2} + \frac{27}{216} = \frac{1}{2} + \frac{1}{8} = \frac{5}{8}; \quad P(E_2) = P(X \ge 3) = \frac{1}{2} + \frac{27}{216} = \frac{5}{8};$

$P(E_1 \cap E_2) = P(3 \le X \le 4) = 2 \cdot \frac{27}{216} = \frac{1}{4};$

$P(E_1) \cdot P(E_2) = \frac{25}{64} \ne \frac{1}{4} \Rightarrow$ Die Ereignisse sind stochastisch abhängig.

Berufsoberschulen in Bayern – Abiturprüfung 2002
Mathematik (Ausbildungsrichtung Technik) – Stochastik B II

		BE
1	Eine Krankheit wird vom Erreger K ausgelöst. Das Medikament M heilt die Krankheit mit einer Wahrscheinlichkeit von 60 %.	
1.1	Es werden nun 10 an dieser Krankheit leidende Patienten mit dem Medikament M behandelt. Die Ereignisse A, B, C und D sind wie folgt beschrieben: A: „Die Anzahl der geheilten Patienten entspricht genau dem Erwartungswert." B: „Mindestens 4 Patienten werden geheilt." C: „Die ersten beiden Patienten werden geheilt." D: „Nur die ersten 5 Patienten werden geheilt."	
1.1.1	Berechnen Sie die Wahrscheinlichkeiten P(A), P(B), P(C) und P(D).	4
1.1.2	Untersuchen Sie durch Rechnung, ob die Ereignisse A und C stochastisch abhängig sind.	3
1.2	Berechnen Sie, wie viele Personen mindestens behandelt werden müssen, damit die Wahrscheinlichkeit, dass das Medikament in wenigstens einem Fall Erfolg hat, größer als 99 % ist.	4
1.3	Es entsteht der Verdacht, dass die Herstellerangabe bezüglich der Erfolgsquote zu hoch ist. Dazu werden 60 erkrankte Patienten, die mit diesem Medikament behandelt wurden, betrachtet. Bestimmen Sie bezüglich der Nullhypothese H_0: p = 0,6 den Annahme- und Ablehnungsbereich bei einem Signifikanzniveau von 1 %.	7
1.4	Der Hersteller seinerseits hat vor, das Medikament nicht weiter zu vertreiben, wenn bei einer Stichprobe mit gerader Stichprobenlänge in mindestens der Hälfte der Fälle kein Erfolg eintritt. Wie groß muss die Anzahl der untersuchten Personen mindestens gewählt werden, wenn die Wahrscheinlichkeit, dass er sein Produkt zurückzieht, obwohl die Erfolgsquote in Wirklichkeit doch 60 % beträgt, unter 1 % liegen soll?	8
1.5	Bestimmen Sie für p = 0,6 mithilfe der Ungleichung von Tschebyschow ein möglichst kleines Intervall, in welchem sich mit mindestens 80 % Wahrscheinlichkeit die Anzahl der geheilten Patienten befindet, wenn das Medikament auf 1 000 Personen angewandt wird.	5
1.6	Nun werden nur die Patienten betrachtet, bei denen das Medikament M erfolgreich war. Die Zufallsgröße X steht in nachfolgender Tabelle für die Anzahl der Wochen, die von der ersten Anwendung bis zur vollständigen Heilung verstreichen.	

Anzahl der Wochen x:	3	4	5	6
P(X = x):	a	b	0,4	0,15

Ermitteln Sie a und b, wenn der Erwartungswert E(X) = 4,6 beträgt. Berechnen Sie die Standardabweichung. (Teilergebnis: a = 0,1)   5

2   Der Medikamentenhersteller möchte nun 10 Personen anschreiben, die mit dem Medikament behandelt wurden, um ihnen einen Fragebogen zuzusenden, in welchem über eventuell auftretende Nebenwirkungen berichtet werden soll. Er wählt dazu aus einer Adressenliste, die 20 Namen enthält, willkürlich 10 Adressen aus, ohne zu wissen, dass 5 der 20 Adressen nicht mehr zutreffen. Wie groß ist die Wahrscheinlichkeit, dass er mindestens 9 Personen tatsächlich erreicht?

$\frac{4}{40}$

Lösung

1.1.1 Die Zufallsgröße X (Anzahl der geheilten Patienten) ist binomialverteilt.

Erwartungswert: $E(X) = \mu = n \cdot p = 10 \cdot 0{,}6 = 6$

$P(A) = P(X = 6) = B(10; 0{,}6; 6) = 0{,}25082$ (Tabellenwerk)

$P(B) = 1 - F^{10}_{0{,}6}(3) = 1 - 0{,}05476 = 0{,}94524$ (Tabellenwerk)

$P(C) = 0{,}6 \cdot 0{,}6 = 0{,}36$

$P(D) = 0{,}6^5 \cdot 0{,}4^5 = 0{,}00080$

1.1.2 $P(A \cap C) = 0{,}6 \cdot 0{,}6 \cdot B(8; 0{,}6; 4) = 0{,}36 \cdot 0{,}23224 = 0{,}08362$ (mit Tabellenwerk)

$P(A) \cdot P(C) = 0{,}25082 \cdot 0{,}36 = 0{,}09030 \neq P(A \cap C)$

$\Rightarrow$ A und C sind stochastisch abhängig.

1.2 $P(X \geq 1) > 0{,}99 \Leftrightarrow 1 - P(X = 0) > 0{,}99 \Leftrightarrow 1 - 0{,}4^n > 0{,}99$

$0{,}4^n < 0{,}01;\ |\log_{0{,}4} \Leftrightarrow n > \log_{0{,}4}(0{,}01) = \frac{\ln(0{,}01)}{\ln(0{,}4)} \approx 5{,}03$

Alternativ

$0{,}4^n < 0{,}01;\ |\ln \Leftrightarrow \ln(0{,}4^n) < \ln(0{,}01) \Leftrightarrow n \cdot \ln(0{,}4) < \ln(0{,}01)$

$\Leftrightarrow n > \frac{\ln(0{,}01)}{\ln(0{,}4)} \approx 5{,}03$

Es müssen mindestens 6 Patienten behandelt werden.

1.3 Testgröße: $X \stackrel{\wedge}{=}$ Anzahl der geheilten Personen
Stichprobenlänge: $n = 60$ (linksseitiger Test)

	Ablehnungsbereich von H_0 $\{0; \ldots ; c\}$	Annahmebereich von H_0 $\{c+1; \ldots ; 500\}$
H_0: $p = 0{,}6$	α	
H_1: $p < 0{,}6$		β

Für die Irrtumswahrscheinlichkeit α gilt: $\alpha \leq 0,01$

$\Rightarrow \quad \alpha = P(X \leq c) = F_{0,6}^{60}(c) \leq 0,01;$

Wegen $\text{Var} = n \cdot p \cdot q = 60 \cdot 0,6 \cdot 0,4 = 14,4 > 9$ ist eine Näherung mithilfe der Normalverteilung erlaubt:

$F_{0,6}^{60}(c) \approx \Phi\left(\dfrac{c-\mu+0,5}{\sigma}\right) \leq 0,01 \quad \Leftrightarrow \quad \dfrac{c-\mu+0,5}{\sigma} \leq -2,326$ (Quantile)

$\Leftrightarrow \quad c \leq -2,326 \cdot \sigma + \mu - 0,5 = -2,326 \cdot \sqrt{14,4} + 36 - 0,5 = 26,67$

$\Rightarrow$ Ablehnungsbereich von H_0: $[0; 26]$; Annahmebereich von H_0: $[27; 60]$.

1.4   Ereignis E: „Bei mindestens der Hälfte der n Fälle tritt kein Erfolg ein."
Wegen der Erfolgsquote von 60 %, tritt ein Misserfolg mit der Wahrscheinlichkeit $p = 0,4$ ein. Ist X die Anzahl der Misserfolge, so gilt:

$P(E) = P\left(X \geq \dfrac{n}{2}\right) = 1 - P\left(X \leq \dfrac{n}{2} - 1\right) = 1 - F_{0,4}^n\left(\dfrac{n}{2} - 1\right) < 0,01$

$1 - F_{0,4}^n\left(\dfrac{n}{2} - 1\right) < 0,01 \quad \Leftrightarrow \quad F_{0,4}^n\left(\dfrac{n}{2} - 1\right) > 0,99$

Ob eine Näherung der Verteilungsfunktion mithilfe der Normalverteilung sinnvoll ist, wird sich am Ende folgender Rechnung zeigen:

$F_{0,4}^n\left(\dfrac{n}{2} - 1\right) \approx \Phi\left(\dfrac{\frac{n}{2} - 1 - \mu + 0,5}{\sigma}\right) > 0,99$

$\Leftrightarrow \quad \dfrac{0,5n - \mu - 0,5}{\sigma} > 2,326$ (siehe Quantile aus Tabellenwerk)

$\dfrac{0,5n - n \cdot 0,4 - 0,5}{\sqrt{n \cdot 0,6 \cdot 0,4}} > 2,326 \quad \Leftrightarrow \quad 0,1n - 0,5 > 2,326 \cdot \sqrt{0,24} \cdot \sqrt{n} \; ; \quad | \cdot 10$

(*) $\Leftrightarrow \quad n - 5 > 23,26 \cdot \sqrt{0,24} \cdot \sqrt{n} \quad \Leftrightarrow \quad n - 11,395 \cdot \sqrt{n} - 5 > 0$

Substitution: $z = \sqrt{n} > 0 \quad \Rightarrow \quad z^2 - 11,395 \cdot z - 5 > 0$

$\sqrt{n} = z > \dfrac{11,395 + \sqrt{11,395^2 + 20}}{2} \approx 11,818 \quad \Rightarrow \quad z^2 = n > 139,67$

Es müssen also mindestens 140 Personen untersucht werden.
Wegen $\text{Var} \geq 140 \cdot 0,4 \cdot 0,6 = 33,6 > 9$ war die obige Näherung sinnvoll.

Alternativ:
Das Ereignis E: „Bei mindestens der Hälfte der n Fälle tritt kein Erfolg ein." lässt sich auch wie folgt formulieren: E: „Bei höchstens der Hälfte der n Fälle tritt Erfolg ein."
Wegen der Erfolgsquote von 60 %, tritt ein Erfolg mit der Wahrscheinlichkeit $p = 0,6$ ein. Ist Y die Anzahl der Erfolge, so gilt:

$P(E) = P\left(Y \leq \dfrac{n}{2}\right) = F_{0,6}^n\left(\dfrac{n}{2}\right) < 0,01$

Ob eine Näherung der Verteilungsfunktion mithilfe der Normalverteilung sinnvoll ist, wird sich am Ende folgender Rechnung zeigen:

$$F_{0,6}^{n}\left(\frac{n}{2}\right) \approx \Phi\left(\frac{\frac{n}{2} - \mu + 0,5}{\sigma}\right) < 0,01$$

$$\Leftrightarrow \frac{0,5n - \mu + 0,5}{\sigma} < -2,326 \quad \text{(siehe Quantile aus Tabellenwerk)}$$

$$\frac{0,5n - n \cdot 0,6 + 0,5}{\sqrt{n \cdot 0,6 \cdot 0,4}} < -2,326 \quad \Leftrightarrow \quad -0,1n + 0,5 < -2,326 \cdot \sqrt{0,24} \cdot \sqrt{n} \; ; \; | \cdot (-10)$$

$$n - 5 > 23,26 \cdot \sqrt{0,24} \cdot \sqrt{n} \quad \Leftrightarrow \quad \text{... weitere Rechnung: Siehe zuvor (*).}$$

1.5 $\mu = n \cdot p = 1000 \cdot 0,6 = 600; \quad \text{Var} = n \cdot p \cdot q = 600 \cdot 0,4 = 240$

Tschebyschow: $P(|X - \mu| \geq a) \leq \frac{\text{Var}}{a^2}; \quad \mu = 600; \quad \text{Var} = 240$

$$P(|X - 600| \geq a) \leq \frac{240}{a^2} \quad \Leftrightarrow \quad 1 - P(|X - 600| < a) \leq \frac{240}{a^2}$$

$$\Leftrightarrow \quad P(|X - 600| < a) \geq 1 - \frac{240}{a^2} = 0,8$$

$$\Rightarrow \quad \frac{240}{a^2} = 0,2 \quad \Leftrightarrow \quad a^2 = 1200$$

$$\Rightarrow \quad a \approx 34,6 \quad \Rightarrow \quad 600 - 34,6 < X < 600 + 34,6$$

$$\Rightarrow \quad X \in [566; 634]$$

1.6 Summe aller Wahrscheinlichkeiten: I) $a + b + 0,4 + 0,15 = 1$
Berechnung des Erwartungswertes: II) $3a + 4b + 2 + 0,9 = 4,6$
II) $- 3 \cdot$ I) $b + 0,8 + 0,45 = 1,6$
$\Rightarrow b = 0,35$

I) $a + 0,35 + 0,4 + 0,15 = 1 \quad \Leftrightarrow \quad a = 0,1$

$\text{Var}(X) = E(X^2) - (E(X))^2 = 9 \cdot 0,1 + 16 \cdot 0,35 + 25 \cdot 0,4 + 36 \cdot 0,15 - 4,6^2 = 0,74$

$\Rightarrow$ Standardabweichung: $\sigma = \sqrt{\text{Var}} = \sqrt{0,74} = 0,8602$

2 $P(X > 9) = P(X = 9) + P(X = 10) = \dfrac{\binom{15}{9} \cdot \binom{5}{1}}{\binom{20}{10}} + \dfrac{\binom{15}{10} \cdot \binom{5}{0}}{\binom{20}{10}} =$ (mit Tabellenwerk)

$$= \frac{5005 \cdot 5 + 3003 \cdot 1}{184756} = \frac{28028}{184756} \approx 0,15170$$

Berufsoberschulen in Bayern – Abiturprüfung 2003
Mathematik (Ausbildungsrichtung Technik) – Analysis A I

BE

1 Gegeben sind die reellen Funktionen $f: x \mapsto f(x) = \arctan\left(\dfrac{e^x - 1}{e^x + 1}\right)$ mit $D_f = \mathbb{R}$ und $g: x \mapsto g(x) = \dfrac{e^x}{e^{2x} + 1}$ mit $D_g = \mathbb{R}$.

1.1 Zeigen Sie zunächst, dass gilt: $f'(x) = g(x)$.   4

1.2 Bestimmen Sie die Nullstelle von f, das Verhalten von f(x) an den Rändern der Definitionsmenge, das Symmetrieverhalten und das Monotonieverhalten des Graphen von f.   7

1.3 Bestimmen Sie für den Graphen der Funktion g Art und Koordinaten des Extrempunktes sowie die Koordinaten der Wendepunkte.
(Rechengenauigkeit – falls Runden nötig – 2 Nachkommastellen).
[Teilergebnis: $g'(x) = e^x \cdot (1 - e^{2x}) \cdot (e^{2x} + 1)^{-2}$]   11

1.4 Zeichnen Sie die Graphen der Funktionen f und g unter Verwendung aller bisherigen Ergebnisse für $-2 \leq x \leq 2$ in ein gemeinsames Koordinatensystem (1 LE = 4 cm).   6

1.5 Berechnen Sie die Maßzahl des Inhalts der zwischen dem Graphen von g und der x-Achse eingeschlossenen Fläche, die sich nach beiden Seiten ins Unendliche erstreckt.   4

1.6 Begründen Sie rechnerisch folgende Aussage: Es gibt eine reelle Konstante c so, dass die Gleichung $f(x) = \arctan(e^x) + c$ in ganz $\mathbb{R}$ erfüllt ist. Berechnen Sie auch den Wert der Konstanten c.   4

1.7 Begründen Sie, dass die Funktion f umkehrbar ist. Bestimmen Sie einen Funktionsterm für die Umkehrfunktion k der Funktion f. Geben Sie auch die Definitionsmenge von k an.   5

1.8 Berechnen Sie die Steigung des Graphen der Umkehrfunktion k im Koordinatenursprung.   2

2 Die chemische Verbindung Mixoflux zerfällt beim Erhitzen je nach Masse der Probe innerhalb einiger Minuten. Bei einem Versuch beträgt die Anfangsmasse der Probe an Mixoflux 1,00 g, x sei die in der Zeit t (gemessen in Minuten) zerfallene Masse.
Die zugehörige Differenzialgleichung ist:
$2 \cdot \dot{x} = (1 + x) \cdot (1 - x)$ mit $x \in [0; 1[$.

Dabei ist $\dot{x} = \dfrac{dx}{dt}$ die Ableitung der Funktion x nach der Variablen t.

2.1 Bestimmen Sie für die Funktion x einen Funktionsterm x(t). Auf die Verwendung von Einheiten wird während der Rechnung verzichtet.

$\left[\text{Mögliches Ergebnis: } x(t) = \dfrac{e^t - 1}{e^t + 1}\right]$ 7

2.2 Für einen „vollständigen Zerfall" genügt es im Allgemeinen, wenn 99,9 % der Anfangsmenge zerfallen sind. Nach welcher Zeit tritt dieses Ereignis ein?   2

3 Bestimmen Sie die allgemeine Lösung der Differenzialgleichung
$(2x + 3) \cdot y' + y = x$ mit $x \in \,]-1{,}5; +\infty[$
mit der Methode der Variation der Konstanten.   8

60

Lösung

1    $f(x) = \arctan\left(\dfrac{e^x - 1}{e^x + 1}\right)$; $g(x) = \dfrac{e^x}{e^{2x} + 1}$ mit $D_f = D_g = \mathbb{R}$.

1.1 $\underline{\underline{f'(x)}} = \dfrac{1}{1 + \left(\frac{e^x - 1}{e^x + 1}\right)^2} \cdot \dfrac{e^x \cdot (e^x + 1) - e^x \cdot (e^x - 1)}{(e^x + 1)^2} =$

$= \dfrac{e^{2x} + e^x - e^{2x} + e^x}{(e^x + 1)^2 + (e^x - 1)^2} =$

$= \dfrac{2e^x}{e^{2x} + 2e^x + 1 + e^{2x} - 2e^x + 1} =$

$= \dfrac{2e^x}{2e^{2x} + 2} =$

$= \dfrac{e^x}{e^{2x} + 1} = \underline{\underline{g(x)}}$

1.2 $f(x) = 0 \Rightarrow e^x - 1 = 0 \Leftrightarrow e^x = 1 \Leftrightarrow \underline{x = 0}$ ist (einzige) Nullstelle von f.

$x \to +\infty \Rightarrow \underbrace{\dfrac{\overbrace{e^x - 1}^{\to \infty}}{\underbrace{e^x + 1}_{\to \infty}}} \xrightarrow{\ell'H} \dfrac{e^x}{e^x} = 1 \Rightarrow f(x) = \arctan\left(\dfrac{e^x - 1}{e^x + 1}\right) \to \arctan(1) = \dfrac{\pi}{4}$

$x \to -\infty \Rightarrow \dfrac{\overbrace{e^x - 1}^{\to 0}}{\underbrace{e^x + 1}_{\to 0}} \to -1 \Rightarrow f(x) = \arctan\left(\dfrac{e^x - 1}{e^x + 1}\right) \to \arctan(-1) = -\dfrac{\pi}{4}$

$$\underline{\underline{f(-x)}} = \arctan\left(\frac{e^{-x}-1}{e^{-x}+1}\right) = \arctan\left(\frac{e^{-x}-1}{e^{-x}+1} \cdot \frac{e^x}{e^x}\right) =$$

$$= \arctan\left(\frac{1-e^x}{1+e^x}\right) = \arctan\left(-\frac{e^x-1}{e^x+1}\right) =$$

$$= -\arctan\left(\frac{e^x-1}{e^x+1}\right) = \underline{\underline{-f(x)}} \quad \text{für alle } x \in \mathbb{R}$$

$\Rightarrow$ Der Graph von f ist symmetrisch zum Ursprung (0; 0).

$e^x > 0 \;\wedge\; e^{2x} + 1 > 0$ für alle $x \in \mathbb{R}$ $\Rightarrow$ $f'(x) = g(x) = \dfrac{e^x}{e^{2x}+1} > 0$ für alle $x \in \mathbb{R}$.

$\Rightarrow$ Der Graph von f ist in ganz $\mathbb{R}$ streng monoton steigend.

1.3 $\quad g(x) = \dfrac{e^x}{e^{2x}+1}$

$\Rightarrow \quad g'(x) = \dfrac{e^x \cdot (e^{2x}+1) - e^{2x} \cdot 2 \cdot e^x}{(e^{2x}+1)^2} = \dfrac{e^{3x} + e^x - 2e^{3x}}{(e^{2x}+1)^2} =$

$\qquad = \dfrac{e^x - e^{3x}}{(e^{2x}+1)^2}\,;$

$\Rightarrow \quad g''(x) = \dfrac{(e^x - 3e^{3x}) \cdot (e^{2x}+1)^2 - 2 \cdot (e^{2x}+1) \cdot 2e^{2x} \cdot (e^x - e^{3x})}{(e^{2x}+1)^4} =$

$\qquad = \dfrac{(e^x - 3e^{3x}) \cdot (e^{2x}+1) - 2 \cdot 2e^{2x} \cdot (e^x - e^{3x})}{(e^{2x}+1)^3} =$

$\qquad = \dfrac{e^{3x} + e^x - 3e^{5x} - 3e^{3x} - 4e^{3x} + 4e^{5x}}{(e^{2x}+1)^3} =$

$\qquad = \dfrac{e^{5x} - 6e^{3x} + e^x}{(e^{2x}+1)^3} =$

$\qquad = \dfrac{e^x \cdot (e^{4x} - 6e^{2x} + 1)}{(e^{2x}+1)^3}$

$g'(x) = \dfrac{e^x - e^{3x}}{(e^{2x}+1)^2} = \dfrac{e^x \cdot (1 - e^{2x})}{(e^{2x}+1)^2} = 0 \;\Rightarrow\; 1 - e^{2x} = 0 \;\Leftrightarrow\; e^{2x} = 1 \;\Leftrightarrow\; x = 0;$

$g'(0) = 0 \;\wedge\; g''(0) = \dfrac{1-6+1}{8} = -\dfrac{1}{2} < 0 \;\wedge\; g(0) = \dfrac{1}{1+1} = \dfrac{1}{2}$

$\Rightarrow$ Der Graph von g besitzt den Hochpunkt $\underline{\underline{H(0;\,0{,}5)}}$.

$g''(x) = 0 \;\Rightarrow\; e^{4x} - 6e^{2x} + 1 = 0;$ Substitution: $u = e^{2x}$

$\qquad \Rightarrow\; u^2 - 6u + 1 = 0$

$$u_{1;2} = \frac{6 \pm \sqrt{32}}{2} = 3 \pm \sqrt{8}$$

$\Rightarrow\; e^{2x} = 3 \pm \sqrt{8} \;\Leftrightarrow\; 2x = \ln(3 \pm \sqrt{8})$

$\qquad\qquad\qquad \Leftrightarrow\; x_{1;2} = \dfrac{1}{2} \cdot \ln(3 \pm \sqrt{8})$

$\qquad\qquad\qquad x_1 \approx 0{,}88;\; x_2 \approx -0{,}88$

$g''(-1) \approx 0{,}05 > 0$; $g''(0) = -0{,}5 < 0$; $g''(1) \approx 0{,}05 > 0$;

Wegen der Stetigkeit von g'' folgt: Die Nullstellen von g'' sind Nullstellen mit Vorzeichenwechsel, also Wendestellen des Graphen von g.

$g(x_1) \approx 0{,}35$; $g(x_2) \approx 0{,}35 \Rightarrow$

Wendepunkte: $\underline{\underline{W_1(\approx 0{,}88; \approx 0{,}35)}}$; $\underline{\underline{W_2(\approx -0{,}88; \approx 0{,}35)}}$

Anmerkung:
Ist der Graph einer Funktion symmetrisch zur y-Achse, so ist der Graph ihrer Ableitungsfunktion symmetrisch zum Ursprung (0; 0).
Ist der Graph einer Funktion symmetrisch zum Ursprung (0; 0), so ist der Graph ihrer Ableitungsfunktion symmetrisch zur y-Achse.
Aus Aufgabe 1.2 folgt also: Der Graph von g ist symmetrisch zur y-Achse.

1.4

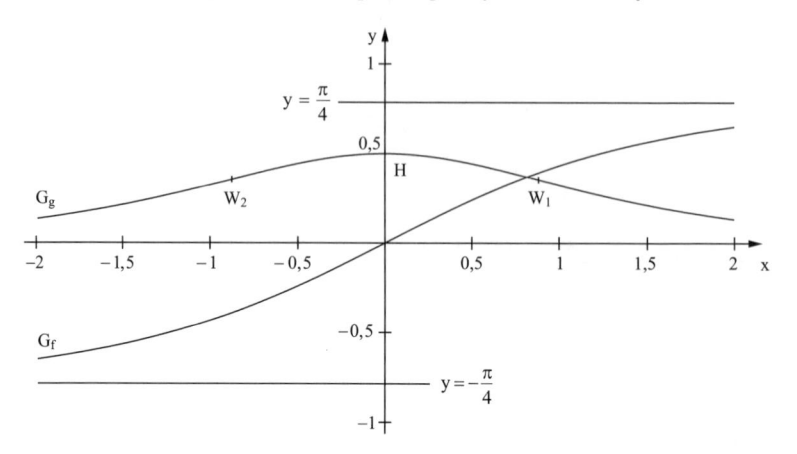

1.5 Wegen der Achsensymmetrie des Graphen von g und wegen $f'(x) = g(x)$ gilt:

$$A = \int_{-\infty}^{+\infty} g(x)\,dx = 2 \cdot \int_0^{\infty} g(x)\,dx =$$

$$= 2 \cdot \lim_{b \to \infty} \int_0^b g(x)\,dx =$$

$$= 2 \cdot \lim_{b \to \infty} (f(b) - f(0)) =$$

$$= 2 \cdot \lim_{b \to \infty} (f(b) - 0) =$$

$$= 2 \cdot \lim_{b \to \infty} f(b) = 2 \cdot \frac{\pi}{4} = \underline{\underline{\frac{\pi}{2}}} \quad \text{(Grenzwert nach Aufgabe 1.2)}$$

1.6 $\dfrac{d}{dx}(\arctan(e^x)) = \dfrac{1}{1+(e^x)^2} \cdot e^x = \dfrac{e^x}{1+e^{2x}} = g(x) = f'(x)$

$\Rightarrow$ Die Werte $\arctan(e^x)$ und $\arctan\left(\dfrac{e^x-1}{e^x+1}\right)$ unterscheiden sich für alle $x \in \mathbb{R}$ nur um einen konstanten Summanden c, d. h. $f(x) = \arctan(e^x) + c$.

Berechnung von c:
$f(0) = \arctan(e^0) + c \Leftrightarrow 0 = \arctan(1) + c$

$\Leftrightarrow 0 = \dfrac{\pi}{4} + c$

$\Leftrightarrow \underline{\underline{c = -\dfrac{\pi}{4}}}$

1.7 Weil die Funktion f in $D_f = \mathbb{R}$ streng monoton zunehmend ist, ist die Funktion f umkehrbar, d. h. f besitzt eine Umkehrfunktion.

$f: y = \arctan(e^x) - \dfrac{\pi}{4}$

$k: x = \arctan(e^y) - \dfrac{\pi}{4} \Leftrightarrow x + \dfrac{\pi}{4} = \arctan(e^y)$

$\Leftrightarrow \tan\left(x + \dfrac{\pi}{4}\right) = e^y$

$\Leftrightarrow \ln\left(\tan\left(x + \dfrac{\pi}{4}\right)\right) = y$

$\Rightarrow \underline{\underline{k(x) = \ln\left(\tan\left(x + \dfrac{\pi}{4}\right)\right)}}$ mit $\underline{\underline{D_k = W_f = \left]-\dfrac{\pi}{4}; \dfrac{\pi}{4}\right[}}$

1.8 $k'(0) = \dfrac{1}{f'(x_0)}$ mit $x_0 = k(0) = \ln\left(\tan\dfrac{\pi}{4}\right) = \ln(1) = 0$

$\Rightarrow \underline{\underline{k'(0)}} = \dfrac{1}{f'(0)} = \dfrac{1}{g(0)} = \dfrac{1}{0{,}5} = \underline{\underline{2}}$

2.1 $2 \cdot \dot{x} = (1+x) \cdot (1-x)$ mit $x \in [0; 1[$

$\Leftrightarrow 2 \cdot \dfrac{dx}{dt} = (1+x) \cdot (1-x)$

$\Leftrightarrow \int \dfrac{2}{(1+x) \cdot (1-x)} dx = \int 1\, dt$

N.R. Partialbruchzerlegung: $\dfrac{2}{(1+x) \cdot (1-x)} = \dfrac{A}{1+x} + \dfrac{B}{1-x}$

$\Rightarrow A \cdot (1-x) + B \cdot (1+x) = 2$

mit $x = 1 \Rightarrow 2 \cdot B = 2 \Leftrightarrow B = 1$

mit $x = -1 \Rightarrow 2 \cdot A = 2 \Leftrightarrow A = 1$

$\Rightarrow \int \left(\dfrac{1}{1+x} + \dfrac{1}{1-x}\right) dx = \int 1\, dt$

$\Leftrightarrow \ln(1+x) - \ln(1-x) = t + C$ mit $C \in \mathbb{R}$

$\Leftrightarrow \ln\dfrac{1+x}{1-x} = t + C \Leftrightarrow \dfrac{1+x}{1-x} = e^{t+C} \Leftrightarrow 1 + x = (1-x) \cdot e^{t+C}$

$\Leftrightarrow \quad 1 + x = e^{t+C} - x \cdot e^{t+C}$

$\Leftrightarrow \quad x + x \cdot e^{t+C} = -1 + e^{t+C}$

$\Leftrightarrow \quad x \cdot (1 + e^{t+C}) = -1 + e^{t+C}$

$\Leftrightarrow \quad x(t) = \dfrac{e^{t+C} - 1}{e^{t+C} + 1}$

Anfangsbedingung: $x(0) = 0$

$\Rightarrow \dfrac{e^C - 1}{e^C + 1} = 0 \Leftrightarrow e^C = 1 \Leftrightarrow C = 0$

$\Rightarrow \underline{\underline{x(t) = \dfrac{e^t - 1}{e^t + 1}}}$ mit $t \geq 0$

2.2 $x(t) = 0{,}999$

Wegen $\ln \dfrac{1+x}{1-x} = t$ (siehe 2.1) folgt:

$\ln \dfrac{1 + 0{,}999}{1 - 0{,}999} = t \Leftrightarrow t = \ln \dfrac{1{,}999}{0{,}001}$

$\phantom{\ln \dfrac{1 + 0{,}999}{1 - 0{,}999} = t}\Leftrightarrow \underline{\underline{t = \ln 1999 \approx 7{,}60}}$

Nach 7,60 Minuten ist 1,00 g Mixoflux „vollständig" zerfallen.

Alternativ:

$\dfrac{e^t - 1}{e^t + 1} = 0{,}999 \Leftrightarrow e^t - 1 = 0{,}999 \cdot (e^t + 1)$

$\phantom{\dfrac{e^t - 1}{e^t + 1} = 0{,}999}\Leftrightarrow e^t - 1 = 0{,}999 \cdot e^t + 0{,}999$

$\phantom{\dfrac{e^t - 1}{e^t + 1} = 0{,}999}\Leftrightarrow 0{,}001 \cdot e^t = 1{,}999$

$\phantom{\dfrac{e^t - 1}{e^t + 1} = 0{,}999}\Leftrightarrow e^t = 1999$

$\phantom{\dfrac{e^t - 1}{e^t + 1} = 0{,}999}\Leftrightarrow \underline{\underline{t = \ln 1999 \approx 7{,}60}}$

3 $(2x + 3) \cdot y' + y = x$ für $x \in\ ]-1{,}5;\ +\infty[\Leftrightarrow$

(*) $y' + \dfrac{1}{2x + 3} \cdot y = \dfrac{x}{2x + 3}$

I) homogene DG: $y' + \dfrac{1}{2x + 3} \cdot y = 0$ (triviale Lösung $y = 0$)

$\Rightarrow \dfrac{dy}{dx} = -\dfrac{1}{2x + 3} \cdot y$

$\Rightarrow \int \dfrac{1}{y} dy = -\int \dfrac{1}{2x + 3} dx$ mit $y \neq 0$

$\Rightarrow \int \dfrac{1}{y} dy = -\dfrac{1}{2} \cdot \int \dfrac{2}{2x + 3} dx$

$\Rightarrow \ln |y| = -\dfrac{1}{2} \ln(2x + 3) + C$

$$\Rightarrow \quad |y| = e^{-\frac{1}{2}\ln(2x+3)+C} = e^C \cdot e^{\ln\frac{1}{\sqrt{2x+3}}} = e^C \cdot \frac{1}{\sqrt{2x+3}}$$

$$\Rightarrow \quad y_h = D \cdot \frac{1}{\sqrt{2x+3}} = D \cdot (2x+3)^{-0,5}$$

Mit $D \in \mathbb{R}$ ist auch die triviale Lösung enthalten.

II) Variation der Konstante D:
$y = D(x) \cdot (2x+3)^{-0,5}$
$\Rightarrow \quad y' = D'(x) \cdot (2x+3)^{-0,5} - 0,5 \cdot (2x+3)^{-1,5} \cdot 2 \cdot D(x)$
$\Leftrightarrow \quad y' = D'(x) \cdot \frac{1}{\sqrt{2x+3}} - D(x) \cdot \frac{1}{\sqrt{2x+3}^3}$

in (*):

$$\Rightarrow \quad D'(x) \cdot \frac{1}{\sqrt{2x+3}} - D(x) \cdot \frac{1}{\sqrt{2x+3}^3} + \frac{1}{2x+3} \cdot D(x) \cdot \frac{1}{\sqrt{2x+3}} = \frac{x}{2x+3}$$

$$\Leftrightarrow \quad D'(x) \cdot \frac{1}{\sqrt{2x+3}} = \frac{x}{2x+3} \quad | \cdot \sqrt{2x+3}$$

$$\Leftrightarrow \quad D'(x) = \frac{x}{\sqrt{2x+3}}$$

$$\Rightarrow \quad D(x) = \int \frac{x}{\sqrt{2x+3}}\, dx = \ldots$$

Substitution: $u = \sqrt{2x+3} \Leftrightarrow u^2 = 2x+3 \Leftrightarrow x = \frac{1}{2}u^2 - \frac{3}{2}$

$$\frac{dx}{du} = u \Leftrightarrow dx = u\, du$$

$$\Rightarrow \quad D(x) = \int \frac{\frac{1}{2}u^2 - \frac{3}{2}}{u} \cdot u\, du =$$
$$= \int \left(\frac{1}{2}u^2 - \frac{3}{2}\right) du =$$
$$= \frac{1}{6}u^3 - \frac{3}{2}u + \tilde{C} =$$
$$= \frac{1}{6}(2x+3) \cdot \sqrt{2x+3} - \frac{3}{2}\sqrt{2x+3} + C \quad \text{mit } C \in \mathbb{R}$$

$C = 0 \Rightarrow y_s = \frac{1}{6}(2x+3) - \frac{3}{2} = \frac{1}{3}x - 1$ (spezielle Lösung)

III) allgemeine Lösung: $y = y_s + y_h$

$$\underline{\underline{y = \frac{1}{3}x - 1 + \frac{D}{\sqrt{2x+3}}}} \quad \text{mit } D \in \mathbb{R} \text{ und } x \in \,]-1,5\,;\,+\infty[$$

Berufsoberschulen in Bayern – Abiturprüfung 2003
Mathematik (Ausbildungsrichtung Technik) – Analysis A II

BE

1 Gegeben ist die Schar der reellen Funktionen f_a mit $a \in \mathbb{R}^+$ und der Definitionsmenge $D_{f_a} = \mathbb{R}$ durch $f_a : x \mapsto \dfrac{4}{1+e^{ax}}$.

1.1 Untersuchen Sie das Verhalten der Funktionswerte $f_a(x)$ für $x \to \pm\infty$ und geben Sie die Gleichungen der Asymptoten der Graphen von f_a an. 2

1.2 Zeigen Sie, dass die Graphen aller Funktionen f_a symmetrisch zum Punkt P(0; 2) sind. 4

1.3 Bestimmen Sie das Monotonieverhalten der Funktionen f_a und zeichnen Sie für den Sonderfall $a=1$ den Graphen der Funktion f_1 in ein kartesisches Koordinatensystem mit für $-5 \leq x \leq 5$. Verwenden Sie für die Zeichnung ein gesondertes Blatt. (1 LE = 1 cm) 7

1.4 Ermitteln Sie eine integralfreie Darstellung der Schar der Funktionen

$$F_a : x \mapsto \int_0^x f_a(t)\,dt \quad \text{mit } x \in \mathbb{R}$$

und berechnen Sie dann die Flächenmaßzahl A(a) der Fläche, die von den Koordinatenachsen und dem Graphen von f_a im 1. Quadranten umschlossen wird und sich ins Unendliche erstreckt. Beginnen Sie mit einer geeigneten Substitution.

$\left[\text{Teilergebnis: } F_a(x) = \dfrac{4}{a}\ln\left(\dfrac{2e^{ax}}{1+e^{ax}}\right)\right]$ 11

1.5 Weisen Sie für $a = 1$ nach, dass der Graph von F_1 für $x \to -\infty$ eine Asymptote mit der Gleichung $y = 4 \cdot (x + \ln(2))$ besitzt und skizzieren Sie den Graphen von F_1 mit seinen beiden Asymptoten für $-2 \leq x \leq 5$ im Koordinatensystem der Aufgabe 1.3. 9

1.6 Die Tangente an den Graphen der Funktion F_1 im Punkt $R(0; F_1(0))$ schneidet die beiden Asymptoten des Graphen von F_1 in den Punkten P und Q. Berechnen Sie die Koordinaten von P und Q und geben Sie an, in welchem Verhältnis der Punkt R die Strecke [PQ] teilt. 4

2 Von der Einheitshyperbel $x^2 - y^2 = 1$ soll nur der Anteil im 1.Quadranten eines kartesischen Koordinatensystems betrachtet werden (siehe Skizze).
Dieser lässt sich als Graph der Funktion
$h: x \mapsto h(x) = \sqrt{x^2 - 1}$ mit $x \geq 1, x \in \mathbb{R}$
beschreiben.

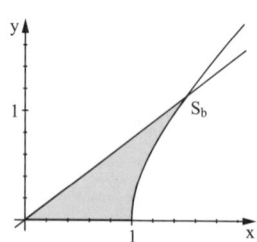

2.1 Eine Ursprungsgerade schneidet den Graphen von h im Punkt $S_b(b; h(b))$ mit $b \geq 1$ (siehe Skizze). Lässt man die grau gefärbte Fläche um die x-Achse rotieren, so entsteht ein Rotationskörper mit der Volumenmaßzahl V(b). Berechnen Sie b so, dass die Volumenmaßzahl V(b) gleich der Volumenmaßzahl einer Kugel mit Radius 1 LE ist. 6

2.2 Es ist m mit $0 < m < 1$ die Steigung der Ursprungsgeraden aus Aufgabe 2.1 und

$$H: x \mapsto H(x) = \frac{1}{2}(x \cdot h(x) - \ln(x + h(x))) \text{ mit } x \geq 1$$

ist eine Stammfunktion von h. Zeigen Sie, dass für die Maßzahl der in der Skizze grau gefärbten Fläche in Abhängigkeit von m gilt:

$$B(m) = \frac{1}{4} \cdot \ln\left(\frac{1+m}{1-m}\right)$$

und berechnen Sie m so, dass gilt: $B(m) = 0{,}25$. 10

3 Bestimmen Sie die allgemeine Lösung der Differenzialgleichung

$$y' + 2y \cdot \tan(x) = \sin(x) \cdot \cos(x) \text{ für } x \in \left]0; \frac{\pi}{2}\right[$$

mit der Methode der Variation der Konstanten. $\underline{\underline{7}}$
60

Lösung

1 $f_a(x) = \dfrac{4}{1+e^{ax}}$; mit $D_{f_a} = \mathbb{R}$ und $a > 0$

1.1 $x \to +\infty \Rightarrow f(x) = \dfrac{4}{1+\underbrace{e^{ax}}_{\to \infty}} \to 0;\quad x \to -\infty \Rightarrow f(x) = \dfrac{4}{1+\underbrace{e^{ax}}_{\to \infty}} \to 4$

$\Rightarrow$ Der Graph von f_a besitzt die waagrechten Asymptoten $\underline{\underline{y = 4}}$ und $\underline{\underline{y = 0}}$ (x-Achse)

1.2 Verschiebung des Graphen von f_a um 2 LE nach unten:

$$g_a(x) = f_a(x) - 2 = \frac{4}{1+e^{ax}} - 2 = \frac{4-2-2e^{ax}}{1+e^{ax}} = \frac{2-2e^{ax}}{1+e^{ax}}$$

$$g_a(-x) = \frac{2-2e^{-ax}}{1+e^{-ax}} \cdot \frac{e^{ax}}{e^{ax}} =$$

$$= \frac{2e^{ax} - 2}{e^{ax}+1} =$$

$$= -\frac{2-2e^{ax}}{1+e^{ax}} = -g_a(x) \text{ für alle } x \in \mathbb{R}$$

$\Rightarrow$ Der Graph von g_a ist symmetrisch zum Ursprung $(0; 0)$.
$\Rightarrow$ Der Graph von f_a ist symmetrisch zum Punkt $P(0; 2)$.

Alternativ:

Zu zeigen ist: $\frac{1}{2}(f_a(x) + f_a(-x)) = 2$ bzw. $f_a(x) + f_a(-x) = 4$

$$f_a(x) + f_a(-x) = \frac{4}{1+e^{ax}} + \frac{4}{1+e^{-ax}} =$$

$$= 4 \cdot \frac{1+e^{-ax} + 1 + e^{ax}}{(1+e^{ax}) \cdot (1+e^{-ax})} =$$

$$= 4 \cdot \frac{1+e^{-ax} + 1 + e^{ax}}{1+e^{-ax} + e^{ax} + 1} = 4$$

$\Rightarrow$ Der Graph von f_a ist symmetrisch zum Punkt P(0; 2).

1.3 $\quad f_a(x) = \frac{4}{1+e^{ax}} \quad \Rightarrow \quad f_a'(x) = \frac{0 - e^{ax} \cdot a \cdot 4}{(1+e^{ax})^2} = \frac{-4ae^{ax}}{(1+e^{ax})^2}$

$-4ae^{ax} < 0 \;\wedge\; (1+e^{ax})^2 > 0 \;\Rightarrow\; f_a'(x) = \frac{-4ae^{ax}}{(1+e^{ax})^2} < 0$ für alle $x \in \mathbb{R}$

$\Rightarrow\; f_a$ ist in ganz $\mathbb{R}$ streng monoton abnehmend.

x	0	1	2	3	4	5
$\approx f_1(x)$	2	1,08	0,48	0,19	0,07	0,03

Graph von f_1: Siehe Lösung zu Aufgabe 1.5

1.4 $\quad \int \frac{4}{1+e^{ax}} dx = \ldots$

Substitution: $u = e^{ax} \;\Rightarrow\; \frac{du}{dx} = e^{ax} \cdot a$

$\Leftrightarrow \frac{du}{dx} = a \cdot u$

$\Leftrightarrow dx = \frac{1}{au} du$

$\ldots = \int \frac{4}{1+u} \cdot \frac{1}{au} du = \frac{4}{a} \cdot \int \frac{1}{(u+1) \cdot u} du = \ldots$

NR: Partialbruchzerlegung:

$\frac{1}{(u+1) \cdot u} = \frac{A}{u+1} + \frac{B}{u} \;\Rightarrow\; A \cdot u + B \cdot (u+1) = 1$

$u = -1 \;\Rightarrow\; -A = 1 \;\Leftrightarrow\; A = -1; \; u = 0 \;\Rightarrow\; B = 1$

$\ldots = \frac{4}{a} \cdot \int \left(\frac{-1}{u+1} + \frac{1}{u} \right) du = \frac{4}{a} \cdot (-\ln(u+1) + \ln(u)) + \tilde{C} = \frac{4}{a} \cdot \ln\left(\frac{u}{u+1}\right) + \tilde{C}$

Resubstitution $\Rightarrow\; F_a(x) = \frac{4}{a} \cdot \ln\left(\frac{e^{ax}}{1+e^{ax}}\right) + C;$

$F_a(0) = 0 \Rightarrow \dfrac{4}{a} \cdot \ln \dfrac{1}{2} + C = 0$

$\Leftrightarrow C = -\dfrac{4}{a} \cdot \ln 2^{-1} = \dfrac{4}{a} \cdot \ln 2$

$\Rightarrow \underline{\underline{F_a(x)}} = \dfrac{4}{a} \cdot \ln\left(\dfrac{e^{ax}}{1+e^{ax}}\right) + \dfrac{4}{a} \cdot \ln 2 =$

$= \dfrac{4}{a} \cdot \left(\ln\left(\dfrac{e^{ax}}{1+e^{ax}}\right) + \ln 2\right) =$

$= \underline{\underline{\dfrac{4}{a} \cdot \ln\left(\dfrac{2e^{ax}}{1+e^{ax}}\right)}};$

$A(a) = \displaystyle\int_0^\infty f_a(x)\,dx = \lim_{k\to\infty}\int_0^k f_a(x)\,dx =$

$= \lim_{k\to\infty}(F_a(k) - F_a(0)) = \lim_{k\to\infty}(F_a(k)) =$

$(x = k) = \lim_{x\to\infty}(F_a(x)) = \lim_{x\to\infty}\left(\dfrac{4}{a} \cdot \ln\left(\dfrac{2e^{ax}}{1+e^{ax}}\right)\right) = \ldots$

$x \to +\infty \Rightarrow \dfrac{2e^{ax}}{1+e^{ax}} \stackrel{l'H}{\to} \dfrac{2ae^{ax}}{ae^{ax}} = 2 \Rightarrow \underline{\underline{A(a) = \dfrac{4}{a} \cdot \ln 2}}$

1.5 $d(x) = F_1(x) - 4 \cdot (x + \ln 2) =$

$= 4 \cdot \ln\dfrac{2e^x}{1+e^x} - 4x - 4\ln 2 =$

$= 4 \cdot \left(\ln\dfrac{2e^x}{1+e^x} - x - \ln 2\right) =$

$= 4 \cdot (\ln 2 + \ln e^x - \ln(1+e^x) - x - \ln 2) =$

$= -4 \cdot \ln(1+e^x)$

$\lim_{x\to-\infty} d(x) = \lim_{x\to-\infty}(-4 \cdot \ln(1+\underbrace{e^x}_{\to 0})) = -4 \cdot \ln 1 = 0$

$\Rightarrow$ Der Graph von F_1 besitzt die schiefe Asymptote $y = 4x + 4\ln 2$.

Aus 1.4 $\Rightarrow$ Der Graph von F_1 besitzt die waagrechte Asymptote $y = 4\ln 2$

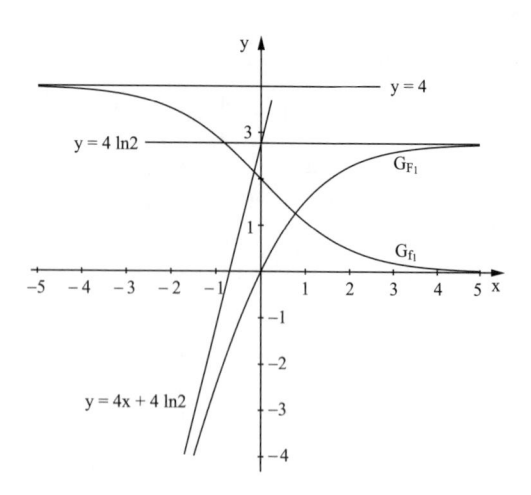

1.6 Tangente: $t(x) = F_1'(0) \cdot x \Leftrightarrow t(x) = f_1(0) \cdot x = \dfrac{4}{1+1}x \Leftrightarrow t(x) = 2x$

Schnitt mit waagrechter Asymptote:
$2x = 4\ln(2) \Leftrightarrow x = 2\ln(2) \Rightarrow P(2\ln(2); 4\ln(2))$

Schnitt mit schiefer Asymptote:
$2x = 4x + 4\ln(2) \Leftrightarrow x = -2\ln(2) \Rightarrow Q(-2\ln(2); -4\ln(2))$

$\Rightarrow$ Die Punkte P und Q liegen symmetrisch zum Ursprung des Koordinatensystems. Deshalb teilt der Ursprung O die Strecke PQ im Verhältnis 1 : 1.

2 $h(x) = \sqrt{x^2 - 1}$ mit $x \in [1; +\infty[$

2.1 $V(b) = V_{Kegel} - \displaystyle\int_1^b \pi \cdot (h(x))^2 \, dx =$

$= \dfrac{1}{3}(h(b))^2 \cdot \pi \cdot b - \pi \displaystyle\int_1^b (x^2 - 1) \, dx =$

$= \dfrac{\pi}{3}(b^2 - 1) \cdot b - \pi \cdot \left(\left[\dfrac{1}{3}x^3 - x \right]_1^b \right) =$

$= \dfrac{\pi}{3}(b^3 - b) - \pi \cdot \left(\dfrac{1}{3}b^3 - b - \left(\dfrac{1}{3} - 1 \right) \right) =$

$= \dfrac{\pi}{3}(b^3 - b - b^3 + 3b + 1 - 3) =$

$= \dfrac{\pi}{3}(2b - 2) =$

$= \dfrac{2}{3}\pi \cdot (b - 1);$

$V(b) = \dfrac{4}{3}\pi \Leftrightarrow b - 1 = 2 \Leftrightarrow \underline{\underline{b = 3}}$

2.2 $H(x) = \frac{1}{2}(x \cdot h(x) - \ln(x + h(x)))$ mit $x \geq 1$

Schnitt des Graphen von h mit der Ursprungsgeraden $y = m \cdot x$:

$m \cdot x = \sqrt{x^2 - 1} \iff m^2 x^2 = x^2 - 1$

$\iff x^2(1 - m^2) = 1$

$\iff x^2 = \dfrac{1}{1 - m^2} \Rightarrow x = \dfrac{1}{\sqrt{1 - m^2}} := \mathbf{b}$ (aus 2.1)

$\Rightarrow S_a\left(\dfrac{1}{\sqrt{1-m^2}}; \dfrac{m}{\sqrt{1-m^2}}\right);$

$\underline{\underline{B(m)}} = A_{\text{Dreieck}} - \int_1^b h(x)\, dx =$

$= \dfrac{b}{2} \cdot h(b) - (H(b) - H(1)) =$

$= \dfrac{b}{2} \cdot h(b) - H(b) + H(1) =$

$= \dfrac{b}{2} \cdot h(b) - \dfrac{b}{2} \cdot h(b) + \dfrac{1}{2} \ln(b + h(b)) + \dfrac{1}{2} \cdot (0 - \ln(1)) =$

$= \dfrac{1}{2} \cdot \ln(b + h(b)) =$

$= \dfrac{1}{2} \cdot \ln(b + mb) = \dfrac{1}{2} \cdot \ln\left(\dfrac{1}{\sqrt{1-m^2}} + \dfrac{m}{\sqrt{1-m^2}}\right) =$

$= \dfrac{1}{2} \cdot \ln\left(\dfrac{1+m}{\sqrt{1-m^2}}\right) =$

$= \dfrac{1}{2} \cdot \ln\sqrt{\dfrac{(1+m)^2}{(1-m)\cdot(1+m)}} =$

$= \dfrac{1}{2} \cdot \ln\left(\dfrac{1+m}{1-m}\right)^{0,5} = \underline{\underline{\dfrac{1}{4} \cdot \ln\left(\dfrac{1+m}{1-m}\right)}};$

$B(m) = \dfrac{1}{4} \iff \ln\left(\dfrac{1+m}{1-m}\right) = 1 \iff \dfrac{1+m}{1-m} = e \iff 1 + m = e - me$

$\iff m + me = e - 1 \iff m \cdot (1 + e) = e - 1 \iff m = \dfrac{e-1}{e+1} \approx \underline{\underline{0{,}462}}$

3   (∗) $y' + 2y \cdot \tan(x) = \sin(x) \cdot \cos(x)$ für $x \in \left]0; \frac{\pi}{2}\right[$

I)   homogene DG: $y' + 2y \cdot \tan(x) = 0$ (triviale Lösung $y = 0$)

$\Rightarrow \dfrac{dy}{dx} = -2\tan x \cdot y = -2 \cdot \dfrac{\sin x}{\cos x} \cdot y$ mit $y \neq 0$

$\Rightarrow \displaystyle\int \dfrac{1}{y} dy = 2\int \dfrac{-\sin(x)}{\cos(x)} dx$

$\Rightarrow \ln|y| = 2\ln(\cos x) + C$

$\Rightarrow |y| = e^{2\ln(\cos x) + C} = e^C \cdot e^{\ln((\cos x)^2)} = e^C \cdot (\cos x)^2$

$\Rightarrow y_h = D \cdot (\cos x)^2$ mit $D \in \mathbb{R}$ ist auch die triviale Lösung enthalten.

II)   Variation der Konstante D:

$y = D(x) \cdot (\cos x)^2 \quad \Rightarrow \quad y' = D'(x) \cdot (\cos x)^2 - 2\cos x \cdot \sin x \cdot D(x)$

in (∗): $\Rightarrow$

$D'(x) \cdot (\cos x)^2 - 2\cos x \cdot \sin x \cdot D(x) + 2 \cdot D(x) \cdot (\cos x)^2 \cdot \dfrac{\sin x}{\cos x} = \sin x \cdot \cos x$

$\Leftrightarrow D'(x) \cdot (\cos x)^2 = \sin x \cdot \cos x$

$\Rightarrow D'(x) = \dfrac{\sin x \cdot \cos x}{(\cos x)^2} = \dfrac{\sin x}{\cos x}$

$\Rightarrow D(x) = \displaystyle\int \dfrac{\sin x}{\cos x} dx = -\int \dfrac{-\sin x}{\cos x} dx = -\ln(\cos x) + \tilde{C}$

$\Rightarrow y_s = -\ln(\cos x) \cdot (\cos x)^2$ (spezielle Lösung)

III)   allgemeine Lösung: $y = y_s + y_h$

$y = -(\cos x)^2 \cdot \ln(\cos x) + D \cdot (\cos x)^2$

$\underline{\underline{y = (\cos x)^2 \cdot (D - \ln(\cos x))}}$ mit $D \in \mathbb{R}$.

Berufsoberschulen in Bayern – Abiturprüfung 2003
Mathematik (Ausbildungsrichtung Technik) – Stochastik B I

BE

1 Eine Kfz-Werkstatt für Autoelektronik baut in Fahrzeuge Alarmanlagen ein. Die Werkstatt verfügt über 11 Stellplätze, 4 davon befinden sich in der Werkstatthalle. Fahrzeuge, in die bereits eine Alarmanlage eingebaut wurde, werden im Hof abgestellt, Fahrzeuge ohne Alarmanlagen stehen in der Werkstatthalle. Am Abend eines Arbeitstages befinden sich in der Werkstatt 8 PKW, 5 davon bereits mit eingebauter Alarmanlage.

1.1 Wie viele verschiedene Möglichkeiten gibt es, die Stellplätze zu belegen, wenn die Anordnung der Fahrzeuge untereinander mit berücksichtigt wird? 3

1.2 Im Keller der Werkstatt werden die defekten Alarmanlagen bis zum Rücktransport zum Hersteller gesammelt. In einem Container liegen bereits völlig ungeordnet 70 defekte Anlagen vom Typ A und 50 vom Typ B. Ein Angestellter nimmt wahllos 15 Anlagen heraus, um sie zu verpacken.
Berechnen Sie die Wahrscheinlichkeit folgender Ereignisse:
E: „Es sind genau 9 Anlagen vom Typ A darunter."
F: „Alle entnommenen Anlagen sind vom Typ A."
G: „Es sind mindestens 2 Anlagen vom Typ B darunter." 6

2 Ein Spielautomat liefert nach dem Zufallsprinzip voneinander unabhängig eine der drei Zahlen –2, 0 und 2. Die Zahl –2 taucht mit der Wahrscheinlichkeit 0,5, die Zahl 2 mit der Wahrscheinlichkeit 0,4 und folglich die Zahl 0 mit der Wahrscheinlichkeit 0,1 auf. Bei einem Spiel werden auf Knopfdruck drei der obigen Zahlen vom Automaten nacheinander ausgewählt und ihre Summe angezeigt.

2.1 Die Zufallsgröße X beschreibt die vom Automaten nach einem Spiel angezeigte Summe. Die Wahrscheinlichkeiten, mit denen die Werte der Zufallsgröße X eintreten, lassen sich mit den Parametern a, b und c $\in \mathbb{R}$ wie folgt darstellen.

x	–6	–4	–2	0	2	4	6
P(X = x)	0,125	0,075	c	a	0,252	b	0,064

Berechnen Sie die Parameter a, b und c und stellen Sie die Wahrscheinlichkeiten in einem Histogramm dar (vertikale Achse: 0,1 LE = 2cm).
[Teilergebnis: a = 0,121; b = 0,048] 8

2.2 Ermitteln Sie den Erwartungswert E(X) und die Standardabweichung σ(X) und kennzeichnen Sie Ihre Ergebnisse in der graphischen Darstellung aus Teilaufgabe 2.1. 5

2.3 Bestimmen Sie die Wahrscheinlichkeiten der Ereignisse:
A: Bei drei Spielen erscheint an der Anzeige wenigstens einmal die „Summe 2".
B: Bei 5 Spielen erscheint genau zweimal die „Summe > 0". 5

2.4 Es besteht der Verdacht, dass die „Summe 0" nicht auf die Nullhypothese $P(X = 0) = 0{,}121$, sondern auf einen neuen Wert eingependelt hat. Die Überprüfung dieses Sachverhaltes soll in 800 Durchgängen erfolgen. Beschreiben Sie einen geeigneten Hypothesentest bei einem Signifikanzniveau von 5 % und bestimmen Sie den Ablehnungsbereich der Nullhypothese. 9

2.5 Berechnen Sie die Wahrscheinlichkeit des Fehlers 2. Art, wenn die „Summe 0" tatsächlich mit der Wahrscheinlichkeit von 0,15 auftritt. $\underline{\ 4\ }$
40

Lösung

1.1 Anzahl der Möglichkeiten: $\underline{\underline{N = (7 \cdot 6 \cdot 5 \cdot 4 \cdot 3) \cdot (4 \cdot 3 \cdot 2) = 60\,480}}$

Alternativ: $\underline{\underline{N = \binom{7}{5} \cdot 5! \cdot \binom{4}{3} \cdot 3! = 21 \cdot 120 \cdot 4 \cdot 6 = 60\,480}}$

1.2 $\underline{\underline{P(E)}} = \dfrac{\binom{70}{9} \cdot \binom{50}{6}}{\binom{120}{15}} = 0{,}21845\ldots \approx \underline{\underline{21{,}8\,\%}}$

$\underline{\underline{P(F)}} = \dfrac{\binom{70}{15} \cdot \binom{50}{0}}{\binom{120}{15}} = \dfrac{\binom{70}{15}}{\binom{120}{15}} = 0{,}0001525\ldots \approx \underline{\underline{0{,}015\,\%}}$

Es sei X die Anzahl der Anlagen vom Typ B aus den 15 gewählten Anlagen.
$\underline{\underline{P(G)}} = 1 - P(X = 0) - P(X = 1) =$

$= 1 - \dfrac{\binom{50}{0} \cdot \binom{70}{15}}{\binom{120}{15}} - \dfrac{\binom{50}{1} \cdot \binom{70}{14}}{\binom{120}{15}} = 1 - \dfrac{\binom{70}{15} + 50 \cdot \binom{70}{14}}{\binom{120}{15}} =$

$= 0{,}99780\ldots \approx \underline{\underline{99{,}8\,\%}}$

2.1 Für die Summe 0 erhält man folgende Elementarereignisse:
(0; 0; 0), (2; −2; 0), (2; 0; −2), (0; 2; −2), (0; −2; 2), (−2; 2; 0), (−2; 0; 2)
$\Rightarrow\ \underline{\underline{a = P(X = 0) = 1 \cdot 0{,}1^3 + 6 \cdot 0{,}5 \cdot 0{,}4 \cdot 0{,}1 = 0{,}001 + 0{,}12 = 0{,}121}}$

Für die Summe 4 erhält man folgende Elementarereignisse:
(2; 2; 0), (2; 0; 2), (0; 2; 2) $\Rightarrow\ \underline{\underline{b = P(X = 4) = 3 \cdot 0{,}4^2 \cdot 0{,}1 = 0{,}048}}$

$c = P(X = -2) = 1 - (0{,}125 + 0{,}075 + 0{,}121 + 0{,}252 + 0{,}048 + 0{,}064) = \underline{\underline{0{,}315}}$

Alternativ für $c = P(X = -2)$:
Für die Summe −2 erhält man folgende Elementarereignisse:
(−2; 0; 0), (0; −2; 0), (0; 0; −2), (2; −2; −2), (−2; 2; −2), (−2; −2; 2)
$\Rightarrow\ \underline{\underline{c = P(X = -2) = 3 \cdot 0{,}5 \cdot 0{,}1^2 + 3 \cdot 0{,}4 \cdot 0{,}5^2 = 0{,}015 + 0{,}3 = 0{,}315}}$

Histogramm

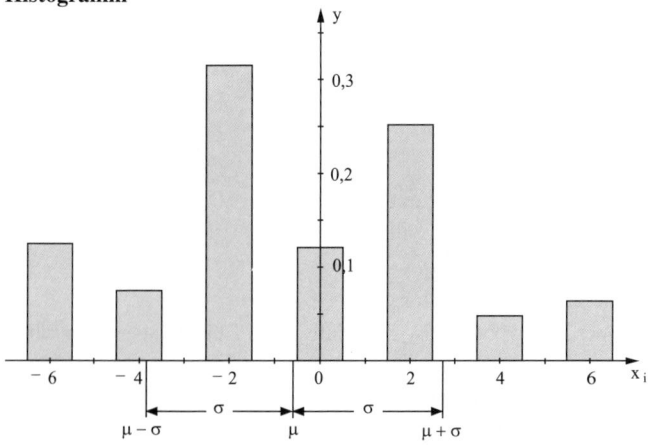

Alternativ (Die **Balkenfläche** entspricht der Wahrscheinlichkeit $P(X = x)$):

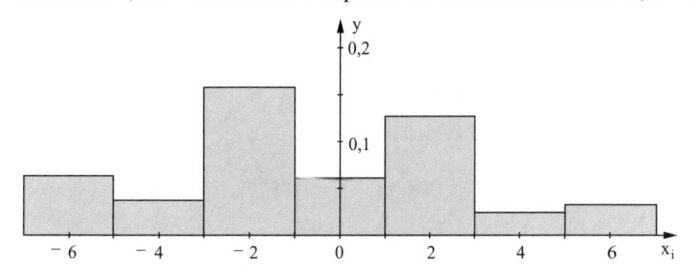

2.2 $\mu = E(X) = -6 \cdot 0{,}125 - 4 \cdot 0{,}075 - 2 \cdot 0{,}315 + 2 \cdot 0{,}252 + 4 \cdot 0{,}048 + 6 \cdot 0{,}064 = \underline{\underline{-0{,}6}}$

$\text{Var}(x) = E(X^2) - E(X) =$
$= 36 \cdot 0{,}125 + 16 \cdot 0{,}075 + 4 \cdot 0{,}315 + 4 \cdot 0{,}252 + 16 \cdot 0{,}048 + 36 \cdot 0{,}064 - (-0{,}6)^2 =$
$= 36 \cdot 0{,}189 + 16 \cdot 0{,}123 + 4 \cdot 0{,}567 - 0{,}36 = 10{,}68$

$\sigma(X) = \sqrt{\text{Var}(X)} = \sqrt{10{,}68} \approx \underline{\underline{3{,}27}}$

Kennzeichnung von $\mu = E(X)$ und $\sigma(X)$ in der Grafik von Teilaufgabe 2.1.
$\mu + \sigma = -0{,}6 + 3{,}27 = 2{,}65$;
$\mu - \sigma = -0{,}6 - 3{,}27 = -3{,}87$

2.3 $\underline{\underline{P(A)}} = 1 - B(3; 0{,}252; 0) =$

$= 1 - \binom{3}{0} \cdot 0{,}252^0 \cdot 0{,}748^3 =$

$= 1 - 0{,}748^3 =$
$= 0{,}58149\ldots \approx \underline{\underline{58{,}1\,\%}}$

$P(X > 0) = 0{,}252 + 0{,}048 + 0{,}064 = 0{,}364 = p \;\Rightarrow\; q = 1 - p = 0{,}636$

$$\underline{\underline{P(B)}} = B(5;0,364;2) =$$

$$= \binom{5}{2} \cdot 0,364^2 \cdot 0,636^3 =$$

$$= 10 \cdot 0,364^2 \cdot 0,636^3 =$$

$$= 0,34085... \approx \underline{\underline{34,1\,\%}}$$

2.4 Testgröße $T \triangleq$ Anzahl der Spiele mit „Summe 0" bei 800 Spielen.
T ist binomialverteilt nach B(800; p) mit $p \in [0;1]$.
Stichprobenlänge: n = 800
Nullhypothese: H_0: p = 0,121
Gegenhypothese: H_1: p ≠ 0,121
Bei zutreffender Nullhypothese ist die Zufallsgröße T binomialverteilt nach B(800; 0,121)

	Ablehnungsbereich von H_0 $\{0; ...; a\} \cup \{b + 1; ...; 800\}$	Annahmebereich von H_0 $\{a + 1; ...; b\}$
H_0: p = 0,121	α	
H_1: p ≠ 0,121		β

H_0 wird abgelehnt, falls $T \in \{0; ...; a\} \cup \{b + 1; ...; 800\}$.
Für die Irrtumswahrscheinlichkeit α gilt: $\alpha \leq 0,05$

Kriterium: $P(X \leq a) \leq \dfrac{\alpha}{2}$ und zugleich $P(X \geq b+1) \leq \dfrac{\alpha}{2}$

$$P(X \leq a) = F^{800}_{0,121}(a) \leq 0,025 \;\wedge\; P(X \geq b+1) = 1 - F^{800}_{0,121}(b) \leq 0,025$$

$$F^{800}_{0,121}(a) \leq 0,025 \;\wedge\; F^{800}_{0,121}(b) \geq 0,975$$

Wegen $\mu = n \cdot p = 800 \cdot 0,121 = 96,8$; Var $= n \cdot p \cdot q = 96,8 \cdot 0,879 \approx 85,09 > 9$ liefert eine Näherung mithilfe der Normalverteilung brauchbare Werte.

$$F^{800}_{0,121}(a) \approx \Phi\!\left(\dfrac{a-\mu+0,5}{\sigma}\right) \leq 0,025 \;\wedge\; F^{800}_{0,121}(b) \approx \Phi\!\left(\dfrac{b-\mu+0,5}{\sigma}\right) \geq 0,975$$

$$\Rightarrow \dfrac{a-\mu+0,5}{\sigma} \leq -1,960 \;\wedge\; \dfrac{b-\mu+0,5}{\sigma} \geq 1,960 \quad \text{(Quantile aus Tafelwerk)}$$

$$a \leq -1,960 \cdot \sigma + \mu - 0,5 \;\wedge\; b \geq 1,960 \cdot \sigma + \mu - 0,5$$

$$a \leq -1,960 \cdot \sqrt{85,09} + 96,3 \approx 78,2 \;\wedge\; b \geq 1,960 \cdot \sqrt{85,09} + 96,3 \approx 114,4$$

$\Rightarrow a_{max} = 78;\; b_{min} = 115$
$\Rightarrow$ größtmöglicher Ablehnungsbereich von H_0: $\underline{\underline{\{0;...;78\} \cup \{116;...;800\}}}$

2.5 Wahrscheinlichkeit für den Fehler 2. Art, wenn gilt p = 0,15:

$\beta' = P(79 \leq T \leq 115) = F_{0,15}^{800}(115) - F_{0,15}^{800}(78) = ...$

$\mu = n \cdot p = 800 \cdot 0,15 = 120$; $Var = n \cdot p \cdot q = 120 \cdot 0,85 = 102 > 9$

Eine **Näherung** mithilfe der Normalverteilung ist sinnvoll.

$$... \approx \Phi\left(\frac{115-120+0,5}{\sqrt{102}}\right) - \Phi\left(\frac{78-120+0,5}{\sqrt{102}}\right) =$$

$= \Phi(-0,45) - \Phi(-4,11) =$
$= 1 - \Phi(0,45) - (1 - \Phi(4,11)) =$
$= \Phi(4,11) - \Phi(0,45) =$
$\approx 0,99998 - 0,67364 =$
$= 0,32634 \approx \underline{\underline{32,6\,\%}}$

Berufsoberschulen in Bayern – Abiturprüfung 2003
Mathematik (Ausbildungsrichtung Technik) –Stochastik B II

BE

1 Im dichten Berufsverkehr wartet die Polizei hinter einer unübersichtlichen Rechtskurve auf Autofahrer, die während der Fahrt mit dem Handy in der Hand telefonieren. Man geht davon aus, dass die Fahrer unabhängig voneinander mit der Wahrscheinlichkeit p telefonieren.

1.1 Ermitteln Sie in Abhängigkeit von p die Wahrscheinlichkeit dafür, dass in den nächsten 10 vorbeifahrenden Autos
 – nur der zweite und der achte Fahrer auf verbotene Weise telefoniert.
 – zwar zwei Fahrer ertappt werden, aber keiner unter den ersten fünf. 4

1.2 Die Polizei will mit über 90 % Wahrscheinlichkeit in den nächsten 10 vorbeifahrenden Autos mindestens einen ordnungswidrig telefonierenden Fahrzeuglenker anhalten. Berechnen Sie, wie hoch dazu der Anteil p mindestens sein müsste. 5

1.3 Ermitteln Sie mit Hilfe der Tschebyschow-Ungleichung wie viele Autos man mindestens überprüfen muss, um den Anteil p der verbotswidrig telefonierenden Autofahrer mit einer Abweichung von höchstens 0,05 mit einer Wahrscheinlichkeit von mindestens 99 % feststellen zu können. 4

1.4 Nun werden 200 Fahrzeuge überprüft. Es wird angenommen, dass die Wahrscheinlichkeit $\frac{1}{8}$ ist, dass ein Autofahrer mit dem Gerät in der Hand telefoniert. X sei nun die Anzahl der überführten Fahrer. Bestimmen Sie einen möglichst kleinen Bereich, symmetrisch um den Erwartungswert von X, in dem die Anzahl der ertappten Autofahrer mit mindestens 95 % Wahrscheinlichkeit liegt. 8

1.5 Durch das Beobachten von 100 Autos will die Polizeidirektion die Nullhypothese: „Höchstens 12,5 % der Autofahrer telefonieren unerlaubt." überprüfen.

1.5.1 Ermitteln Sie in einem Signifikanztest einen möglichst großen Ablehnungsbereich auf dem Signifikanzniveau von 5 %. 8

1.5.2 Bestimmen Sie das Risiko, dass die Nullhypothese nicht abgelehnt wird, obwohl p in Wahrheit bei 15 % liegt, wenn die Nullhypothese bis zu 142 telefonierende Autofahrer angenommen wird. 4

2 In einem Nationalpark lebt eine (unbekannte) Anzahl $N \geq 190$ einer vom Aussterben bedrohten Tierart. Es werden M = 100 Tiere eingefangen, markiert und wieder frei gelassen. Einige Zeit später, nachdem sich die Tiere „gut" durchmischt haben, fängt man erneut n = 10 dieser Tiere und zählt die Anzahl X der markierten unter ihnen. Die Zufallsgröße X ist zwar nicht binomialverteilt, kann aber mit sehr guter Näherung mit $B(n, \frac{M}{N})$ als binomialverteilt betrachtet werden. Berechnen Sie mit der Binomialverteilung $B(n, \frac{M}{N})$ als Näherung diejenige Zahl N, bei der die Wahrscheinlichkeit für das Ereignis A: „Unter den 10 gefangenen Tieren sind genau 5 markierte Tiere" maximal wird.

$\frac{7}{40}$

Lösung

1.1 $P(a) = p^2 \cdot (1-p)^8$;

$P(b) = (1-p)^5 \cdot \binom{5}{2} \cdot p^2 \cdot (1-p)^3 = 10 \cdot (1-p)^8 \cdot p^2$

1.2 Es gibt mindestens einen ($k \geq 1$) „Treffer" bei $n = 10$ „Versuchen".

$P(k \geq 1) > 0{,}90 \iff 1 - P(k=0) > 0{,}90$
$\iff P(k=0) < 0{,}1$

$\binom{10}{0} \cdot p^0 (1-p)^{10} < 0{,}1 \iff (1-p)^{10} < 0{,}1$

$\iff 1-p < \sqrt[10]{0{,}1}$
$\iff p > 1 - \sqrt[10]{0{,}1}$

$\iff p > 0{,}2057$; Der Anteil müsste mindestens 20,6 % betragen.

1.3 Ungleichung von Tschebyschow: $P\left(\left|\frac{k}{n} - p\right| \geq \varepsilon\right) \leq \frac{1}{4\varepsilon^2 n}$

Für das Gegenereignis gilt dann:

$P\left(\left|\frac{k}{n} - p\right| < \varepsilon\right) \geq 1 - \frac{1}{4\varepsilon^2 n} = 0{,}99$; mit $\varepsilon = 0{,}05$

$\Rightarrow \frac{1}{4\varepsilon^2 n} = 0{,}01 \iff n = \frac{1}{4\varepsilon^2 \cdot 0{,}01} = \frac{1}{4 \cdot 0{,}05^2 \cdot 0{,}01} = 10\,000$

Man müsste mindestens 10 000 Autos überprüfen.

1.4 $n = 200$; $p = \frac{1}{8}$; $q = \frac{7}{8}$;

Erwartungswert, Varianz, Standardabweichung:

$\mu = n \cdot p = 200 \cdot \frac{1}{8} = 25$;

$\text{Var} = n \cdot p \cdot q = 25 \cdot \frac{7}{8} = 21{,}875 > 9$;

$\sigma = \sqrt{\text{Var}} = 4{,}677$

$P(\mu - c \leq X \leq \mu + c) = F_{0{,}125}^{200}(\mu + c) - F_{0{,}125}^{200}(\mu - c - 1) \geq 0{,}95$

Wegen Var > 9 ist eine Näherung mit Hilfe der Normalverteilung sinnvoll.

Näherung: $\Phi\left(\dfrac{\mu+c-\mu+0,5}{\sigma}\right) - \Phi\left(\dfrac{\mu-c-1-\mu+0,5}{\sigma}\right) \geq 0,95$

$\Phi\left(\dfrac{c+0,5}{\sigma}\right) - \Phi\left(-\dfrac{c+0,5}{\sigma}\right) \geq 0,95$

$\Phi\left(\dfrac{c+0,5}{\sigma}\right) - \left(1 - \Phi\left(\dfrac{c+0,5}{\sigma}\right)\right) \geq 0,95$

$2 \cdot \Phi\left(\dfrac{c+0,5}{\sigma}\right) - 1 \geq 0,95$

$\Leftrightarrow \Phi\left(\dfrac{c+0,5}{\sigma}\right) \geq 0,975$

$\Leftrightarrow \dfrac{c+0,5}{\sigma} \geq 1,960$ (Quantile aus Tabellenwerk)

$\Leftrightarrow c \geq 1,96 \cdot \sigma - 0,5 = 1,96 \cdot \sqrt{21,875} - 0,5 \approx 8,67$

$\Rightarrow c_{min} = 9;\ \mu + c_{min} = 34;\ \mu - c_{min} = 16$

$\Rightarrow$ kleinster Bereich: $\underline{\underline{\{16;\ ...;\ 34\}}}$

Alternativ mit Binomialverteilung:

Erwartungswert: $\mu = n \cdot p = 200 \cdot \dfrac{1}{8} = 25$

$P(\mu - c \leq X \leq \mu + c) = F^{200}_{0,125}(\mu+c) - F^{200}_{0,125}(\mu-c-1) \geq 0,95$

$\Rightarrow P(X > \mu + c) \leq 0,025 \quad \wedge \quad P(X < \mu - c) \leq 0,025$

$1 - F^{200}_{0,125}(\mu+c) \leq 0,025 \quad \wedge \quad F^{200}_{0,125}(\mu-c-1) \leq 0,025$

$F^{200}_{0,125}(\mu+c) \geq 0,975 \quad \wedge \quad F^{200}_{0,125}(\mu-c-1) \leq 0,025$

$\mu + c \geq 34 \quad \wedge \quad \mu - c - 1 \leq 15$ (Tabellenwerk)

$c \geq 34 - 25 = 9 \Rightarrow c_{min} = 9 \quad \wedge \quad c \geq 25 - 15 - 1 = 9 \Rightarrow c_{min} = 9$

$\mu + c_{min} = 34;\ \mu - c_{min} = 16 \Rightarrow$ kleinster Bereich: $\{16;\ ...;\ 34\}$

1.5.1 Testgröße: $T \triangleq$ Anzahl der telefonierenden Autofahrerer unter 1000 überprüften Autofahrern.
Stichprobenlänge: n = 1000 (rechtsseitiger Test)

	Annahmebereich von H_0 $\{0;\ ...;\ c\}$	Ablehnungsbereich von H_0 $\{c+1;\ ...;\ 1000\}$
H_0: p = 0,125	α	
H_1: p > 0,125		β

Für die Irrtumswahrscheinlichkeit α gilt: α ≤ 0,05

$\Rightarrow \alpha = 1 - P(X \leq c) = 1 - F^{1000}_{0,125}(c) \leq 0,05; \quad \Leftrightarrow F^{1000}_{0,125}(c) \geq 0,95$

Wegen Var = n · p · q = 1000 · 0,125 · 0,875 = 109,375 > 9 ist eine Näherung mithilfe der Normalverteilung erlaubt:

$$F^{1000}_{0,125}(c) \approx \Phi\left(\frac{c-\mu+0,5}{\sigma}\right) \geq 0,95$$

$$\Leftrightarrow \frac{c-\mu+0,5}{\sigma} \geq 1,645 \quad \text{(Quantile aus Tafelwerk)}$$

$$\Leftrightarrow c \geq 1,645 \cdot \sigma + \mu - 0,5 = 1,645 \cdot \sqrt{109,375} + 125 - 0,5 = 141,7$$

$$\Leftrightarrow c_{min} = 142$$

$\Rightarrow$ maximaler Ablehnungsbereich von H_0: $\{143;...;1000\}$

1.5.2 n = 1000; p = 0,15; q = 0,85;
$\mu = n \cdot p = 150$;
Var = n · p · q = 150 · 0,85 = 127,5 > 9
$P(A) = P(T \leq 142) = F^{1000}_{0,15}(142) \approx$

$$\approx \Phi\left(\frac{142-150+0,5}{\sqrt{127,5}}\right) =$$

$$= \Phi\left(-\frac{7,5}{\sqrt{127,5}}\right) = 1 - \Phi(0,664) =$$

$$= 1 - 0,74537 \approx 25\,\%$$

2 Binomialverteilung mit: n = 10; k = 5; M = 100; $p = \frac{M}{N} = \frac{100}{N}$; $q = 1 - p = 1 - \frac{100}{N}$

$$B(n;p;k) = \binom{n}{k} \cdot p^k \cdot q^{n-k}$$

$\Rightarrow B(N) = B(10; \frac{100}{N}; 5) =$

$$= \binom{10}{5} \cdot \left(\frac{100}{N}\right)^5 \cdot \left(1 - \frac{100}{N}\right)^5 =$$

$$= 252 \cdot \left(\frac{100}{N} \cdot \frac{N-100}{N}\right)^5 =$$

$$= 252 \cdot \left(100 \cdot \frac{N-100}{N^2}\right)^5 =$$

$$= 2,52 \cdot 10^{12} \cdot \left(\frac{N-100}{N^2}\right)^5 \quad \text{mit } N \geq 190$$

Ableitung mit Ketten- und Quotientenregel:

$$B'(N) = \frac{dB}{dN} = 2{,}52 \cdot 10^{12} \cdot 5 \cdot \left(\frac{N-100}{N^2}\right)^4 \cdot \frac{N^2 - 2N \cdot (N-100)}{N^4} =$$

$$= 12{,}6 \cdot 10^{12} \cdot \left(\frac{N-100}{N^2}\right)^4 \cdot \frac{N - 2(N-100)}{N^3} =$$

$$= 12{,}6 \cdot 10^{12} \cdot \left(\frac{N-100}{N^2}\right)^4 \cdot \frac{-N + 200}{N^3}$$

Wegen N ≥ 190 besitzt die Gleichung B'(N) = 0 nur die eine Lösung N = 200.

Wegen $12{,}6 \cdot 10^{12} \cdot \left(\frac{N-100}{N^2}\right)^4 > 0 \;\wedge\; \frac{1}{N^3} > 0$ für N ≥ 190 hängt das Vorzeichen von B'(N) nur noch vom Term y = –N + 200 ab.

Für 190 ≤ N < 200 gilt: –N + 200 > 0, d. h. B'(x) > 0.
Für N > 200 gilt: –N + 200 < 0, d. h.: B'(x) < 0.
⇒ B(N) wird für N = 200 maximal.

Berufsoberschulen in Bayern – Abiturprüfung 2004
Mathematik (Ausbildungsrichtung Technik) – Analysis A I

BE

1 Gegeben ist die Schar der reellen Funktionen f_a mit $a \in \mathbb{R}\setminus\{0\}$ und der maximalen Definitionsmenge D_{f_a} durch $f_a: x \mapsto \ln\left(\dfrac{x-1}{ax^2}\right)$.

1.1 Bestimmen Sie D_{f_a} in Abhängigkeit von a. 4

1.2 Ermitteln Sie die Anzahl und Lage der Nullstellen der Funktion f_a in Abhängigkeit von a. 4

1.3 Bestimmen Sie die erste Ableitung von f_a und erläutern Sie, welchen Einfluss die Wahl des Parameters a auf den Graphen der Funktion f_a hat. 4

$$\left[\text{Teilergebnis: } f_a'(x) = \dfrac{2-x}{x \cdot (x-1)}\right]$$

1.4 Ermitteln Sie in Abhängigkeit von a die maximalen Intervalle, in denen der Graph von f_a streng monoton fällt bzw. steigt, und geben Sie gegebenenfalls Art und Lage des zugehörigen Extrempunktes an. 7

1.5 Nun sei $a = 0{,}25$. Untersuchen Sie das Verhalten von $f_{0,25}(x)$ für $x \to \infty$ und $x \to 1$ und geben Sie mit Begründung die Wertemenge dieser Funktion an. Zeichnen Sie den Graphen der Funktion $f_{0,25}$ unter Verwendung der bisherigen Ergebnisse für $1 < x \leq 5$.
(x-Achse: 1 LE = 1 cm; y-Achse: 1 LE = 5 cm) 7

1.6 Gegeben ist weiter die Integralfunktion $F: x \mapsto \displaystyle\int_2^x \ln\left(\dfrac{t-1}{0{,}25t^2}\right)dt$ mit der Definitionsmenge $D_F = \,]1; \infty[$.

1.6.1 Geben Sie, ohne die Integration durchzuführen, Anzahl und Lage der Nullstellen, eventuelle Extremstellen und Wendestellen des Graphen von F an. Begründen Sie Ihre Ergebnisse. 4

1.6.2 Bestimmen Sie jetzt eine integralfreie Darstellung von F(x). 4

1.7 Begründen Sie, dass die Funktion $f_{0,25}$ im Intervall $[2; \infty[$ umkehrbar ist. Geben Sie die Definitions- und Wertemenge der zugehörigen Umkehrfunktion g an. Ermitteln Sie die Steigung der Tangente an den Graphen von g im Punkt $P(\ln(0{,}75); 4)$ ohne den Term der Umkehrfunktion zu bestimmen. 4

2 Bestimmen Sie für $y > 2$ die Lösungen der separierbaren Differenzialgleichung $2y'(x^4 + 16) + 6xy = 3xy^2$, $x \in \mathbb{R}$ so, dass gilt: $y(0) = 4$. 10

3   Bei einem biologischen Experiment wurde die Vermehrung von Schädlingen unter bestimmten Voraussetzungen untersucht. Die grafische Auswertung der Versuchsdaten ergaben folgendes Diagramm:

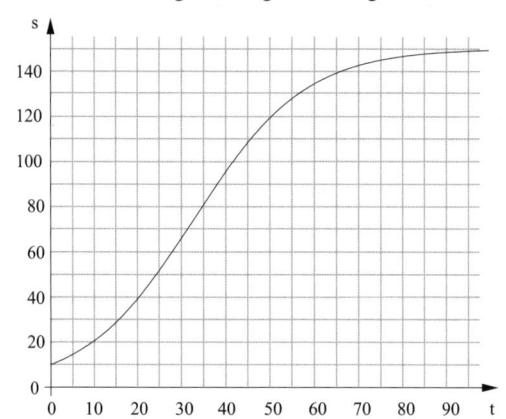

Man vermutet, dass die Vermehrung durch folgendes Wachstumsgesetz beschrieben werden kann:

$$s(t) = \frac{150}{1 + a \cdot e^{-bt}}$$

s: Anzahl der Schädlinge auf der Beobachtungsfläche
t: Zeit in Tagen
a, b ∈ ℝ Parameterwerte

3.1   Bestimmen Sie die Parameterwerte mit Hilfe der grafischen Darstellung und überprüfen Sie das Gesetz an einem weiteren Messwert.
[Mögliches Ergebnis: a = 14, b = 0,08]

3.2   Berechnen Sie die Vermehrungsgeschwindigkeit zum Zeitpunkt t = 0 und bestimmen Sie, zu welchem Zeitpunkt die Vermehrungsgeschwindigkeit maximal ist.

Lösung

1 $f_a(x) = \ln\left(\dfrac{x-1}{ax^2}\right)$ mit $a \in \mathbb{R}\setminus\{0\}$

1.1 $\dfrac{x-1}{ax^2} > 0 \iff (x-1 > 0 \wedge ax^2 > 0) \vee (x-1 < 0 \wedge ax^2 < 0)$

Fall a > 0: $ax^2 > 0$ für alle $x \in \mathbb{R}\setminus\{0\}$.
$\Rightarrow x - 1 > 0 \iff x > 1$.
Damit gilt: $\underline{\underline{D_{f_a} = \,]1; +\infty[}}$

Fall a < 0: $ax^2 < 0$ für alle $x \in \mathbb{R}\setminus\{0\}$.
$\Rightarrow x - 1 < 0 \iff x < 1$.
Damit gilt: $\underline{\underline{D_{f_a} = \,]-\infty; 0[\,\cup\,]0; 1[}}$

1.2 $f_a(x) = 0 \iff \dfrac{x-1}{ax^2} = 1 \iff x - 1 = ax^2 \iff ax^2 - x + 1 = 0$

Mögliche Nullstellen: $x_{1;2} = \dfrac{1 \pm \sqrt{1-4a}}{2a}$

$1 - 4a > 0 \iff 4a < 1 \iff a < \dfrac{1}{4}$

$\Rightarrow$ Für $\underline{\underline{a < \dfrac{1}{4}}}$ ($\wedge\, a \neq 0$) existieren **zwei** Nullstellen: $\underline{\underline{x_{1;2} = \dfrac{1 \pm \sqrt{1-4a}}{2a}}}$

$1 - 4a = 0 \iff a = \dfrac{1}{4} \Rightarrow$ Für $\underline{\underline{a = \dfrac{1}{4}}}$ existiert genau **eine** Nullstelle: $\underline{\underline{x = \dfrac{1}{2 \cdot \frac{1}{4}} = 2}}$

$1 - 4a < 0 \iff a > \dfrac{1}{4} \Rightarrow$ Für $\underline{\underline{a > \dfrac{1}{4}}}$ existiert **keine** Nullstelle.

Hinweis: Eine Prüfung, ob die berechneten Nullstellen in der jeweiligen Definitionsmenge enthalten sind, ist nicht nötig, weil wegen $1 > 0$ die Lösungen der Gleichung
$$\dfrac{x-1}{ax^2} = 1$$
stets in der Lösungsmenge der Ungleichung
$$\dfrac{x-1}{ax^2} > 0$$
enthalten sind.

1.3 $f_a(x) = \ln\left(\dfrac{x-1}{ax^2}\right)$

$\Rightarrow \underline{\underline{f_a'(x)}} = \dfrac{ax^2}{x-1} \cdot \dfrac{1 \cdot ax^2 - (x-1) \cdot 2ax}{(ax^2)^2} = \dfrac{ax \cdot (x - (x-1) \cdot 2)}{(x-1) \cdot ax^2} =$

$= \dfrac{x - (x-1) \cdot 2}{(x-1) \cdot x} = \underline{\underline{\dfrac{-x+2}{x \cdot (x-1)}}}$

$f_a'(x) = \dfrac{-x+2}{x \cdot (x-1)}$ ist unabhängig von a.

D. h.: Die Graphen von f_a haben für $a > 0$ jeweils die gleiche Form und sind nur gegeneinander parallel zur y-Achse verschoben.

Für $a < 0$ gilt dasselbe wegen $f_a(x) = \ln\left(\dfrac{x-1}{ax^2}\right) = \ln\left(\dfrac{-x+1}{-ax^2}\right) = \ln\left(\dfrac{-x+1}{x^2}\right) - \ln(-a)$.

1.4 $f_a'(x) = \dfrac{-x+2}{x \cdot (x-1)}$; $f_a'(x) = 0 \Leftrightarrow x = 2$

Vorzeichenuntersuchung des Terms $\dfrac{-x+2}{x \cdot (x-1)}$ für alle $x \in \mathbb{R} \setminus \{0; 1\}$:

Vorzeichen $(-x+2)$: $+\ +\ 0\ +\ +\ 1\ +\ 2\ -\ -$
Vorzeichen $(x \cdot (x-1))$: $+\ +\ \ -\ \ \ +\ +\ \ +\ +$

Vorzeichen $\left(\dfrac{-x+2}{x \cdot (x-1)}\right)$: $+\quad\quad -\quad\quad +\quad\quad -$

Unter Berücksichtigung der jeweiligen Definitionsmenge

$D_{f_a} = D_{f_a'} = \begin{cases}]-\infty; 0[\,\cup\,]0; 1[& \text{für } a < 0 \\ ]1; +\infty[& \text{für } a > 0 \end{cases}$ folgt:

Fall $a < 0$:
Der Graph von f_a ist im Intervall $]-\infty; 0[$ streng monoton steigend und im Intervall $]0; 1[$ streng monoton fallend.
$\Rightarrow$ Der Graph von f_a besitzt keinen Extrempunkt.

Fall $a > 0$:
Der Graph von f_a ist im Intervall $]1; 2]$ streng monoton steigend und im Intervall $[2; +\infty[$ streng monoton fallend.
$\Rightarrow$ Der Graph von f_a besitzt bei $x = 2$ einen Hochpunkt.

$f_a(2) = \ln\left(\dfrac{1}{4a}\right) = \ln(1) - \ln(4a) = -\ln(4a)$

Hochpunkt: $\underline{\underline{H_a(2; -\ln(4a))}}$

1.5 $a = 0{,}25$; $f_{0,25}(x) = \ln\left(\dfrac{x-1}{\frac{1}{4}x^2}\right) = \ln\left(\dfrac{4\cdot(x-1)}{x^2}\right)$; $D_f = \,]1;+\infty[$

$x \overset{>}{\to} 1 \;\Rightarrow\; \underbrace{\dfrac{\overbrace{4(x-1)}^{\to 0}}{\underbrace{x^2}_{\to 1}}}_{} \to 0 \;\Rightarrow\; f_{0,25}(x) = \ln\left(\dfrac{4(x-1)}{x^2}\right) \to -\infty$

$x \to +\infty \;\Rightarrow\; \dfrac{4(x-1)}{x^2} \xrightarrow{\;ZG\,<\,NG\;} 0 \;\Rightarrow\; f_{0,25}(x) = \ln\left(\dfrac{4(x-1)}{x^2}\right) \to -\infty$

Da $f_{0,25}$ stetig in $D_f = \,]1;+\infty[$ ist und wegen des Monotonieverhaltens nur einen Hochpunkt mit $y_H = f_{0,25}(2) = -\ln(4\cdot 0{,}25) = -\ln(1) = 0$ besitzt, gilt für die Wertemenge $W_{f_{0,25}}$ wegen des untersuchten Verhaltens der Funktionswerte $f_{0,25}(x)$:

$W_{f_{0,25}} = \,]-\infty;0]$

x	$\approx f_{0,25}(x)$	
1,1	−1,11	
1,5	−0,12	
2	0	H
3	−0,12	
4	−0,29	
5	−0,45	

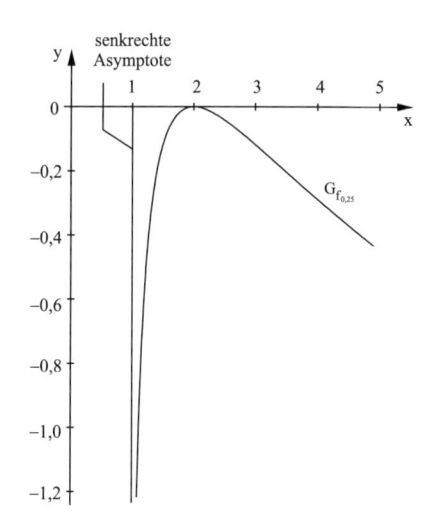

1.6.1 $F(x) = \displaystyle\int_2^x \ln\left(\dfrac{t-1}{0{,}25\,t^2}\right) dt = \int_2^x f_{0,25}(t)\,dt$ mit $D_F = \,]1;+\infty[$

Wegen $F(2) = \displaystyle\int_2^2 f_{0,25}(t)\,dt = 0$ ist $x = 2$ eine Nullstelle von F.

Wegen $F'(x) = f_{0,25}(x)$ gilt: $F'(x) < 0$ für $x \in \,]1;+\infty[\,\setminus\{2\}$ (siehe Skizze)
$\Rightarrow$ F ist im Intervall $D_F = \,]1;+\infty[$ streng monoton abnehmend.
$\Rightarrow$ Der Graph von F besitzt keinen Extrempunkt und $x = 2$ ist die einzige Nullstelle von F.

Da der Graph von $f_{0,25} = F'$ den Extrempunkt $H(2;0)$ besitzt (siehe Skizze), besitzt der Graph von F einen Wendepunkt bei $x = 2$.
Wegen $F(2) = 0 \wedge F'(2) = f_{0,25}(2) = 0$ ist der Punkt $P(2;0)$ Terrassenpunkt des Graphen von F.

1.6.2 $F(x) = \int\limits_2^x \ln\left(\dfrac{t-1}{0,25t^2}\right) dt = \int\limits_2^x f_{0,25}(t)\, dt$ mit $D_F =]1; +\infty[$

$F(x) = \int\limits_2^x \ln\left(\dfrac{t-1}{0,25t^2}\right) dt = \int\limits_2^x \ln\left(\dfrac{4\cdot(t-1)}{t^2}\right) dt = \int\limits_2^x (\ln(4) + \ln(t-1) - \ln(t^2))\, dt =$

$= \int\limits_2^x (2\cdot\ln(2) + \ln(t-1) - 2\cdot\ln(t))\, dt =$

$= [2\ln(2)\cdot t + (t-1)\cdot\ln(t-1) - (t-1) - 2\cdot(t\cdot\ln(t) - t)]_2^x =$

$= 2\ln(2)\cdot x + (x-1)\cdot\ln(x-1) - (x-1) - 2\cdot(x\cdot\ln(x) - x) -$
$\quad -(4\cdot\ln(2) + 1\cdot\ln(1) - 1 - 2\cdot(2\cdot\ln(2) - 2)) =$

$= (x-1)\cdot\ln(x-1) + x\cdot\ln(4) - x - 2x\cdot\ln(x) + 2x + 1 - (-1+4) =$

$= \underline{\underline{(x-1)\cdot\ln(x-1) + x\cdot\ln(4) + x - 2x\cdot\ln(x) - 2}}$

1.7   Der Graph von $f_{0,25}$ ist streng monoton fallend im Intervall $[2; +\infty[$, also ist $f_{0,25}$ dort umkehrbar mit $W_g = [2; +\infty[$ und $D_g = W_f =]-\infty; 0]$.

$f_{0,25}(4) = \ln\left(\dfrac{4\cdot 3}{16}\right) = \ln\left(\dfrac{3}{4}\right) = \ln(0,75) \quad \Rightarrow \quad g(\ln(0,75)) = 4$

$f_{0,25}'(4) = \dfrac{2-4}{4\cdot(4-1)} = \dfrac{-2}{4\cdot 3} = -\dfrac{1}{6} \quad \Rightarrow \quad g'(\ln(0,75)) = \dfrac{1}{f_{0,25}'(4)} = -6$

Die Steigung der Tangente an den Graphen von g im Punkt $P(\ln(0,75); 4)$ beträgt -6.

2   $2y'(x^4+16) + 6xy = 3xy^2$, $x \in \mathbb{R}$, $y > 2$, $y(0) = 4$

$\Leftrightarrow \quad 2y'(x^4+16) = 3xy^2 - 6xy \quad \Leftrightarrow \quad 2\dfrac{dy}{dx}(x^4+16) = 3x(y^2 - 2y)$

$\Leftrightarrow \quad \dfrac{2}{y^2-2y}\, dy = \dfrac{3x}{x^4+16}\, dx \quad \Rightarrow \quad (*)\ \int \dfrac{2}{y\cdot(y-2)}\, dy = \int \dfrac{3x}{x^4+16}\, dx$

Partialbruchzerlegung:

$\dfrac{2}{y\cdot(y-2)} = \dfrac{A}{y} + \dfrac{B}{y-2} = \dfrac{A\cdot(y-2) + B\cdot y}{y\cdot(y-2)} \quad \Rightarrow \quad (**)\ 2 = A\cdot(y-2) + B\cdot y$

$y = 0 \quad \Rightarrow \quad (**)\ 2 = -2A \quad \Leftrightarrow \quad A = -1$

$y = 2 \quad \Rightarrow \quad (**)\ 2 = 2B \quad \Leftrightarrow \quad B = 1$

$\Rightarrow \quad (*)\ \int\left(-\dfrac{1}{y} + \dfrac{1}{y-2}\right) dy = \int \dfrac{3x}{x^4+16}\, dx$

Substitution:

$z = x^2; \dfrac{dz}{dx} = 2x \Leftrightarrow x \cdot dx = \dfrac{1}{2}dz$

$\Rightarrow \int \dfrac{3x}{x^4+16} dx = \int \dfrac{3}{z^2+16} \cdot \dfrac{1}{2} dz = \dfrac{3}{2} \int \dfrac{1}{z^2+16} dz$

$\Rightarrow (*)\ \int \left(-\dfrac{1}{y} + \dfrac{1}{y-2}\right) dy = \dfrac{3}{2} \int \dfrac{1}{z^2+16} dz$

$\Rightarrow -\ln(y) + \ln(y-2) = \dfrac{3}{2} \cdot \dfrac{1}{4} \arctan\left(\dfrac{z}{4}\right) + C$

$\Leftrightarrow \ln\left(\dfrac{y-2}{y}\right) = \dfrac{3}{8} \arctan\left(\dfrac{x^2}{4}\right) + C \Leftrightarrow \dfrac{y-2}{y} = e^{\frac{3}{8}\arctan\left(\frac{1}{4}x^2\right) + C}$

$\Leftrightarrow \dfrac{y-2}{y} = D \cdot e^{\frac{3}{8}\arctan\left(\frac{1}{4}x^2\right)} \Leftrightarrow y - 2 = y \cdot D \cdot e^{\frac{3}{8}\arctan\left(\frac{1}{4}x^2\right)}$

$\Leftrightarrow y - y \cdot D \cdot e^{\frac{3}{8}\arctan\left(\frac{1}{4}x^2\right)} = 2 \Leftrightarrow y \cdot \left(1 - D \cdot e^{\frac{3}{8}\arctan\left(\frac{1}{4}x^2\right)}\right) = 2$

$\Leftrightarrow y = \dfrac{2}{1 - D \cdot e^{\frac{3}{8}\arctan\left(\frac{1}{4}x^2\right)}}$ mit $D \in \mathbb{R}^+$

$y(0) = 4 \Rightarrow \dfrac{2}{1 - D \cdot e^{\frac{3}{8}\arctan(0)}} = 4 \Leftrightarrow \dfrac{2}{1-D} = 4 \Leftrightarrow 2 = 4 - 4D \Leftrightarrow D = \dfrac{1}{2}$

$\Rightarrow \underline{\underline{y = \dfrac{2}{1 - \dfrac{1}{2} e^{\frac{3}{8}\arctan\left(\frac{1}{4}x^2\right)}}}}$

3.1 $s(t) = \dfrac{150}{1 + a \cdot e^{-bt}}$

Aus dem Diagramm: $s(0) = 10 \Rightarrow \dfrac{150}{1+a} = 10 \Leftrightarrow 1 + a = 15 \Leftrightarrow a = 14$

Aus dem Diagramm: $s(50) = 120 \Rightarrow \dfrac{150}{1 + 14 \cdot e^{-50b}} = 120 \Leftrightarrow 1 + 14 \cdot e^{-50b} = \dfrac{15}{12}$

$\Leftrightarrow 14 \cdot e^{-50b} = \dfrac{1}{4} \Leftrightarrow e^{-50b} = \dfrac{1}{56} \Leftrightarrow -50b = \ln\left(\dfrac{1}{56}\right) \Leftrightarrow b = \dfrac{1}{50} \cdot \ln(56) \approx 0{,}08$

$\Rightarrow \underline{\underline{s(t) = \dfrac{150}{1 + 14 \cdot e^{-0{,}08 \cdot t}}}}$

Aus dem Diagramm: $s(10) = 20$

Überprüfung: $s(10) = \dfrac{150}{1 + 14 \cdot e^{-0{,}8}} \approx 20{,}6$

3.2 $\quad s(t) = \dfrac{150}{1+a\cdot e^{-b\cdot t}} = 150\cdot \dfrac{1}{1+a\cdot e^{-b\cdot t}}$

$\dot{s}(t) = 150\cdot \dfrac{0-1\cdot a\cdot e^{-b\cdot t}\cdot(-b)}{(1+a\cdot e^{-b\cdot t})^2} = 150ab\cdot \dfrac{e^{-b\cdot t}}{(1+a\cdot e^{-b\cdot t})^2}$

$\dot{s}(0) = 150\cdot 14\cdot 0{,}08\cdot \dfrac{1}{(1+14)^2} = \dfrac{14\cdot 0{,}8}{15} \approx \underline{\underline{0{,}75}}$

Aus der Grafik lässt sich entnehmen, dass die Stelle mit der größten Tangentensteigung zwischen t = 30 und t = 40 liegen muss.

$\ddot{s}(t) = 150ab\cdot \dfrac{e^{-b\cdot t}\cdot(-b)\cdot(1+a\cdot e^{-b\cdot t})^2 - e^{-b\cdot t}\cdot 2\cdot(1+a\cdot e^{-b\cdot t})\cdot a\cdot e^{-b\cdot t}\cdot(-b)}{(1+a\cdot e^{-b\cdot t})^4} =$

$= 150ab\cdot \dfrac{e^{-b\cdot t}\cdot b\cdot(1+a\cdot e^{-b\cdot t})\cdot(-1-a\cdot e^{-b\cdot t}+2a\cdot e^{-b\cdot t})}{(1+a\cdot e^{-b\cdot t})^4} =$

$= 150ab^2\cdot \dfrac{e^{-b\cdot t}\cdot(a\cdot e^{-b\cdot t}-1)}{(1+a\cdot e^{-b\cdot t})^3}$

$\ddot{s}(t) = 0 \quad \Leftrightarrow \quad ae^{-bt}-1=0 \quad \Leftrightarrow \quad e^{-bt} = \dfrac{1}{a} \quad \Leftrightarrow \quad -bt = \ln\dfrac{1}{a} \quad \Leftrightarrow \quad -bt = \ln a^{-1}$

$\Leftrightarrow \quad -bt = -\ln a \quad \Leftrightarrow \quad t = \dfrac{\ln a}{b} = \dfrac{\ln 14}{0{,}08} \approx \underline{\underline{33}}$

Berufsoberschulen in Bayern – Abiturprüfung 2004
Mathematik (Ausbildungsrichtung Technik) – Analysis A II

BE

1 Gegeben ist die Schar der reellen Funktionen f_a mit $a \in \mathbb{R}\setminus\{0\}$ und der Definitionsmenge $D_{f_a} = \mathbb{R}$ durch $f_a: x \mapsto a \cdot e^{-(x+a)} \cdot (x+a+1)$.

1.1 Bestimmen Sie in Abhängigkeit von a die Intervalle, in denen der Graph der Funktion f_a oberhalb der x-Achse verläuft und untersuchen Sie das Grenzverhalten der Funktion f_a für $|x| \to \infty$. 5

1.2 Ermitteln Sie die Koordinaten und Art des Extrempunktes des Graphen von f_a in Abhängigkeit von a. 4
[Teilergebnis: $f_a'(x) = -a \cdot e^{-(x+a)} \cdot (x+a)$]

1.3 Stellen Sie in Abhängigkeit von a die Wendetangente für den Graphen von f_a auf und bestimmen Sie den Parameter a derart, dass diese Wendetangente durch den Punkt $P(1; 0)$ geht. 7
[Teilergebnis: $x_w = 1 - a$]

2 Nun sei $a = 2$ und damit die Funktion f_2 gegeben.

2.1 Zeichnen Sie den Graphen der Funktion f_2 und die zugehörige Wendetangente unter Verwendung der bisherigen Ergebnisse in ein kartesisches Koordinatensystem für $-3{,}5 \le x \le 3{,}5$ (1 LE = 2 cm; Koordinatenursprung in Blattmitte). 5

2.2 Der Graph von f_2, die Wendetangente und die positive x-Achse begrenzen eine Fläche, die sich nach rechts uns Unendliche erstreckt. Berechnen Sie die Maßzahl dieser Fläche. 7

3 Gegeben ist nun die Funktion $g: x \mapsto \arctan(f_2(x))$ mit $D_g = \mathbb{R}$, wobei f_2 die Funktion aus Aufgabe 2 ist.

3.1 Ermitteln Sie die Koordinaten des Schnittpunktes mit der x-Achse und bestimmen Sie das Verhalten von $g(x)$ für $|x| \to \infty$. Geben Sie jeweils die Gleichung der zugehörigen Asymptote des Graphen von g an. 4

3.2 Untersuchen Sie das Monotonieverhalten des Graphen der Funktion g. Bestimmen Sie die Art und die Koordinaten des Extrempunktes. 4

3.3 Zeichnen Sie in das Koordinatensystem der Teilaufgabe 2.1 den Graphen der Funktion g einschließlich der Asymptoten für $-3{,}5 \le x \le 3{,}5$ (1 LE = 2 cm). 4

3.4 Der Graph von g schließt mit der x-Achse und den Geraden mit den Gleichungen $x = -2$ und $x = 1$ ein Flächenstück mit der Maßzahl B ein. Schätzen Sie B durch Berechnung der zugehörigen Ober- und Untersumme mit $\Delta x = 0{,}5$ ab (Genauigkeit: 2 Dezimalen). 4

3.5 Die Funktion h ist gegeben durch die Vorschrift:

$$h: x \mapsto h(x) = \begin{cases} f_2(x) & \text{für } x \geq -3 \\ g(x) & \text{für } x < -3 \end{cases}$$

Zeigen Sie, dass die Funktion h an der Stelle $x = -3$ stetig ist und untersuchen Sie weiterhin, ob die Funktion h dann auch an dieser Stelle differenzierbar ist.   7

$$\left[\text{Teilergebnis: } g'(x) = \frac{-2e^{x+2}(x+2)}{e^{2x+4} + 4(x+3)^2} \right]$$

4 Schließt man eine reale Spule zum Zeitpunkt $t = 0$ an eine Gleichspannung mit $U = U_0$ an, dann gilt für die Stromstärke $J(t)$ die Differenzialgleichung $U_0 - L \cdot \dot{J}(t) - R \cdot J(t) = 0$, wobei U_0, R und L konstante Größen sind und $\dot{J}(t)$ die 1. Ableitung der Stromstärke ist. Bestimmen Sie mittels Variation der Konstanten die Lösung der Differenzialgleichung für die Stromstärke $J(t)$ für die Anfangsbedingung $J(0) = 0$.   9

60

Lösung

1     $f_a(x) = a \cdot e^{-(x+a)} \cdot (x+a+1)$; ; $a \in \mathbb{R}\setminus\{0\}$, $D_{f_a} = \mathbb{R}$

1.1   Wegen $e^{-(x+a)} > 0$ für alle Zahlen a und x gilt
      für $a > 0$: $f_a(x) > 0 \Leftrightarrow x+a+1 > 0 \Leftrightarrow x > -a-1$;
      für $a < 0$: $f_a(x) > 0 \Leftrightarrow x+a+1 < 0 \Leftrightarrow x < -a-1$.

$\Rightarrow$ Der Graph von f_a verläuft für

$\underline{\underline{a > 0}}$ im Intervall $]-a-1; +\infty[$

und für

$\underline{\underline{a < 0}}$ im Intervall $]-\infty; -a-1[$

oberhalb der x-Achse.

$x \to +\infty \Rightarrow f_a(x) = \dfrac{\overbrace{a \cdot (x+a+1)}^{\to \begin{cases}+\infty, \text{ falls } a > 0 \\ -\infty, \text{ falls } a < 0\end{cases}}}{\underbrace{e^{x+a}}_{\to +\infty}} \xrightarrow{\text{L'H}} \underbrace{\dfrac{a}{e^{x+a}}}_{\to +\infty} \to 0$

$x \to -\infty \Rightarrow f_a(x) = a \cdot \underbrace{(x+a+1)}_{\to -\infty} \cdot \underbrace{e^{-x-a}}_{\to +\infty}^{\to +\infty} \to \begin{cases}-\infty, \text{ falls } a > 0 \\ +\infty, \text{ falls } a < 0\end{cases}$

1.2 $f_a(x) = a \cdot e^{-(x+a)} \cdot (x+a+1)$

$\Rightarrow f_a'(x) = a \cdot (e^{-(x+a)} \cdot (-1) \cdot (x+a+1) + e^{-(x+a)} \cdot 1) = a \cdot e^{-(x+a)} \cdot (-x-a-1+1) =$
          $= a \cdot e^{-(x+a)} \cdot (-x-a) = -a \cdot e^{-(x+a)} \cdot (x+a)$

$f_a'(x) = 0 \Leftrightarrow x+a = 0 \Leftrightarrow x = -a$

Das Vorzeichen von $f_a'(x)$ hängt wegen $e^{-(x+a)} > 0$ nur vom linearen Term $-a \cdot (x+a)$ ab.

Fall a > 0:

$f_a'(x) > 0 \Leftrightarrow -a \cdot (x+a) > 0 \Leftrightarrow x+a < 0 \Leftrightarrow x < -a$
$f_a'(x) < 0 \Leftrightarrow -a \cdot (x+a) < 0 \Leftrightarrow x+a > 0 \Leftrightarrow x > -a$

$\Rightarrow$ Der Graph von f_a besitzt bei $x = -a$ einen Hochpunkt.

$f_a(-a) = a \cdot e^0 \cdot (0+1) = a$; Hochpunkt $\underline{\underline{H_a(-a; a)}}$

Fall a < 0:

$f_a'(x) > 0 \Leftrightarrow -a \cdot (x+a) > 0 \Leftrightarrow x+a > 0 \Leftrightarrow x > -a$
$f_a'(x) < 0 \Leftrightarrow -a \cdot (x+a) < 0 \Leftrightarrow x+a < 0 \Leftrightarrow x < -a$

$\Rightarrow$ Der Graph von f_a besitzt bei $x = -a$ einen Tiefpunkt.

$f_a(-a) = a$; Tiefpunkt $\underline{\underline{T_a(-a; a)}}$

1.3 $f_a'(x) = -a \cdot e^{-(x+a)} \cdot (x+a)$

$\Rightarrow f_a''(x) = -a \cdot (e^{-(x+a)} \cdot (-1) \cdot (x+a) + e^{-(x+a)} \cdot 1) = -a \cdot e^{-(x+a)} \cdot (-x-a+1) =$
$= a \cdot e^{-(x+a)} \cdot (x+a-1)$

$f_a''(x) = 0 \iff x+a-1 = 0 \iff x = 1-a$

$x = 1 - a$ ist eine einfache Nullstelle von f_a''. Damit wechselt das Vorzeichen von $f_a''(x)$ bei $x = 1 - a$ $\Rightarrow$ f_a besitzt die Wendestelle $x = 1 - a$

$f_a(1-a) = a \cdot e^{-(1-a+a)} \cdot (1-a+a+1) = a \cdot e^{-1} \cdot 2 = 2ae^{-1}$

$f_a'(1-a) = -a \cdot e^{-(1-a+a)} \cdot (1-a+a) = -ae^{-1}$

$\Rightarrow$ Wendetangente: $y = f_a'(1-a) \cdot (x-(1-a)) + f_a(1-a)$

$\iff y = -ae^{-1} \cdot (x-1+a) + 2ae^{-1} \iff \underline{\underline{y = ae^{-1} \cdot (-x+3-a)}}$

$P(1; 0)$ soll auf der Wendetangente liegen.

$\Rightarrow ae^{-1} \cdot (-1+3-a) = 0 \iff a \cdot (2-a) = 0 \iff \underline{\underline{a = 2}}$ (wegen $a \neq 0$)

2    $f_2(x) = 2(x+3) \cdot e^{-(x+2)}$; $D_{f_2} = \mathbb{R}$

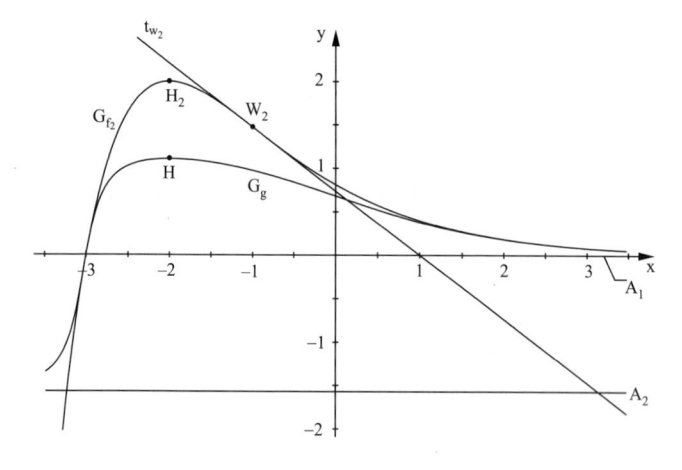

2.1

x	−3,5	−3	−2	−1	0	1	2	3	3,5
$\approx f_2(x)$	−4,48	0	2	1,47	0,81	0,40	0,18	0,08	0,05
		H_2	W_2						

2004-12

2.2 Berechnung der Flächenmaßzahl:

$$A = \int_{-1}^{+\infty} f_2(x)\,dx - A_\Delta = \lim_{b \to +\infty} \int_{-1}^{b} f_2(x)\,dx - \frac{1}{2} \cdot (x_P - x_{W_2}) \cdot y_{W_2} =$$

$$= \lim_{b \to +\infty} \int_{-1}^{b} f_2(x)\,dx - \frac{1}{2} \cdot 2 \cdot 4e^{-1} = \lim_{b \to +\infty} F_2(b) - F_2(-1) - 4e^{-1} = \ldots$$

Ermittlung einer Stammfunktion F_2 mithilfe partieller Integration:

$$\int f_2(x)\,dx = \int 2(x+3) \cdot e^{-x-2}\,dx = 2 \cdot \int (x+3) \cdot e^{-x-2}\,dx =$$

$$= 2 \cdot \int \underbrace{(x+3)}_{u(x)} \cdot \underbrace{e^{-x-2}}_{v'(x)}\,dx = 2 \cdot (\underbrace{(x+3)}_{u(x)} \cdot \underbrace{(-e^{-x-2})}_{v(x)} - \int \underbrace{1}_{u'(x)} \cdot \underbrace{(-e^{-x-2})}_{v(x)}\,dx) =$$

$$= 2 \cdot ((-x-3) \cdot e^{-x-2} + \int e^{-x-2}\,dx) = 2 \cdot ((-x-3) \cdot e^{-x-2} - e^{-x-2}) + C =$$

$$= 2 \cdot e^{-x-2}(-x-3-1) + C = 2 \cdot (-x-4) \cdot e^{-x-2} + C$$

$$\ldots = \lim_{b \to +\infty} (2 \cdot (-b-4) \cdot e^{-b-2}) - 2 \cdot (1-4) \cdot e^{1-2} - 4e^{-1} =$$

$$= -2 \cdot \lim_{b \to +\infty} \underbrace{\frac{\overbrace{b+4}^{\to +\infty}}{\underbrace{e^{b+2}}_{+\infty}}}_{} + 2e^{-1} \overset{L'H}{=} 2e^{-1} - 2 \cdot \lim_{b \to +\infty} \underbrace{\frac{1}{\underbrace{e^{b+2}}_{+\infty}}}_{} =$$

$$= 2e^{-1} - 0 = 2e^{-1} = \frac{2}{e} \approx 0{,}74$$

---

3 $g(x) = \arctan(f_2(x)) = \arctan(2(x+3) \cdot e^{-(x+2)})$; $D_g = \mathbb{R}$

3.1 $g(x) = \arctan(f_2(x)) = \arctan(2(x+3) \cdot e^{-(x+2)})$; $D_g = \mathbb{R}$

$g(x) = 0 \Leftrightarrow f_2(x) = 0 \Leftrightarrow x = -3$

$\Rightarrow$ Schnittpunkt des Graphen von g mit der x-Achse: $\underline{\underline{N(-3;\,0)}}$

$x \to +\infty \Rightarrow f_2(x) \overset{\text{siehe 1.1}}{\to} 0 \Rightarrow g(x) \to 0$

$\Rightarrow$ Asymptote A_1: $\underline{\underline{y = 0}}$

$x \to -\infty \Rightarrow f_2(x) \overset{\text{siehe 1.1}}{\to} -\infty \Rightarrow g(x) \to -\frac{\pi}{2}$

$\Rightarrow$ Asymptote A_2: $\underline{\underline{y = -\frac{\pi}{2}}}$

3.2 Da die Funktion arctan: $x \mapsto \arctan(x)$ streng monoton zunehmend in $\mathbb{R}$ ist, hat die Funktion g das gleiche Monotonieverhalten wie die Funktion f_2.

$\Rightarrow$ Der Graph von g ist streng monoton steigend im Intervall $]-\infty; -2]$ und streng monoton fallend im Intervall $[-2; +\infty[$.

$\Rightarrow$ Der Graph von g besitzt bei $x = -2$ einen Hochpunkt.
$g(-2) = \arctan(f_2(-2)) = \arctan(2) \approx 1{,}11$; Hochpunkt $\underline{\underline{H(-2; \arctan(2))}}$.

3.3

x	$-3{,}5$	-3	-2	-1	0	1	2	3	$3{,}5$
$\approx g(x)$	$-1{,}35$	0	$1{,}11$	$0{,}97$	$0{,}68$	$0{,}38$	$0{,}18$	$0{,}08$	$0{,}05$

Zeichnung des Graphen von g und dessen Asymptoten: Siehe Grafik in 2.1.

3.4

x	-2	$-1{,}5$	-1	$-0{,}5$	0	$0{,}5$	1
$\approx g(x)$	$1{,}1071$	$1{,}0683$	$0{,}9739$	$0{,}8400$	$0{,}6820$	$0{,}5215$	$0{,}3790$

Zugehörige Untersumme:
$\underline{S}_6 \approx (1{,}0683 + 0{,}9739 + 0{,}8400 + 0{,}6820 + 0{,}5215 + 0{,}3790) \cdot 0{,}5 \approx 2{,}23235$

Zugehörige Obersumme:
$\overline{S}_6 \approx (1{,}1071 + 1{,}0683 + 0{,}9739 + 0{,}8400 + 0{,}6820 + 0{,}5215) \cdot 0{,}5 \approx 2{,}59640$

$\Rightarrow \underline{\underline{2{,}23 < B < 2{,}60}}$ bzw. $B \approx \dfrac{1}{2} \cdot (2{,}23235 + 2{,}59640) \approx \underline{\underline{2{,}41}}$

3.5 $\lim\limits_{\substack{x \to -3 \\ >}} h(x) = \lim\limits_{\substack{x \to -3 \\ >}} f_2(x) = 0$; $\lim\limits_{\substack{x \to -3 \\ <}} h(x) = \lim\limits_{\substack{x \to -3 \\ <}} g(x) = 0$; $h(-3) = f_2(-3) = 0$

$\Rightarrow$ h ist stetig an der Stelle $x = -3$.

$g(x) = \arctan(f_2(x))$; $f_2(x) = 2(x+3) \cdot e^{-x-2}$; $f_2'(x) = -2 \cdot (x+2) \cdot e^{-x-2}$

$\Rightarrow g'(x) = \dfrac{1}{1 + (f_2(x))^2} \cdot f_2'(x) = \dfrac{1}{1 + 4(x+3)^2 \cdot e^{-2x-4}} \cdot (-2) \cdot (x+2) \cdot e^{-x-2} \cdot \dfrac{e^{2x+4}}{e^{2x+4}} =$

$= \dfrac{-2 \cdot (x+2) \cdot e^{x+2}}{e^{2x+4} + 4(x+3)^2}$

$\lim\limits_{\substack{x \to -3 \\ >}} h'(x) = \lim\limits_{\substack{x \to -3 \\ >}} f_2'(x) = \lim\limits_{\substack{x \to -3 \\ >}} -2 \cdot (x+2) \cdot e^{-x-2} = -2 \cdot (-1) \cdot e^1 = 2e$

$\lim\limits_{\substack{x \to -3 \\ <}} h'(x) = \lim\limits_{\substack{x \to -3 \\ <}} g'(x) = \lim\limits_{\substack{x \to -3 \\ <}} \dfrac{-2 \cdot (x+2) \cdot e^{x+2}}{e^{2x+4} + 4(x+3)^2} = \dfrac{2e^{-1}}{e^{-2} + 0} = 2e^{-1} \cdot e^2 = 2e$

$\Rightarrow$ Wegen der Stetigkeit von h an der Stelle $x = -3$ und $\lim\limits_{\substack{x \to -3 \\ >}} h'(x) = \lim\limits_{\substack{x \to -3 \\ <}} h'(x)$ ist h an der Stelle $x = -3$ differenzierbar.

4 Gegebene Differenzialgleichung: $U_0 - L \cdot \dot{J}(t) - R \cdot J(t) = 0$ für $t \geq 0$

$\Leftrightarrow$ (*) $\dot{J}(t) + \dfrac{R}{L} \cdot J(t) = \dfrac{U_0}{L}$ (inhomogene lineare DG 1. Ordnung)

I) Allgemeine Lösung der zugehörigen homogenen DG:

$\dot{J} + \dfrac{R}{L} \cdot J = 0$; triviale Lösung: $J = 0$

$\dfrac{dJ}{dt} = -\dfrac{R}{L} \cdot J \Leftrightarrow \int \dfrac{1}{J} dJ = \int -\dfrac{R}{L} dt$ mit $J \neq 0$

$\Leftrightarrow \ln|J| = -\dfrac{R}{L} \cdot t + C$ mit $C \in \mathbb{R}$

$\Leftrightarrow |J| = e^{-\frac{R}{L} \cdot t + C} = e^C \cdot e^{-\frac{R}{L} \cdot t} \Leftrightarrow J(t) = D \cdot e^{-\frac{R}{L} \cdot t}$ (**)

Mit $D \in \mathbb{R}$ ist auch die triviale Lösung $J = 0$ enthalten.

II) Variation der Konstanten D:

$J = D(t) \cdot e^{-\frac{R}{L} \cdot t} \Rightarrow \dot{J} = \dot{D}(t) \cdot e^{-\frac{R}{L} \cdot t} + D(t) \cdot e^{-\frac{R}{L} \cdot t} \cdot \left(-\dfrac{R}{L}\right)$

Einsetzen in (*):

$\dot{D}(t) \cdot e^{-\frac{R}{L} \cdot t} - \dfrac{R}{L} \cdot D(t) \cdot e^{-\frac{R}{L} \cdot t} + \dfrac{R}{L} \cdot D(t) \cdot e^{-\frac{R}{L} \cdot t} = \dfrac{U_0}{L}$

$\Leftrightarrow \dot{D}(t) \cdot e^{-\frac{R}{L} \cdot t} = \dfrac{U_0}{L} \Leftrightarrow \dot{D}(t) = \dfrac{U_0}{L} \cdot e^{\frac{R}{L} \cdot t}$

$\Rightarrow D(t) = \dfrac{U_0}{L} \cdot \dfrac{L}{R} \cdot e^{\frac{R}{L} \cdot t} + C^* = \dfrac{U_0}{R} \cdot e^{\frac{R}{L} \cdot t} + C^*$

Einsetzen in (**):

$J = \left(\dfrac{U_0}{R} \cdot e^{\frac{R}{L} \cdot t} + C^*\right) \cdot e^{-\frac{R}{L} \cdot t} = \dfrac{U_0}{R} + C^* \cdot e^{-\frac{R}{L} \cdot t}$

Allgemeine Lösung der inhomogenen DG: $J(t) = \dfrac{U_0}{R} + C^* \cdot e^{-\frac{R}{L} \cdot t}$ mit $C^* \in \mathbb{R}$

III) Anfangsbedingung: $J(0) = 0 \Rightarrow \dfrac{U_0}{R} + C^* = 0 \Leftrightarrow C^* = -\dfrac{U_0}{R}$

$\Rightarrow J(t) = \dfrac{U_0}{R} - \dfrac{U_0}{R} \cdot e^{-\frac{R}{L} \cdot t} \Leftrightarrow \underline{\underline{J(t) = \dfrac{U_0}{R} \cdot (1 - e^{-\frac{R}{L} \cdot t})}}$ mit $t \geq 0$

Berufsoberschulen in Bayern – Abiturprüfung 2004
Mathematik (Ausbildungsrichtung Technik) – Stochastik B I

		BE
1	An einem Flughafen sind 10 % der Reisenden Fernreisende. Unter den Fernreisenden befinden sich 15 % Nicht-Pauschalreisende. Der Anteil der Nicht-Pauschalreisenden an allen Reisenden am Flughafen beträgt 20 %.	
1.1	Berechnen Sie die Wahrscheinlichkeit dafür, dass ein im Flughafen zufällig herausgegriffener Pauschalreisender keine Fernreise macht.	3
1.2	Im Weiteren wird nur zwischen Fernreisenden und Nicht-Fernreisenden unterschieden. Es werden nun 20 Reisende nacheinander befragt. Berechnen Sie die Wahrscheinlichkeiten der Ereignisse: A: Es befinden sich genau 2 Fernreisende unter den Befragten. B: Es befinden sich genau 2 aufeinander folgende Fernreisende unter den Befragten. C: Es befinden sich mindestens doppelt so viele Fernreisende unter den Befragten wie erwartet. D: Nur die letzten 2 Befragten sind Fernreisende.	7
2	Bei einer Reisegruppe von 30 Personen wird bei der Passkontrolle eine Stichprobe vorgenommen. Bei 2 Personen ist der Pass abgelaufen. Wie groß ist die Wahrscheinlichkeit, dass bei 10 kontrollierten Personen höchstens einer der beiden abgelaufenen Pässe entdeckt wird?	4
3	Zur Verkürzung der Wartezeit ist im Flughafen eine Wurfbude für die Kinder aufgebaut. Max wirft dreimal. Beim ersten Wurf hat er eine Trefferquote von 60 %. Trifft er bei einem Wurf, so bleibt die Trefferquote unverändert. Trifft er nicht, so sinkt seine Trefferquote für den nächsten Wurf um 10 Prozentpunkte. Dies gilt für jeden Wurf. Stellen Sie die Wahrscheinlichkeitsverteilung der Zufallsgröße X: „Anzahl der Treffer bei drei Würfen" auf, berechnen Sie den Erwartungswert und die Standardabweichung.	7
4	Ein Hersteller von Tropenkleidung lässt auf zwei verschiedene Arten Kleidungsstücke produzieren. Bei der Produktionsart A treten bei 15 % der produzierten Stücke Fehler auf. Bei der zweiten (billigeren) Produktionsart B ergeben sich 30 % fehlerhafte Kleidungsstücke.	
4.1	Im Lager befinden sich einige unbeschriftete Kisten. Es werden 75 Kleidungsstücke überprüft. Wie muss die Entscheidungsregel lauten, damit der Fehler, die Produktionsart B für die Produktionsart A zu halten, unter 5 % liegt? Wie groß ist dann der Fehler, die Produktionsart A für die Produktionsart B zu halten?	8
4.2	Bestimmen Sie für die Fehlerwahrscheinlichkeit $p = 0,3$ mit der Ungleichung von Tschebyschow ein möglichst kleines Intervall, in dem sich mit einer Wahrscheinlichkeit von mindestens 85 % die Anzahl der fehlerhaften Kleidungsstücke bei 1000 produzierten Kleidungsstücken befindet.	4

4.3 Berechnen Sie mit Hilfe der Normalverteilung als Näherung, wie viele Kleidungsstücke der ersten Produktionsart (15 % fehlerhaft) mindestens geprüft werden müssen, um mit einer Wahrscheinlichkeit von mehr als 90 % mindestens 10 fehlerhafte Kleidungsstücke zu finden. $\frac{7}{40}$

Lösung

1 F: „Ein zufällig ausgewählter Reisender ist Fernreisender."
   Q: „Ein zufällig ausgewählter Reisender ist Pauschalreisender."
   $P(F) = 10\,\% = 0{,}10$; $P_F(\overline{Q}) = 15\,\% = 0{,}15$; $P(\overline{Q}) = 20\,\% = 0{,}20$

1.1 Gesucht: $P_Q(\overline{F}) = \dfrac{P(Q \cap \overline{F})}{P(Q)}$

$P_F(\overline{Q}) = \dfrac{P(F \cap \overline{Q})}{P(F)} \;\Leftrightarrow\; P(F \cap \overline{Q}) = P_F(\overline{Q}) \cdot P(F) = 0{,}15 \cdot 0{,}10 = 0{,}015$

Vierfeldertafel:

	F	$\overline{F}$	
Q	0,085	0,715	0,80
$\overline{Q}$	**0,015**	0,185	**0,20**
	0,10	0,9	**1**

$P_Q(\overline{F}) = \dfrac{P(Q \cap \overline{F})}{P(Q)} = \dfrac{0{,}715}{0{,}80} = 0{,}89375 \approx \underline{\underline{89{,}4\,\%}}$

1.2 Zufallsgröße X: Anzahl der Fernreisenden bei 20 befragten Reisenden
    X ist nach $B(n; p) = B(20; 0{,}1)$ binomial verteilt.

$P(A) = P(X = 2) = B(20; 0{,}1; 2) = \binom{20}{2} \cdot 0{,}1^2 \cdot 0{,}9^{18} \approx \underline{0{,}28518}$ (siehe auch Tafelwerk)

$P(B) = 19 \cdot 0{,}1^2 \cdot 0{,}9^{18} \approx \underline{0{,}02852}$

$P(C) = P(X \geq 2\mu); \mu = n \cdot p = 20 \cdot 0{,}10 = 2$

$P(C) = P(X \geq 4) = 1 - P(x \leq 3) = 1 - F_{0{,}1}^{20}(3) \approx 1 - 0{,}86705 = \underline{0{,}13295}$ (mit Tafelwerk)

$P(D) = 0{,}9^{18} \cdot 0{,}1^2 \approx \underline{0{,}00150}$

2 $P = \dfrac{\binom{2}{0}\cdot\binom{28}{10}}{\binom{30}{10}} + \dfrac{\binom{2}{1}\cdot\binom{28}{9}}{\binom{30}{10}} = \dfrac{1 \cdot 13\,123\,110 + 2 \cdot 6\,906\,900}{30\,045\,015} \approx \underline{\underline{0{,}89655}}$ (mit Tafelwerk)

3   Zufallsgröße X: Anzahl der Treffer bei 3 Versuchen; T ≙ Treffer; $\overline{T}$ ≙ Fehlwurf
    X ist **nicht** binomial verteilt. Mit Baumdiagramm:
    $P(X = 3) = P(\{TTT\}) = 0,6 \cdot 0,6 \cdot 0,6 = 0,216$

    $P(X = 2) = P(\{TT\overline{T}\}) + P(\{T\overline{T}T\}) + P(\{\overline{T}TT\}) =$
    $= 0,6 \cdot 0,6 \cdot 0,4 + 0,6 \cdot 0,4 \cdot 0,5 + 0,4 \cdot 0,5 \cdot 0,5 = 0,144 + 0,12 + 0,1 = 0,364$

    $P(X = 1) = P(\{T\overline{T}\,\overline{T}\}) + P(\{\overline{T}T\overline{T}\}) + P(\{\overline{T}\,\overline{T}T\}) =$
    $= 0,6 \cdot 0,4 \cdot 0,5 + 0,4 \cdot 0,5 \cdot 0,5 + 0,4 \cdot 0,5 \cdot 0,4 = 0,12 + 0,1 + 0,08 = 0,3$

    $P(X = 0) = P(\{\overline{T}\,\overline{T}\,\overline{T}\}) = 0,4 \cdot 0,5 \cdot 0,6 = 0,12$

X	0	1	2	3
P(X)	0,12	0,3	0,364	0,216

    Erwartungswert: $\mu = E(X) = 0 \cdot 0,12 + 1 \cdot 0,3 + 2 \cdot 0,364 + 3 \cdot 0,216 = \underline{\underline{1,676}}$

    Varianz: $Var(X) = 0^2 \cdot 0,12 + 1^2 \cdot 0,3 + 2^2 \cdot 0,364 + 3^2 \cdot 0,216 - 1,676^2 =$
    $= 0,3 + 4 \cdot 0,364 + 9 \cdot 0,216 - 1,676^2 = 0,891024$

    Standardabweichung: $\sigma = \sqrt{Var(X)} \approx \underline{\underline{0,944}}$

4.1 Es kann angenommen werden, dass eine unbeschriftete Kiste jeweils nur Kleidungsstücke gleicher Produktionsart enthält.
    Testgröße X: Anzahl der fehlerhaften Kleidungsstücke bei 75 überprüften Kleidungsstücken.
    X ist (annähernd) binomial verteilt mit B(75; p), wobei p = 0,15 oder p = 0,3.

    Alternativtest:

H_1: p = 0,15	H_2: p = 0,3
Annahmebereich von H_1: $A_1 = \{0; 1; ...; c\}$	Annahmebereich von H_2: $A_2 = \{c + 1; ...; 75\}$

    Entscheidungsregel: $X \leq c \mapsto$ Entscheidung für H_1
    $X > c \mapsto$ Entscheidung für H_2

    Es soll gelten: $P^{75}_{0,30}(X \leq c) < 0,05 \Leftrightarrow F^{75}_{0,30}(c) < 0,05$ (∗) bei möglichst großem c.

    Wegen $Var = n \cdot p \cdot q = 75 \cdot 0,3 \cdot 0,7 = 15,75 > 9$ ist eine Näherung mithilfe der Normalverteilung sinnvoll.

    (∗) $\Rightarrow \Phi\left(\dfrac{c - \mu + 0,5}{\sigma}\right) < 0,05 \Leftrightarrow \Phi\left(\dfrac{c - 75 \cdot 0,3 + 0,5}{\sqrt{15,75}}\right) < 0,05$

    Mit Tafelwerk:
    $\dfrac{c - 22}{\sqrt{15,75}} < -1,645 \Leftrightarrow c < 22 - 1,645 \cdot \sqrt{15,75} \approx 15,47 \Rightarrow c_{max} = 15$

Entscheidungsregel: Bei 15 oder weniger fehlerhaften Kleidungsstücken entscheidet man sich für die Produktionsart A, bei mehr als 15 für die Produktionsart B.

Für die Wahrscheinlichkeit des Fehlers „Produktionsart A dann für Produktionsart B zu halten" gilt:

$$P(X \geq 16) = 1 - P(X \leq 15) = 1 - F_{0,15}^{70}(15) \approx 1 - \Phi\left(\frac{15 - 75 \cdot 0,15 + 0,5}{\sqrt{75 \cdot 0,15 \cdot 0,85}}\right) \approx$$

$$\approx 1 - \Phi(1,37) \approx 1 - 0,91466 = 0,08534 \approx 8,5\,\%$$

4.2 Zufallsgröße X: Anzahl der fehlerhaften Kleidungsstücke unter 1000 Kleidungsstücken der Produktionsart B.
X ist (annähernd) nach B(n; p) = B(1000; 0,3) binomial verteilt.

$\mu = 1000 \cdot 0,3 = 300$; $\text{Var}(X) = \sigma^2 = 300 \cdot 0,7 = 210$

Es soll gelten: $P(|X - \mu| < c) \geq 0,85$, wobei c möglichst klein ist.

Nach Tschebyschow gilt:

$$P(|X-\mu| \geq c) \leq \frac{\sigma^2}{c^2} \Leftrightarrow 1 - P(|X-\mu| < c) \leq \frac{\sigma^2}{c^2} \Leftrightarrow P(|X-\mu| < c) \geq 1 - \frac{\sigma^2}{c^2}$$

$$\Rightarrow 1 - \frac{\sigma^2}{c^2} = 0,85 \Leftrightarrow \frac{\sigma^2}{c^2} = 0,15 \Leftrightarrow c^2 = \frac{\sigma^2}{0,15} \Leftrightarrow c = \sqrt{\frac{210}{0,15}} \approx 37,4$$

$\mu + c = 300 + 37,4 = 337,4$; $\mu - c = 300 - 37,4 = 262,6$ $\Rightarrow$ $\underline{\underline{X \in [263; 337]_N}}$

4.3 Zufallsgröße X: Anzahl der fehlerhaften Kleidungsstücke unter n Kleidungsstücken der Produktionsart A.
X ist (annähernd) nach B(n; 0,15) binomial verteilt.

$P(X \geq 10) > 0,9 \Leftrightarrow 1 - F_{0,15}^n(9) > 0,9 \Leftrightarrow F_{0,15}^n(9) < 0,1$

Näherung mit Normalverteilung:

$$\Phi\left(\frac{9 - n \cdot 0,15 + 0,5}{\sqrt{n \cdot 0,15 \cdot 0,85}}\right) < 0,1 \overset{TW}{\Leftrightarrow} \frac{9 - n \cdot 0,15 + 0,5}{\sqrt{n \cdot 0,15 \cdot 0,85}} < -1,281$$

$\Leftrightarrow 0,15 \cdot n - 1,281 \cdot \sqrt{n \cdot 0,15 \cdot 0,85} - 9,5 > 0$; Substitution: $z = \sqrt{n}$

$\Rightarrow 0,15 \cdot z^2 - 1,281 \cdot \sqrt{0,1275} \cdot z - 9,5 > 0$

$\Rightarrow z > \dfrac{1,281 \cdot \sqrt{0,1275} + \sqrt{1,281^2 \cdot 0,1275 + 4 \cdot 0,15 \cdot 9,5}}{0,3} \approx 9,627$

mit $z^2 = n$ $\Rightarrow$ $n > 9,627^2 \approx 92,69$ $\Rightarrow$ $\underline{\underline{n \geq 93}}$

Es müssen also mindestens 93 Kleidungsstücke der Produktionsart A geprüft werden.

Berufsoberschulen in Bayern – Abiturprüfung 2004
Mathematik (Ausbildungsrichtung Technik) – Stochastik B II

BE

1 In einem Land wurde vor kurzem eine Repräsentativumfrage durchgeführt, die einen Eindruck vermitteln sollte bezüglich der Einstellung der Bevölkerung zur Chemie bzw. der chemischen Industrie. Es ergab sich folgendes Bild:
38 % der Befragten haben zur Chemie eine eher positive Einstellung, der Rest eine eher negative. Der Anteil derjenigen Befragten, die mindestens eine mittlere Schulbildung besitzen, beträgt 75 %. 70 % derjenigen Befragten, die nicht mindestens mittlere Schulbildung besitzen, lehnen die Chemie ab.
(Alle in der Befragung sich ergebenden relativen Häufigkeiten werden im Folgenden als Wahrscheinlichkeiten interpretiert.)

1.1 Man fragt 8 zufällig ausgewählte Bewohner des Landes nach ihrer Einstellung zur Chemie. Berechnen Sie die Wahrscheinlichkeit dafür, dass
a) mindestens 3 davon,
b) die letzten 3 davon,
c) nur die letzten 3 davon
eine eher negative Einstellung äußern. 6

1.2 Bestimmen Sie die Anzahl derjenigen Personen, die man mindestens befragen müsste, damit man mit einer Wahrscheinlichkeit von mehr als 99,9 % mindestens eine mit positiver Meinung zur Chemie findet. 4

1.3 Berechnen Sie jeweils die Wahrscheinlichkeit dafür, dass eine zufällig ausgewählte Person
a) mindestens mittlere Schulbildung hat und der Chemie gegenüber eher positiv eingestellt ist.
b) die mindestens mittlere Schulbildung hat, der Chemie gegenüber eher positiv eingestellt ist.
c) die der Chemie gegenüber positiv eingestellt ist, mindestens mittlere Schulbildung besitzt. 8

1.4 Begründen Sie rechnerisch, ob in dem Land Chemiefreundlichkeit und Schulbildung stochastisch unabhängig sind oder nicht. 2

2 Die Firma „Compucheap" stellt u. a. sehr preisgünstige Disketten her. Nach ihrer Garantie sind davon (höchstens) 6 % fehlerhaft.
Die Disketten werden auch im Supermarkt XY angeboten. Dem Leiter der Computerabteilung von XY kommen im Laufe der Zeit Zweifel, ob die Herstellergarantie wirklich stimmt. Seiner Meinung nach sind mindestens 10 % der Disketten unbrauchbar.
Um eine Entscheidung herbeizuführen, wird ein Test durchgeführt. Dabei werden einer sehr großen Lieferung 200 Disketten entnommen und auf ihre Tauglichkeit hin überprüft. Werden dabei mehr als 16 fehlerhafte entdeckt, will der Supermarkt die Lieferung nicht annehmen.

2.1 Berechnen Sie (unter Angabe der üblichen Kenngrößen) jeweils die Wahrscheinlichkeit dafür, dass
   a) der Supermarkt die Lieferung annimmt, obwohl in Wirklichkeit die Vermutung des Abteilungsleiters stimmt.
   b) Compucheap die Ware zurücknehmen muss, obwohl ihre Angaben der Wahrheit entsprechen. 8

2.2 Eine große Firma benötigt kurzfristig mindestens 5000 völlig einwandfreie Billigdisketten, möchte aber nicht unnötig viele davon bestellen. Die Firma setzt voraus, dass die genannte Herstellergarantie stimmt.
   Berechnen Sie, wie viele Disketten man mindestens bestellen müsste, damit die Wahrscheinlichkeit dafür, mindestens 5000 brauchbare zu erhalten, wenigstens 99 % beträgt. 8

2.3 Eine Umstellung des Produktionsverfahrens bei Compucheap macht es erforderlich, die Herstellergarantie erneut zu überprüfen.
   Dazu ermittelt man die relative Häufigkeit der fehlerhaften Disketten bei 1000 Stück, die zufällig der neuen Produktion entnommen werden. Schätzen Sie mit Hilfe der Ungleichung von Tschebyschow die Wahrscheinlichkeit dafür ab, dass die so ermittelte relative Häufigkeit vom unbekannten (tatsächlichen) Anteil p der fehlerhaften Disketten um weniger als 0,03 abweicht. $\underline{4}$

   40

Lösung

1.1 a) Zufallsgröße X: Anzahl der Personen mit negativer Einstellung zur Chemie bei 8 befragten Personen
X ist nach B(n; p) = B(8; 0,62) binomial verteilt.

$$P(X \geq 3) = 1 - P(X \leq 2) = 1 - F_{0,62}^{8}(2) =$$

$$= 1 - \left(\binom{8}{0} \cdot 0,62^0 \cdot 0,38^8 + \binom{8}{1} \cdot 0,62^1 \cdot 0,38^7 + \binom{8}{2} \cdot 0,62^2 \cdot 0,38^6\right) =$$

$$= 1 - (0,38^8 + 8 \cdot 0,62 \cdot 0,38^7 + 28 \cdot 0,62^2 \cdot 0,38^6) \approx \underline{\underline{0,96148}}$$

b) $P = 0,62^3 \approx \underline{\underline{0,23833}}$

c) $P = 0,38^5 \cdot 0,62^3 \approx \underline{\underline{0,00189}}$

1.2 Zufallsgröße X: Anzahl der Personen mit positiver Einstellung zur Chemie bei n befragten Personen
X ist nach B(n; 0,38) binomial verteilt.

$P(X \geq 1) > 0,999 \Leftrightarrow 1 - P(X=0) > 0,999 \Leftrightarrow P(X=0) < 0,001$

$\Leftrightarrow \binom{n}{0} \cdot 0,38^0 \cdot 0,62^n < 0,001 \Leftrightarrow 0,62^n < 0,001 \Leftrightarrow n > \log_{0,62}(0,001)$

$\Leftrightarrow n > \dfrac{\ln(0,001)}{\ln(0,62)} \approx 14,45 \Rightarrow \underline{\underline{n \geq 15}}$

Man müsste mindestens 15 Personen befragen.

Alternativ:

$\ldots \Leftrightarrow 0,62^n < 0,001 \Leftrightarrow \ln(0,62^n) < \ln(0,001) \Leftrightarrow n \cdot \ln(0,62) < \ln(0,001)$

$\Leftrightarrow n > \dfrac{\ln(0,001)}{\ln(0,62)} \approx 14,45$

1.3 C: „Eine zufällig ausgewählte Person hat zur Chemie eine positive Einstellung."
M: „Eine zufällig ausgewählte Person hat mindestens eine mittlere Schulbildung."
Gegeben: $P(C) = 38\% = 0,38$; $P(M) = 75\% = 0,75$; $P_{\overline{M}}(\overline{C}) = 70\% = 0,70$

$P_{\overline{M}}(\overline{C}) = \dfrac{P(\overline{M} \cap \overline{C})}{P(\overline{M})} \Leftrightarrow P(\overline{M} \cap \overline{C}) = P_{\overline{M}}(\overline{C}) \cdot P(\overline{M}) = 0,70 \cdot 0,25 = 0,175$

Vierfeldertafel:

	C	$\overline{C}$	
M	0,305	0,445	**0,75**
$\overline{M}$	0,075	**0,175**	0,25
	0,38	0,62	1

a) $P(M \cap C) = \underline{\underline{0,305}}$

b) $P_M(C) = \dfrac{P(M \cap C)}{P(M)} = \dfrac{0,305}{0,75} = \underline{\underline{0,407}}$

c) $P_C(M) = \dfrac{P(M \cap C)}{P(C)} = \dfrac{0,305}{0,38} = \underline{\underline{0,803}}$

1.4 $P(C) \cdot P(M) = 0{,}38 \cdot 0{,}75 = 0{,}285$; aus 1.3: $P(C \cap M) = 0{,}305$

$\Rightarrow P(C) \cdot P(M) \neq P(C \cap M)$

Also besteht zwischen Chemiefreundlichkeit und Schulbildung eine stochastische Abhängigkeit.

2.1 Testgröße X: Anzahl der fehlerhaften Disketten unter 200 geprüften Disketten.
X ist (annähernd) binomial verteilt mit B(200; p), wobei p = 0,06 oder p = 0,1.

Alternativtest:

H_1: p = 0,06	H_2: p = 0,1
Annahmebereich von H_1: $A_1 = \{0; 1; \ldots; 16\}$	Annahmebereich von H_2: $A_2 = \{17; \ldots; 200\}$

Entscheidungsregel: $X \leq 16 \;\mapsto\;$ Entscheidung für H_1

$X > 16 \;\mapsto\;$ Entscheidung für H_2

a) $P_{0,1}^{200}(X \leq 16) = F_{0,1}^{200}(16) = 0{,}20748 \approx 20{,}7\,\%$ (siehe Tafelwerk)

b) $P_{0,06}^{200}(X \geq 17) = 1 - P_{0,06}^{200}(X \leq 16) = 1 - F_{0,06}^{200}(16) \approx \ldots$

Wegen $\text{Var} = n \cdot p \cdot q = 200 \cdot 0{,}06 \cdot 0{,}94 = 11{,}28 > 9$ ist eine Näherung mithilfe der Normalverteilung sinnvoll.

$$\ldots \approx 1 - \Phi\left(\frac{16 - \mu + 0{,}5}{\sigma}\right) = \Phi\left(\frac{16{,}5 - 12}{\sqrt{11{,}28}}\right) \approx 1 - \Phi(1{,}34) \stackrel{TW}{\approx} 1 - 0{,}90988$$

$= 0{,}09012 \approx 9{,}0\,\%$

2.2 Zufallsgröße X: Anzahl der fehlerfreien Disketten unter n geprüften Disketten.
X ist (annähernd) nach B(n; 0,94) binomial verteilt.

$P(X \geq 5000) \geq 0{,}99 \;\Leftrightarrow\; 1 - F_{0,94}^{n}(4999) \geq 0{,}99 \;\Leftrightarrow\; F_{0,94}^{n}(4999) \leq 0{,}01$

Näherung mit Normalverteilung:

$\Phi\left(\dfrac{4999 - n \cdot 0{,}94 + 0{,}5}{\sqrt{n \cdot 0{,}94 \cdot 0{,}06}}\right) \leq 0{,}01 \;\stackrel{TW}{\Leftrightarrow}\; \dfrac{4999{,}5 - n \cdot 0{,}94}{\sqrt{n \cdot 0{,}0564}} \leq -2{,}326$

$\Leftrightarrow \; 0{,}94 \cdot n - 2{,}326 \cdot \sqrt{n \cdot 0{,}0564} - 4999{,}5 \geq 0$; Substitution: $z = \sqrt{n}$

$\Rightarrow \; 0{,}94 \cdot z^2 - 2{,}326 \cdot \sqrt{0{,}0564} \cdot z - 4999{,}5 \geq 0$

$\Rightarrow \; z \geq \dfrac{2{,}326 \cdot \sqrt{0{,}0564} + \sqrt{2{,}326^2 \cdot 0{,}0564 + 4 \cdot 0{,}94 \cdot 4999{,}5}}{1{,}88} \approx 73{,}22$

mit $z^2 = n \;\Rightarrow\; n \geq 73{,}22^2 \approx 5361{,}6 \;\Rightarrow\; \underline{\underline{n \geq 5362}}$

Man muss also mindestens 5362 Disketten bestellen.

2.3 Mit $n = 1000$; $\varepsilon = 0{,}03$; $h_n = \dfrac{k}{n} \;\Rightarrow\; P(|h_n - p| < 0{,}03) \geq 1 - \dfrac{1}{4 \cdot 0{,}03^2 \cdot 1000} \approx \underline{\underline{0{,}722}}$

	BE

Berufsoberschulen in Bayern – Abiturprüfung 2005
Mathematik (Ausbildungsrichtung Technik) – Analysis A I

1 Die Abbildung zeigt die wesentlichen Merkmale des Graphen einer Funktion g mit der Definitionsmenge $D_g = \mathbb{R}\setminus\{-1\}$. Der Graph von g besitzt die Asymptoten mit den Gleichungen $y = 0$ und $x = -1$ und den Tiefpunkt $T(1; -1)$.
Die nachfolgenden Teilaufgaben sind mit den in der Abbildung enthaltenen Informationen zu bearbeiten.

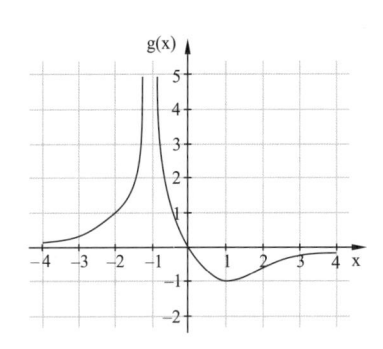

1.1 Betrachtet wird die Funktion $h: x \mapsto \arccos(g(x))$ mit der in D_g maximalen Definitionsmenge D_h. Geben Sie D_h sowie die Nullstellen von h und das Monotonieverhalten von h und, so genau wie möglich, die Gleichungen der Asymptoten und die Koordinaten der Extrempunkte des Graphen von h an. Skizzieren Sie dann den Graphen von h. 13

1.2 Betrachtet wird nun die Integralfunktion $J: x \mapsto J(x) = \int_0^x g(t)\,dt$ mit der in D_g maximalen Definitionsmenge D_J.
Geben Sie D_J an und bestimmen Sie die Nullstellen von J und das Monotonieverhalten sowie die Koordinaten der Extrempunkte und der Wendepunkte des Graphen von J so genau wie möglich. Ermitteln Sie für erforderliche y-Koordinaten Näherungswerte. Skizzieren Sie den Graphen von J auf Grund ihrer Ergebnisse und unter der Annahme, dass gilt:
$$\int_{-1}^{0} g(x)\,dx = 2 \text{ und } \int_{0}^{\infty} g(x)\,dx = -2$$
11

2 Gegeben sind die reellen Funktionen $f_a: x \mapsto f_a(x) = ax + \sin(x)$ mit $D_{f_a} = \mathbb{R}$ sowie $a \in \mathbb{R}^+$.

2.1 Begründen Sie, dass für die Funktionswerte der ersten Ableitung gilt: $f_a'(x) \in [-1+a; 1+a]$. Ermitteln Sie diejenigen Werte von a, für die der Graph von f_a über Extrempunkte verfügt. 4

2.2 Zeigen Sie, dass der Graph der Funktion f_1 unendlich viele Terrassenpunkte besitzt. Berechnen Sie dann deren Koordinaten. Zeichnen Sie den Graphen von f_1 für $-\pi \leq x \leq 2\pi$. 9

2.3 Berechnen Sie das Integral $\pi \cdot \int_0^\pi [f_1(x)]^2\,dx$ und veranschaulichen Sie den Ergebniswert mit Ihrer Darstellung aus 2.2. 8

2005-1

3   Für die Zunahme der Population einer bestimmten Pflanzenart gilt die Differenzialgleichung: $\dot{N}(t) = 0{,}1 \cdot N(t) \cdot [5 - N(t)]$. $N(t)$ erfasst hierbei die Anzahl der Pflanzen der Population zum Zeitpunkt t in 1 000 für $t \geq 0$. Dabei gilt: $0 < N(0) < 4{,}5$.

3.1 Ermitteln Sie die spezielle Lösung der Differenzialgleichung für $N(0) = N_0$. 10

$$\left[\text{mögliches Ergebnis: } N(t) = \frac{5 \cdot N_0 \cdot e^{0,5t}}{5 - N_0 + N_0 \cdot e^{0,5t}} \right]$$

3.2 Berechnen Sie allgemein, auf welchen Endwert die Anzahl der Exemplare dieser Pflanzenart auf lange Sicht anwachsen wird und zu welchem Zeitpunkt t* 90 Prozent des Endwertes erreicht werden. Beschreiben Sie den Einfluss des Anfangswertes N_0 auf diesen Endwert. 5

60

Lösung

1 $h(x) = \arccos(g(x))$

1.1   Für D_h gilt: $-1 \leq g(x) \leq 1$, also $D_h =]-\infty; -2] \cup \left[-\frac{1}{2}; +\infty\right[$

Wegen $\arccos(1) = 0$ gilt für die Nullstellen von h: $g(x) = 1$

Nullstellen von h: $x_1 = -2$; $x_2 = -\frac{1}{2}$

Mit wachsendem Argument g(x) nehmen die Funktionswerte h(x) ab.
Mit abnehmendem Argument g(x) nehmen die Funktionswerte h(x) zu.
Also gilt: h ist streng monoton abnehmend im Intervall $]-\infty; -2]$,

     h ist streng monoton zunehmend im Intervall $\left[-\frac{1}{2}; 1\right]$ und

     h ist streng monoton abnehmend im Intervall $[1; +\infty[$.

Aus dem Monotonieverhalten von h folgt für die Extrempunkte des Graphen von h:
Tiefpunkt bei $x = -2$; $h(-2) = \arccos(1) = 0$; Tiefpunkt $T_1(-2; 0)$

Tiefpunkt bei $x = -\frac{1}{2}$; $h\left(-\frac{1}{2}\right) = \arccos(1) = 0$; Tiefpunkt $T_2\left(-\frac{1}{2}; 0\right)$

Hochpunkt bei $x = 1$; $h(1) = \arccos(-1) = \pi$; Hochpunkt $H(1; \pi)$

$x \to \pm\infty \;\Rightarrow\; g(x) \to 0 \;\Rightarrow\; h(x) \to \frac{\pi}{2}$.

D. h.: $\lim\limits_{x \to \pm\infty} h(x) = \arccos\left(\lim\limits_{x \to \pm\infty} g(x)\right) = \arccos(0) = \frac{\pi}{2}$

Der Graph von h besitzt also eine waagrechte Asymptote mit der Gleichung $y = \frac{\pi}{2}$.

(Der Graph von h besitzt keine senkrechten Asymptoten.)
Da die Funktion $u \mapsto \arccos(u)$ an den Stellen $u = -1$ bzw. $u = 1$ nicht differenzierbar ist, ist auch die Funktion h an den Stellen $x = -2$; $x = -0{,}5$ und $x = 1$ nicht differenzierbar.

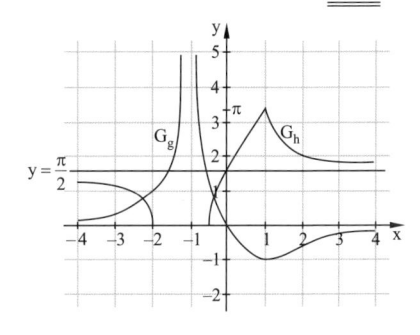

1.2 $J(x) = \int_0^x g(t)\,dt; \; D_J \subseteq D_g = \mathbb{R}\setminus\{-1\}$

(D_J ist das größte Intervall, das in D_g liegt und für das gilt: $0 \in D_J$)

$\underline{\underline{D_J =]-1; \infty[}}$. Wegen $J(0) = \int_0^0 g(t)\,dt = 0$ ist $\underline{x = 0}$ eine Nullstelle von J.

J ist differenzierbar (und damit stetig) in $D_J =]-1; \infty[$, da $J'(x) = g(x)$ für $x \in D_J$.
Wegen $g(x) > 0 \wedge J'(x) = g(x)$ für $x \in]-1; 0[$ ist J streng monoton zunehmend im Intervall $]-1; 0]$.
Wegen $g(x) < 0 \wedge J'(x) = g(x)$ für $x \in]0; \infty[$ ist J streng monoton abnehmend im Intervall $[0; \infty[$.
Wegen des Monotonieverhaltens von J ist $x = 0$ die einzige Nullstelle von J, und der Punkt H(0; 0) Hochpunkt und einziger Extremalpunkt des Graphen von J.
$x = 1$ ist die einzige Extremalstelle von g, also besitzt der Graph von J nur bei $x = 1$ einen Wendepunkt W. Aus dem Graphen von g erkennt man einen entsprechenden Flächeninhalt mit der Maßzahl von etwa 0,6. D. h.: $J(1) = \int_0^1 g(t)\,dt \approx -0,6$
$\Rightarrow \underline{\underline{W(1; \approx -0,6)}}$.

Wegen $\int_0^\infty g(x)\,dx = -2$ gilt: $\lim\limits_{x \to \infty} J(x) = \lim\limits_{x \to \infty} \int_0^x g(t)\,dt = -2$
Damit besitzt der Graph von J die waagrechte Asymptote mit der Gleichung $y = -2$.
Aus $\int_{-1}^0 g(x)\,dx = 2$ folgt: $\int_0^{-1} g(x)\,dx = -2$.

Damit gilt: $\lim\limits_{x \to -1} J(x) = \lim\limits_{x \to -1} \int_0^x g(t)\,dt = -2$

Schätzwerte mithilfe von Flächenbetrachtungen am Graphen von g:
$J(-0,5) \approx -0,2$
$J(2) \approx -1,4$
$J(3) \approx -1,8$

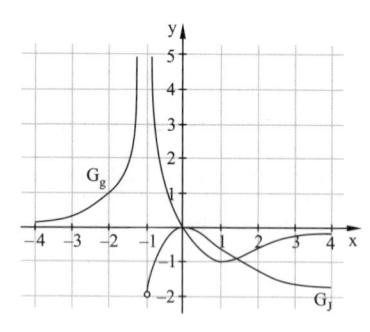

2 $f_a(x) = ax + \sin(x)$ mit $D_{f_a} = 0$; $a > 0$

2.1 $f_a'(x) = a + \cos(x)$ mit $x \in \mathbb{R}$
Es gilt: $-1 \leq \cos(x) \leq 1 \Leftrightarrow a - 1 \leq a + \cos(x) \leq a + 1$; d. h.: $a - 1 \leq f_a'(x) \leq a + 1$
$\Rightarrow \underline{f_a'(x) \in [a-1; a+1]}$

Extrempunkte des Graphen von f_a sind möglich, falls $f_a'(x)$ sowohl negativ als auch positiv werden kann, weil f_a' stetig in $\mathbb{R}$ ist.
D.h.: $a - 1 < 0 \land a + 1 > 0 \Leftrightarrow a < 1 \land a > -1$
Also existieren Extrempunkte des Graphen von f_a, falls gilt: $\underline{\underline{0 < a < 1}}$

2.2 $f_1(x) = x + \sin(x)$; $f_1'(x) = 1 + \cos(x)$; $f_1''(x) = -\sin(x)$; $f_1'''(x) = -\cos(x)$;

$f_1'(x) = 0$: $\cos(x) = -1 \Rightarrow x = \pi + 2k\pi$ mit $k \in \mathbb{Z}$
$f_1'(\pi + 2k\pi) = 0 \land f_1''(\pi + 2k\pi) = -\sin(\pi + 2k\pi) = 0$
$\land f_1'''(\pi + 2k\pi) = -\cos(\pi + 2k\pi) = 1 \neq 0$
$\Rightarrow$ Der Graph von f_1 besitzt unendlich viele Terrassenpunkte mit $x_T = \pi + 2k\pi$.
$f_1(\pi + 2k\pi) = \pi + 2k\pi + \sin(\pi + 2k\pi) = \pi + 2k\pi + 0 = \pi + 2k\pi$
Terrassenpunkte: $\underline{T_k(\pi + 2k\pi; \pi + 2k\pi)}$ mit $k \in \mathbb{Z}$

Grafik zu 2.2 und 2.3:

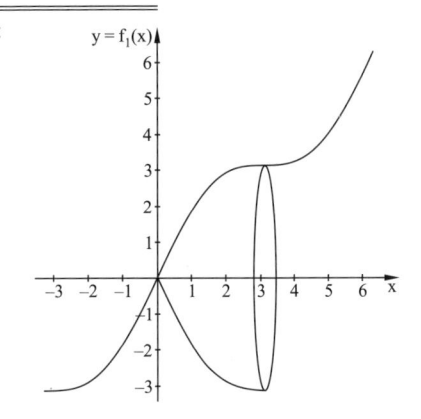

2.3 $\pi \cdot \int_0^\pi (f_1(x))^2 \, dx = \pi \cdot \int_0^\pi (x + \sin(x))^2 \, dx = \pi \cdot \int_0^\pi (x^2 + 2x\sin(x) + (\sin(x))^2) \, dx = \ldots$

Nebenrechnung (partielle Integration):
$\int x \cdot \sin(x) \, dx = x \cdot (-\cos(x)) - \int 1 \cdot (-\cos(x)) \, dx = -x \cdot \cos(x) + \sin(x) + C; \; C \in \mathbb{R}$

Formelsammlung:

$$\int (\sin(x))^2 \, dx = \frac{1}{2} \cdot (x - \sin(x) \cdot \cos(x)) + C^*; \; C^* \in \mathbb{R}$$

$$\ldots = \pi \cdot \left[\frac{1}{3} x^3 - 2x \cos(x) + 2\sin(x) + \frac{1}{2} x - \frac{1}{2} \sin(x) \cdot \cos(x) \right]_0^{\pi} =$$

$$= \pi \cdot \left(\frac{1}{3} \pi^3 + 2\pi + 0 + \frac{1}{2} \pi - 0 - (0 + 0 + 0 + 0 + 0) \right) = \underline{\underline{\frac{1}{3} \pi^4 + \frac{5}{2} \pi^2}}$$

$\frac{1}{3}\pi^4 + \frac{5}{2}\pi^2 \approx 57{,}14$ ist die Maßzahl des Volumeninhaltes des Körpers, der durch Rotation des Graphen von f_1 von 0 bis π um die x-Achse entsteht.

3.1 $\dot{N}(t) = 0{,}1 \cdot N(t) \cdot [5 - N(t)]$

kurz: $\dfrac{dN}{dt} = 0{,}1 \cdot N \cdot (5 - N) \;\Leftrightarrow\; (*) \displaystyle\int \dfrac{1}{N \cdot (5 - N)} dN = \int 0{,}1 \, dt$

Partialbruchzerlegung:

$\dfrac{A}{N} + \dfrac{B}{5-N} = \dfrac{1}{N \cdot (5-N)} \;\Rightarrow\; A \cdot (5-N) + B \cdot N = 1$

$$N = 0 \;\Rightarrow\; 5A = 1 \;\Leftrightarrow\; A = \frac{1}{5}$$

$$N = 5 \;\Rightarrow\; 5B = 1 \;\Leftrightarrow\; B = \frac{1}{5}$$

$(*) \displaystyle\int \left(\dfrac{\frac{1}{5}}{N} + \dfrac{\frac{1}{5}}{5-N} \right) dN = \int 0{,}1 \, dt \;|\cdot 5 \;\Leftrightarrow\; \int \left(\dfrac{1}{N} + \dfrac{1}{5-N} \right) dN = \int 0{,}5 \, dt$

wegen $0 < N(t) < 5 \;\Rightarrow\; (*) \; \ln(N) + \ln(5 - N) = 0{,}5 \cdot t + C^*$

$\Leftrightarrow \; \ln \dfrac{N}{5-N} = 0{,}5t + C^* \;\Leftrightarrow\; \dfrac{N}{5-N} = e^{0{,}5t + C^*}$

Mit $C = e^{C^*}$ folgt: $(*) \; \dfrac{N}{5-N} = e^{0{,}5t} \cdot C$

$\Leftrightarrow \; N = (5-N) \cdot C \cdot e^{0{,}5t} \;\Leftrightarrow\; N + N \cdot C \cdot e^{0{,}5t} = 5C \cdot e^{0{,}5t}$

$\Leftrightarrow \; N \cdot (1 + C \cdot e^{0{,}5t}) = 5C \cdot e^{0{,}5t} \;\Leftrightarrow\; (**) \; N(t) = \dfrac{5Ce^{0{,}5t}}{1 + Ce^{0{,}5t}}$

$N = N(0) = N_0 \;\Rightarrow\; (*) \; \dfrac{N_0}{5 - N_0} = C$

$(**) \; (*) \;\Rightarrow\; \underline{\underline{N(t) = \dfrac{5 \cdot \frac{N_0}{5-N_0} \cdot e^{0{,}5t}}{1 + \frac{N_0}{5-N_0} \cdot e^{0{,}5t}} \cdot \dfrac{5 - N_0}{5 - N_0} = \dfrac{5 \cdot N_0 \cdot e^{0{,}5t}}{5 - N_0 + N_0 \cdot e^{0{,}5t}}}}$

3.2 $\lim\limits_{t \to \infty} \dfrac{\overbrace{5 \cdot N_0 \cdot e^{0,5t}}^{\to \infty}}{\underbrace{5 - N_0 + N_0 \cdot e^{0,5t}}_{\to \infty}} \stackrel{\text{L'H}}{=} \lim\limits_{t \to \infty} \dfrac{5 \cdot N_0 \cdot 0,5 \cdot e^{0,5t}}{N_0 \cdot 0,5 \cdot e^{0,5t}} = \lim\limits_{t \to \infty} 5 = 5$

Der Endwert 5 000 ist unabhängig von N_0.

$N(t^*) = 0,9 \cdot 5$

$\Rightarrow 0,9 \cdot 5 = \dfrac{5 \cdot N_0 \cdot e^{0,5t^*}}{5 - N_0 + N_0 \cdot e^{0,5t^*}} \Leftrightarrow 0,9 \cdot 5 - 0,9 \cdot N_0 + 0,9 \cdot N_0 \cdot e^{0,5t^*} = N_0 \cdot e^{0,5t^*}$

$\Leftrightarrow 4,5 - 0,9 \cdot N_0 = 0,1 \cdot N_0 \cdot e^{0,5t^*} \Leftrightarrow \dfrac{45 - 9 \cdot N_0}{N_0} = e^{0,5t^*}$

$\Leftrightarrow 0,5 \cdot t^* = \ln\left(\dfrac{45 - 9 \cdot N_0}{N_0}\right) \Leftrightarrow \underline{\underline{t^* = 2 \cdot \ln\left(\dfrac{45 - 9N_0}{N_0}\right)}}$

Berufsoberschulen in Bayern – Abiturprüfung 2005
Mathematik (Ausbildungsrichtung Technik) – Analysis A II

BE

1 Gegeben ist die Schar der reellen Funktionen f_k mit $k \in \mathbb{R}^+$ und der Definitionsmenge $D_{f_k} =]-k; k[$ durch $f_k : x \mapsto \dfrac{2|x|}{\sqrt{k^2 - x^2}}$.

1.1 Geben Sie die Nullstelle von f_k an und bestimmen Sie das Symmetrieverhalten des Graphen von f_k. Untersuchen Sie das Verhalten der Funktionswerte $f_k(x)$ an den Rändern der Definitionsmenge und geben Sie die Gleichungen der Asymptoten der Graphen von f_k an. 5

1.2 Ermitteln Sie die maximalen Intervalle, in denen der Graph von f_k streng monoton steigt bzw. fällt. Bestimmen Sie dann die Art und die Koordinaten der lokalen Extrempunkte des Graphen von f_k. 6

[Teilergebnis: $f_k'(x) = 2k^2 \cdot (k^2 - x^2)^{-1{,}5}$ für $x > 0$]

1.3 Zeichnen Sie unter Verwendung der bisher gefundenen Ergebnisse den Graphen von f_3 sowie seine Asymptoten in ein Koordinatensystem (1 LE = 2 cm). Berechnen Sie dazu die Funktionswerte zu den Abszissenwerten $\pm 1, \pm 2, \pm 2{,}5$. 4

1.4 Im ersten Quadranten wird vom Graphen der Funktion f_k, der zugehörigen Asymptote und der x-Achse eine Fläche begrenzt. Ermitteln Sie die Maßzahl des Flächeninhalts in Abhängigkeit von k. 5

1.5 Gegeben ist die Funktion F_k mit $F_k(x) = \displaystyle\int_{-1}^{x} f_k(t)\,dt$ mit $k > 1$ und $x \in [-k; k]$.

Bestimmen Sie in Abhängigkeit von k die Anzahl der Nullstellen von F_k sowie das Krümmungsverhalten des Graphen von F_k. 5

2 Gegeben sind die reellen Funktionen $h_a : x \mapsto \dfrac{(x-5) \cdot |x+1| \cdot (x-a)}{x^2 - 2x - 15}$ mit $a \in \mathbb{R}$ und der in $\mathbb{R}$ maximalen Definitionsmenge D_{h_a}.

2.1 Bestimmen Sie D_{h_a} und die Art der Definitionslücken in Abhängigkeit von a. 5

2.2 Gegeben sind weiter die reellen Funktionen $g_a : x \mapsto \arctan\left(\dfrac{|x+1| \cdot (x-a)}{x+3}\right)$ mit $D_{g_a} = \mathbb{R} \setminus \{-3\}$

2.2.1 Bestimmen Sie die Nullstellen von g_a, und das Verhalten der Funktionswerte für $x \to \pm \infty$ und $x \to -3$ in Abhängigkeit von a für $a \geq -3$. 7

2.2.2 Begründen Sie, dass g_5 an der Stelle $x=-1$ stetig ist, und ermitteln Sie die maximalen Monotonieintervalle sowie Art und Koordinaten der lokalen Extrempunkte des Graphen von g_5. 10

$$\left[\text{Teilergebnis: } g_5'(x) = \frac{x^2+6x-7}{(x+3)^2+(x^2-4x-5)^2} \text{ für } x>-1\right]$$

3 Ein Metallstück ist auf der Drehbank so bearbeitet worden, dass danach sein Profil durch die Terme $p(x)=x\cdot e^{2-x}$ und $q(x)=-x\cdot e^{2-x}$, $x\in\mathbb{R}$ beschrieben wird. Die Rotationsachse ist die x-Achse. Das Metallstück wird anschließend bei $x=1$ und bei $x=3$ senkrecht zur Rotationsachse abgeschnitten. Berechnen Sie die Maßzahl des Volumens dieses Rotationskörpers auf zwei Nachkommastellen genau. 5

4 Bestimmen Sie für die Differenzialgleichung $y' - y \cdot \left(\dfrac{2x}{x^2+1} - \dfrac{1}{x}\right) = \dfrac{-2}{x^2+1}$ mit $x>0$ die allgemeine Lösung mit der Methode der Variation der Konstanten. 8

60

Lösung

1 $f_k(x) = \dfrac{2|x|}{\sqrt{k^2 - x^2}}$; $k \in \mathbb{R}^+$, $D_{f_k} =]-k; k[$

1.1 Nullstelle von f_k: $\underline{\underline{x = 0}}$

$f_k(-x) = \dfrac{2|-x|}{\sqrt{k^2 - (-x)^2}} = \dfrac{2|x|}{\sqrt{k^2 - x^2}} = f_k(x)$ für alle $x \in D_{f_k}$

$\Rightarrow$ Der Graph von f_k ist achsensymmetrisch zur y-Achse des Koordinatensystems.

$x \xrightarrow{<} k \;\Rightarrow\; f_k(x) = \dfrac{\overbrace{2|x|}^{\to 2k > 0}}{\underbrace{\sqrt{k^2 - x^2}}_{\xrightarrow{>} 0}} \to +\infty$

Wegen der Symmetrie des Graphen zur y-Achse gilt: $x \xrightarrow{>} -k \;\Rightarrow\; f_k(x) \to +\infty$

Vertikale Asymptoten des Graphen von f_k: $\underline{\underline{a_1: x = k}}$; $\underline{\underline{a_2: x = -k}}$

1.2 $f_k(x) = \begin{cases} \dfrac{2x}{\sqrt{k^2 - x^2}} & \text{für } x \in [0; k[\\[2mm] -\dfrac{2x}{\sqrt{k^2 - x^2}} & \text{für } x \in]-k; 0[\end{cases}$

Für $x \in]0; k[$ gilt: $f_k'(x) = \dfrac{2 \cdot \sqrt{k^2 - x^2} - 2x \cdot \dfrac{1}{2\sqrt{k^2 - x^2}} \cdot (-2x)}{k^2 - x^2} \cdot \dfrac{\sqrt{k^2 - x^2}}{\sqrt{k^2 - x^2}} =$

$= \dfrac{2 \cdot (k^2 - x^2) + 2x^2}{(k^2 - x^2) \cdot \sqrt{k^2 - x^2}} = \dfrac{2k^2}{(k^2 - x^2) \cdot \sqrt{k^2 - x^2}}$

Wegen $2k^2 > 0 \land k^2 - x^2 > 0$ für alle $x \in D_{f_k}$ gilt: $f_k'(x) > 0$ für $x \in]0; k[$.

Da f_k stetig in D_{f_k} ist, folgt:
Der Graph von f_k ist streng monoton steigend im Intervall $[0; k[$.
Wegen der Symmetrie des Graphen zur y-Achse gilt nun:
Der Graph von f_k ist streng monoton fallend im Intervall $]-k; 0]$.
Wegen des Monotonieverhaltens und $f_k(0) = 0$ folgt:
Der Graph von f_k besitzt genau einen Extrempunkt, nämlich den (von k unabhängigen, lokalen und globalen) Tiefpunkt T(0; 0).

1.3 $f_3(x) = \dfrac{2|x|}{\sqrt{9-x^2}}$

$D_{f_3} = {]}{-}3;\,3{[}$

$f_3(\pm 1) \approx 0{,}71$

$f_3(\pm 2) \approx 1{,}79$

$f_3(\pm 2{,}5) \approx 3{,}02$

$\lim\limits_{x \to 0 \atop >} f_3'(x) = \dfrac{2 \cdot 9}{9 \cdot 3} = \dfrac{2}{3}$

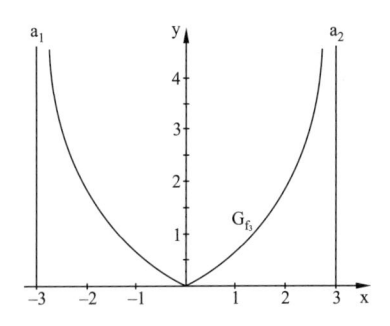

1.4 Berechnung der Flächenmaßzahl A_k:

$$A_k = \int_0^k f_k(x)\,dx = \lim_{b \to k \atop <} \int_0^b \dfrac{2x}{\sqrt{k^2 - x^2}}\,dx = \ldots \text{(siehe Formelsammlung Seite 67)} \ldots =$$

$$= \lim_{b \to k \atop <} [-2\sqrt{k^2 - x^2}]_0^b = \lim_{b \to k \atop <} (-2\sqrt{k^2 - b^2} + 2\sqrt{k^2}) = 0 + 2k = \underline{\underline{2k}}$$

1.5 $F_k(x) = \displaystyle\int_{-1}^{x} f_k(t)\,dt;\ k > 1$ und $x \in [-k;\,k]$.

Nach dem Hauptsatz der Differenzial- und Integralrechnung gilt für alle $x \in {]}{-}k;\,k{[}$:

$F_k'(x) = f_k(x)$

Wegen $f_k(x) > 0$ für alle $x \in {]}{-}k;\,k{[}\setminus\{0\}$ und der Stetigkeit von f_k in ${]}{-}k;\,k{[}$ und der Existenz von $F_k(k)$ und $F_k(-k)$ gilt:

a) F_k ist in $D_{F_k} = [-k;\,k]$ streng monoton zunehmend.

b) $F_k(-1) = \displaystyle\int_{-1}^{-1} f_k(t)\,dt = 0\ \Rightarrow\ x = -1$ ist eine Nullstelle von F_k.

Aus a) und b) folgt: $x = -1$ ist die **einzige** Nullstelle von F_k.

Weil f_k im Intervall ${]}{-}k;\,0]$ streng monoton abnehmend und im Intervall $[0;\,k{[}$ streng monoton zunehmend ist, gilt wegen $F_k'(x) = f_k(x)$:

Der Graph von F_k ist rechtsgekrümmt im Intervall ${]}{-}k;\,0]$ und linksgekrümmt im Intervall $[0;\,k{[}$.

2 $h_a(x) = \dfrac{(x-5) \cdot |x+1| \cdot (x-a)}{x^2 - 2x - 15};\ a \in \mathbb{R}$

2.1 $x^2 - 2x - 15 = 0 \Leftrightarrow (x-5) \cdot (x+3) = 0 \Leftrightarrow x = 5 \vee x = -3$
$\Rightarrow \underline{\underline{D_{h_a} = \mathbb{R} \setminus \{-3; 5\}}}$

$$h_a(x) = \frac{(x-5) \cdot |x+1| \cdot (x-a)}{(x-5) \cdot (x+3)} = \frac{|x+1| \cdot (x-a)}{x+3}$$

$\Rightarrow$ $x = 5$ ist für alle $a \in \mathbb{R}$ eine stetig behebbare Definitionslücke von h_a.

Wegen $h_{-3}(x) = \dfrac{|x+1| \cdot (x+3)}{x+3} = |x+1|$ gilt:

Für $a = -3$ ist $x = -3$ eine stetig behebbare Definitionslücke von h_a;
für $a \neq -3$ ist $x = -3$ eine Polstelle 1. Ordnung (Unendlichkeitsstelle mit Vorzeichenwechsel) von h_a.

2.2 $g_a(x) = \arctan\left(\dfrac{|x+1| \cdot (x-a)}{x+3}\right)$; $D_{g_a} = \mathbb{R} \setminus \{-3\}$

2.2.1 $g_a(x) = 0 \Leftrightarrow \dfrac{|x+1| \cdot (x-a)}{x+3} = 0 \Leftrightarrow (x = -1 \vee x = a) \wedge x \neq -3$

Für $\underline{\underline{a = -1}}$ existiert nur eine Nullstelle, nämlich $\underline{\underline{x = -1}}$.

Für $\underline{\underline{a = -3}}$ existiert nur eine Nullstelle, nämlich $\underline{\underline{x = -1}}$.

Für $\underline{\underline{a \in \mathbb{R} \setminus \{-3; -1\}}}$ besitzt g_a genau zwei Nullstellen: $\underline{\underline{x_1 = -1; \; x_2 = a}}$.

$\underline{\underline{x \to +\infty}} \Rightarrow \dfrac{\overbrace{|x+1|}^{\to +\infty} \cdot \overbrace{(x-a)}^{\to +\infty}}{\underbrace{x+3}_{\to +\infty}} \to +\infty \Rightarrow \underline{\underline{g_a(x) \to \dfrac{\pi}{2}}}$

$\underline{\underline{x \to -\infty}} \Rightarrow \dfrac{\overbrace{|x+1|}^{\to +\infty} \cdot \overbrace{(x-a)}^{\to -\infty}}{\underbrace{x+3}_{\to -\infty}} \to +\infty \Rightarrow \underline{\underline{g_a(x) \to \dfrac{\pi}{2}}}$

Für $\underline{\underline{a = -3}}$ gilt:

$\underline{\underline{x \to -3}} \Rightarrow \dfrac{|x+1| \cdot (x+3)}{x+3} = |x+1| \to |-3+1| = 2 \Rightarrow \underline{\underline{g_a(x) \to \arctan(2)}}$

Für $\underline{\underline{a > -3}}$ gilt: $x \overset{>}{\to} -3 \Rightarrow \dfrac{\overbrace{|x+1|}^{\to 2} \cdot \overbrace{(x-a)}^{\to -3-a<0}}{\underbrace{x+3}_{\overset{>}{\to} 0}} \to -\infty \Rightarrow \underline{\underline{g_a(x) \to -\dfrac{\pi}{2}}}$

$x \overset{<}{\to} -3 \Rightarrow \dfrac{\overbrace{|x+1|}^{\to 2} \cdot \overbrace{(x-a)}^{\to -3-a<0}}{\underbrace{x+3}_{\overset{<}{\to} 0}} \to +\infty \Rightarrow \underline{\underline{g_a(x) \to \dfrac{\pi}{2}}}$

2.2.2 $g_5(x) = \arctan\left(\dfrac{|x+1|\cdot(x-5)}{x+3}\right)$; $D_{g_5} = \mathbb{R}\setminus\{-3\}$

$\lim\limits_{x\to -1} g_5(x) = \lim\limits_{x\to -1} \arctan\left(\dfrac{|x+1|\cdot(x-5)}{x+3}\right) = \arctan\left(\dfrac{0\cdot(-6)}{2}\right) = 0 = g_5(-1)$

$\Rightarrow$ g_5 ist stetig an der Stelle $x = -1$.

Für $\underline{x > -1}$ gilt: $g_5(x) = \arctan\left(\dfrac{(x+1)\cdot(x-5)}{x+3}\right) = \arctan\left(\dfrac{x^2-4x-5}{x+3}\right)$

$\Rightarrow g_5'(x) = \dfrac{1}{1+\dfrac{(x^2-4x-5)^2}{(x+3)^2}} \cdot \dfrac{(2x-4)\cdot(x+3)-(x^2-4x-5)\cdot 1}{(x+3)^2} =$

$= \dfrac{2x^2+6x-4x-12-x^2+4x+5}{(x+3)^2+(x^2-4x-5)^2} = \dfrac{x^2+6x-7}{(x+3)^2+(x^2-4x-5)^2} =$

$= \dfrac{\overbrace{(x+7)\cdot(x-1)}^{>0}}{\underbrace{(x+3)^2+(x^2-4x-5)^2}_{>0}}$

$\Rightarrow$ $g_5'(1) = 0$; $g_5'(x) > 0$ für $x > 1$; $g_5'(x) < 0$ für $-1 < x < 1$;

Für $\underline{x < -1 \land x \neq -3}$ gilt:

$g_5(x) = \arctan\left(\dfrac{-(x+1)\cdot(x-5)}{x+3}\right) = -\arctan\left(\dfrac{(x+1)\cdot(x-5)}{x+3}\right)$

$\Rightarrow g_5'(x) = -\dfrac{(x+7)\cdot(x-1)}{(x+3)^2+(x^2-4x-5)^2} = \dfrac{(x+7)\cdot\overbrace{(-x+1)}^{>0}}{\underbrace{(x+3)^2+(x^2-4x-5)^2}_{>0}}$

$\Rightarrow$ $g_5'(-7) = 0$; $g_5'(x) < 0$ für $x < -7$; $g_5'(x) > 0$ für $-7 < x < -1 \land x \neq -3$;

$\Rightarrow$ g_5 ist streng monoton abnehmend in $]-\infty; -7]$;
   g_5 ist streng monoton zunehmend in $[-7; -3[$;
   g_5 ist streng monoton zunehmend in $]-3; -1]$;
   g_5 ist streng monoton abnehmend in $[-1; 1]$;
   g_5 ist streng monoton zunehmend in $[1; +\infty[$;

$\Rightarrow$ Der Graph von g_5 besitzt bei $x = -7$ einen Tiefpunkt T_1, bei $x = -1$ einen Hochpunkt H und bei $x = 1$ einen weiteren Tiefpunkt T_2.

$g_5(-7) = \arctan\left(\dfrac{6\cdot(-12)}{-4}\right) = \arctan(18)$; $\underline{T_1(-7; \arctan(18))}$

$g_5(-1) = \arctan(0) = 0$; $\underline{H(-1; 0)}$

$g_5(1) = \arctan\left(\dfrac{2\cdot(-4)}{4}\right) = \arctan(-2)$; $\underline{T_2(1; \arctan(-2))}$

3   $p(x) = x \cdot e^{2-x}$ und $q(x) = -p(x) = x \cdot e^{2-x}$, $x \in \mathbb{R}$

Volumenmaßzahl V:

$$V = \int_1^3 [p(x)]^2 \cdot \pi \, dx = \pi \cdot \int_1^3 [p(x)]^2 \, dx = \pi \cdot \int_1^3 x^2 \cdot e^{4-2x} \, dx = \ldots$$

NR: $\int \underbrace{x^2}_{u} \cdot \underbrace{e^{4-2x}}_{v'} \, dx = \underbrace{x^2}_{u} \cdot \underbrace{\left(-\frac{1}{2} \cdot e^{4-2x}\right)}_{v} - \int \underbrace{2x}_{u'} \cdot \underbrace{\left(-\frac{1}{2} \cdot e^{4-2x}\right)}_{v} dx =$

$= -\frac{1}{2} x^2 \cdot e^{4-2x} + \int \underbrace{x}_{\bar{u}} \cdot \underbrace{e^{4-2x}}_{\bar{v}'} \, dx =$

$= -\frac{1}{2} x^2 \cdot e^{4-2x} + \underbrace{x}_{\bar{u}} \cdot \underbrace{\left(-\frac{1}{2} \cdot e^{4-2x}\right)}_{\bar{v}} - \int \underbrace{1}_{\bar{u}'} \cdot \underbrace{\left(-\frac{1}{2} \cdot e^{4-2x}\right)}_{\bar{v}} dx =$

$= -\frac{1}{2} x^2 \cdot e^{4-2x} - \frac{1}{2} x \cdot e^{4-2x} + \frac{1}{2} \int e^{4-2x} \, dx =$

$= -\frac{1}{2} x^2 \cdot e^{4-2x} - \frac{1}{2} x \cdot e^{4-2x} + \frac{1}{2} \cdot \left(-\frac{1}{2} \cdot e^{4-2x}\right) + C =$

$= -\frac{1}{2} e^{4-2x} \cdot \left(x^2 + x + \frac{1}{2}\right) + C$

$\Rightarrow V = \pi \cdot \left[-\frac{1}{2} e^{4-2x} \cdot \left(x^2 + x + \frac{1}{2}\right)\right]_1^3 = -\frac{\pi}{2} \cdot \left(e^{-2} \cdot \left(9 + 3 + \frac{1}{2}\right) - e^2 \cdot \left(1 + 1 + \frac{1}{2}\right)\right) =$

$= -\frac{\pi}{2} \left(\frac{25}{2} e^{-2} - \frac{5}{2} e^2\right) = \frac{5}{4} \pi \cdot (e^2 - 5e^{-2}) \approx \underline{\underline{26{,}36}}$

4   Gegebene Differenzialgleichung:

(*) $y' - y \cdot \left(\frac{2x}{x^2+1} - \frac{1}{x}\right) = \frac{-2}{x^2+1}$ für $x > 0$ (inhomogene lineare DG 1. Ordnung)

I)   Allgemeine Lösung der zugehörigen homogenen Differenzialgleichung:

$y' - y \cdot \left(\frac{2x}{x^2+1} - \frac{1}{x}\right) = 0$; triviale Lösung: $y = 0$

$\frac{dy}{dx} = y \cdot \left(\frac{2x}{x^2+1} - \frac{1}{x}\right) \Leftrightarrow \int \frac{1}{y} dy = \int \left(\frac{2x}{x^2+1} - \frac{1}{x}\right) dx$ mit $y \neq 0$

$\Rightarrow \ln|y| = \ln(x^2+1) - \ln x + C$ mit $C \in \mathbb{R}$ (wegen $x > 0$)

$\Leftrightarrow \ln|y| = \ln \frac{x^2+1}{x} + C \Leftrightarrow |y| = e^{\ln \frac{x^2+1}{x} + C} = e^C \cdot \frac{x^2+1}{x}$

$\Leftrightarrow y = D \cdot \frac{x^2+1}{x}$ (**)

Mit $D \in \mathbb{R}$ ist auch die triviale Lösung $y = 0$ enthalten.

II) Variation der Konstanten D:

$$y = D(x) \cdot \frac{x^2+1}{x} \quad \Rightarrow \quad y' = D'(x) \cdot \frac{x^2+1}{x} + D(x) \cdot \frac{2x \cdot x - (x^2+1) \cdot 1}{x^2}$$

Einsetzen in (*):

$$D'(x) \cdot \frac{x^2+1}{x} + D(x) \cdot \frac{x^2-1}{x^2} - D(x) \cdot \frac{x^2+1}{x} \cdot \left(\frac{2x}{x^2+1} - \frac{1}{x} \right) = \frac{-2}{x^2+1}$$

$$D'(x) \cdot \frac{x^2+1}{x} + D(x) \cdot \left(\frac{x^2-1}{x^2} - 2 + \frac{x^2+1}{x^2} \right) = \frac{-2}{x^2+1}$$

$$D'(x) \cdot \frac{x^2+1}{x} + D(x) \cdot \frac{x^2-1-2x^2+x^2+1}{x^2} = \frac{-2}{x^2+1} \quad \Leftrightarrow \quad D'(x) \cdot \frac{x^2+1}{x} = \frac{-2}{x^2+1}$$

$$\Leftrightarrow \quad D'(x) = \frac{-2x}{(x^2+1)^2} \quad \Rightarrow \quad D(x) = \int \frac{-2x}{(x^2+1)^2} dx = \ldots$$

Substitution: $u = x^2+1$; $\frac{du}{dx} = 2x \quad \Leftrightarrow \quad 2x\,dx = du$

$$\ldots = \int \frac{-1}{u^2} du = \frac{1}{u} + K = \frac{1}{x^2+1} + K$$

Einsetzen in (**):

$$y = \left(\frac{1}{x^2+1} + K \right) \cdot \frac{x^2+1}{x} = \frac{1}{x} + K \cdot \frac{x^2+1}{x}$$

Allgemeine Lösung der inhomogenen DG: $\underline{\underline{y = \frac{Kx^2 + K + 1}{x}}}$ mit $K \in \mathbb{R}$

Berufsoberschulen in Bayern – Abiturprüfung 2005
Mathematik (Ausbildungsrichtung Technik) – Stochastik B I

BE

Die Firma Schraubfix hat sich auf den Vertrieb von Schrauben spezialisiert. Für eine Autofirma liefert sie 2 Arten von Schrauben, die sich nur in der Festigkeit unterscheiden. Für die folgenden Aufgaben werden die Schrauben mit hoher Festigkeit als Schrauben A und die mit niedriger Festigkeit als Schrauben B bezeichnet.

1   In einer Kiste sind 10 Schrauben der Qualität A und 20 Schrauben der Qualität B vermischt. Die zwei Qualitäten sind im Aussehen gleich. Es werden 10 Schrauben nacheinander zufällig der Kiste entnommen. Berechnen Sie die Wahrscheinlichkeit dafür, dass
  a) darunter 5 Schrauben der Qualität A und 5 Schrauben der Qualität B sind,
  b) zuerst 5 Schrauben der Qualität A und dann 5 Schrauben der Qualität B entnommen werden,
  c) darunter 5 Schrauben der Qualität A und 5 Schrauben der Qualität B sind und die 5 Schrauben der Qualität A aufeinanderfolgend entnommen werden,
  d) darunter 5 Schrauben der Qualität A und 5 Schrauben der Qualität B sind und 5 Schrauben der Qualität A oder 5 Schrauben der Qualität B aufeinanderfolgend entnommen werden.   8

2   An jedem Tag werden 3 500 Schrauben der Qualität A und 2 500 der Qualität B an eine Firma geliefert. Die Schrauben werden entweder mit einem LKW oder der Bahn transportiert.
40 % der Schrauben A werden mit LKW ausgeliefert und $\frac{3}{5}$ der mit dem LKW ausgelieferten Schrauben sind Schrauben der Qualität B. Mit welcher Wahrscheinlichkeit ist eine Schraube der Qualität B mit der Bahn geliefert worden?   8

3   Auf Grund der hohen Nachfrage nach Schrauben A muss die Firma Schraubfix Schrauben von dem neuen Produzenten Superfest dazukaufen. Die Firma Schraubfix überprüft die Qualität der Schrauben des Produzenten Superfest nach Klagen der belieferten Kunden in einem Signifikanztest.

3.1   Die Firma Superfest behauptet, dass der Ausschussanteil ihrer Schrauben höchstens 2 % ist (Nullhypothese). Die Nullhypothese soll nun auf dem Signifikanzniveau von 1 % getestet werden. Geben Sie die Testgröße an und bestimmen Sie dazu den Annahmebereich und den Ablehnungsbereich der Nullhypothese, wenn eine Tageslieferung von 5 000 Schrauben geprüft wird.   7

3.2   Wie groß ist bei obiger Entscheidungsregel die Wahrscheinlichkeit dafür, dass man die Nullhypothese nicht ablehnen darf, obwohl der Ausschussanteil 3 % beträgt.   5

4   Bei der Lieferung von Spezialschrauben für einen anderen Kunden gerät die Firma Schraubfix wegen eines Streiks bei einem Stammproduzenten in einen Lieferengpass. Da sie diesen Kunden nicht verlieren möchte, kauft sie auch hier von einem neuen Produzenten zu. Diese Firma garantiert, dass höchstens 1 % der Schrauben den Ansprüchen nicht entsprechen. Wie viele Schrauben müssen vom neuen Produzenten dazugekauft werden, damit mit einer Sicherheit von 99,5 % mindestens 4 000 fehlerfreie Schrauben an den Kunden geliefert werden können?   8

5　Die Firma Schraubfix möchte in der Betriebskantine auf biologische Produkte umstellen. Dazu möchte sie mit einer Sicherheit von 75 % auf weniger als 5 Prozentpunkte genau wissen, wie viele Angestellte daran Interesse haben. Bestimmen Sie mit der Ungleichung von Tschebyschow die Minimalzahl der zu befragenden Angestellten. $\frac{4}{40}$

Lösung

1　a) $P(a) = \dfrac{\binom{10}{5} \cdot \binom{20}{5}}{\binom{30}{10}} = \dfrac{252 \cdot 15\,504}{30\,045\,015} \approx \underline{\underline{0{,}1300}}$

　b) $P(b) = \dfrac{10}{30} \cdot \dfrac{9}{29} \cdot \dfrac{8}{28} \cdot \dfrac{7}{27} \cdot \dfrac{6}{26} \cdot \dfrac{20}{25} \cdot \dfrac{19}{24} \cdot \dfrac{18}{23} \cdot \dfrac{17}{22} \cdot \dfrac{16}{21} \approx \underline{\underline{5{,}160 \cdot 10^{-4}}}$

　c) $P(c) = 6 \cdot P(b) \approx 6 \cdot 5{,}160 \cdot 10^{-4} \approx \underline{\underline{3{,}096 \cdot 10^{-3}}}$

　d) $P(d) = 10 \cdot P(b) \approx 10 \cdot 5{,}160 \cdot 10^{-4} \approx \underline{\underline{5{,}160 \cdot 10^{-3}}}$

2　A : „Eine zufällig ausgewählte Schraube ist von der Qualität A."
　$\overline{A}$: „Eine zufällig ausgewählte Schraube ist von der Qualität B."
　L : „Eine zufällig ausgewählte Schraube wurde mit dem LKW geliefert."
　$\overline{L}$: „Eine zufällig ausgewählte Schraube wurde mit der Bahn geliefert."
　Lösung mit Vierfeldertafel:
　Laut Angabe gilt: $P(A) = \underline{\underline{\dfrac{3\,500}{6\,000}}} = \dfrac{7}{12} \Rightarrow P(\overline{A}) = 1 - P(A) = \underline{\underline{\dfrac{5}{12}}}$

$P_A(L) = 0{,}4 \Rightarrow P_A(\overline{L}) = 1 - P_A(L) = 0{,}6$

$P_L(\overline{A}) = \dfrac{3}{5} \Rightarrow P_L(A) = 1 - P_L(\overline{A}) = \dfrac{2}{5}$

Gesucht ist: $P_{\overline{A}}(\overline{L}) = \dfrac{P(\overline{A} \cap \overline{L})}{P(\overline{A})}$

$P_A(L) = \dfrac{P(A \cap L)}{P(A)} \Leftrightarrow \underline{\underline{P(A \cap L)}} = P_A(L) \cdot P(A) = 0{,}4 \cdot \dfrac{7}{12} = \dfrac{2}{5} \cdot \dfrac{7}{12} = \dfrac{7}{30}$

$P_L(A) = \dfrac{P(L \cap A)}{P(L)} \Leftrightarrow \underline{\underline{P(L)}} = \dfrac{P(L \cap A)}{P_L(A)} = \dfrac{\frac{7}{30}}{\frac{2}{5}} = \dfrac{7 \cdot 5}{30 \cdot 2} = \dfrac{7}{12};$

$\underline{\underline{P(L \cap \overline{A})}} = P(L) - P(L \cap A) = \dfrac{7}{12} - \dfrac{7}{30} = \dfrac{35 - 14}{60} = \dfrac{21}{60} = \dfrac{7}{20}$

$\underline{\underline{P(\overline{L} \cap \overline{A})}} = P(\overline{A}) - P(L \cap \overline{A}) = \dfrac{5}{12} - \dfrac{7}{20} = \dfrac{25 - 21}{60} = \dfrac{4}{60} = \underline{\underline{\dfrac{1}{15}}}$

Vierfeldertafel:

	L	$\bar{L}$	
A	$\frac{7}{30}$	$\frac{7}{20}$	$\frac{7}{12}$
$\bar{A}$	$\frac{7}{20}$	$\frac{1}{15}$	$\frac{5}{12}$
	$\frac{7}{12}$	$\frac{5}{12}$	1

$$P_{\bar{A}}(\bar{L}) = \frac{P(\bar{A} \cap \bar{L})}{P(\bar{A})} = \frac{\frac{1}{15}}{\frac{5}{12}} = \frac{1 \cdot 12}{15 \cdot 5} = \frac{4}{25} = 0,16 = 16\%$$

3.1 Testgröße X: Anzahl der Ausschussstücke unter 5 000 überprüften Schrauben des Produzenten Superfest;
X ist binomial verteilt mit B(5 000; p); d. h.: Stichprobenlänge $n = 5\,000$ und $p \in [0;1]$

Signifikanztest:
Nullhypothese H_0: $p = 0,02$, Gegenhypothese H_1: $p > 0,02$
Signifikanzniveau: $\alpha' = 0,01$

Annahmebereich von H_0:	Ablehnungsbereich von H_0:
$A = \{0; \ldots; c\}$	$\bar{A} = \{c+1; \ldots; 5\,000\}$

$P(\bar{A}) \leq \alpha'$

$1 - F_{0,02}^{5\,000}(c) \leq 0,01 \iff (*)\ F_{0,02}^{5\,000}(c) \geq 0,99$

$\sigma^2 = \mathrm{Var}(X) = n \cdot p \cdot q = 5\,000 \cdot 0,02 \cdot 0,98 = 98 > 9$
$\Rightarrow$ Näherung mithilfe der Normalverteilung ist sinnvoll.
Erwartungswert: $\mu = n \cdot p = 5\,000 \cdot 0,02 = 100$

$(*) \Rightarrow \Phi\left(\frac{c - \mu + 0,5}{\sigma}\right) \geq 0,99 \iff \frac{c - \mu + 0,5}{\sigma} \geq 2,326$ (Tabellenwerk)

$\iff c \geq 2,326 \cdot \sigma + \mu - 0,5;\ c \geq 2,326 \cdot \sqrt{98} + 99,5;\ c \geq 122,52 \Rightarrow c_{\min} = 123$

Annahmebereich von H_0:	Ablehnungsbereich von H_0:
$A = \{0; \ldots; 123\}$	$\bar{A} = \{124; \ldots; 5\,000\}$

3.2 $\beta' = P(X \leq 123) = F_{0,03}^{5\,000}(123)$

$\sigma^2 = \mathrm{Var}(X) = n \cdot p \cdot q = 5\,000 \cdot 0,03 \cdot 0,98 = 145,5 > 9$
$\Rightarrow$ Näherung mithilfe der Normalverteilung ist sinnvoll.
Erwartungswert: $\mu = n \cdot p = 5\,000 \cdot 0,03 = 150$

$\beta' = F_{0,03}^{5\,000}(123) \approx \Phi\left(\frac{123 - 150 + 0,5}{\sqrt{145,5}}\right) \approx \Phi(-2,20) = 1 - \Phi(2,20) \approx 1 - 0,98610 =$

$= 0,01390 \approx 1,4\%$

4   Zufallsgröße X: Anzahl der fehlerfreien Schrauben unter n vom neuen Produzenten gekauften Schrauben.
X sei nach B(n; 0,99) binomial verteilt.

$P(X \geq 4\,000) \geq 0,995 \iff 1 - F^n_{0,99}(3\,999) \geq 0,995 \iff F^n_{0,99}(3\,999) \leq 0,005$

Näherung mit Normalverteilung:

$F^n_{0,99}(3\,999) \approx \Phi\left(\dfrac{3\,999 - n \cdot 0,99 + 0,5}{\sqrt{n \cdot 0,99 \cdot 0,01}}\right) \leq 0,005 \overset{TW}{\iff} \dfrac{3\,999 - n \cdot 0,99 + 0,5}{\sqrt{n \cdot 0,99 \cdot 0,01}} \leq -2,576$

$\iff 0,99 \cdot n - 2,576 \cdot \sqrt{n \cdot 0,99 \cdot 0,01} - 3\,999,5 \geq 0;\ \text{Substitution: } z = \sqrt{n}$

$\Rightarrow 0,99 \cdot z^2 - 2,576 \cdot \sqrt{0,0099} \cdot z - 3\,999,5 \geq 0$

$\Rightarrow z \geq \dfrac{2,576 \cdot \sqrt{0,0099} + \sqrt{2,576^2 \cdot 0,0099 + 4 \cdot 0,99 \cdot 3\,999,5}}{2 \cdot 0,99} \approx 63,689$

mit $z^2 = n \Rightarrow n \geq 63,689^2 \approx 4\,056,39 \Rightarrow \underline{n \geq 4057}$

Die Firma Schraubfix muss vom neuen Produzenten mindestens 4 057 Schrauben zukaufen, damit sie mit der Sicherheit von 99,5 % mindestens 4 000 fehlerfreie Schrauben an den Kunden liefern kann.

5   $P\left(\left|\dfrac{k}{x} - p\right| < \varepsilon\right) \geq 1 - \dfrac{1}{4 \cdot \varepsilon^2 \cdot n}$

$P\left(\left|\dfrac{k}{x} - p\right| < 0,05\right) \geq 0,75$

$\Rightarrow 0,75 = 1 - \dfrac{1}{4 \cdot 0,05^2 \cdot n} \iff \dfrac{1}{4 \cdot 0,05^2 \cdot n} = 0,25 \iff n = \dfrac{1}{4 \cdot 0,05^2 \cdot 0,25} = 400$

Man muss also mindestens 400 Personen befragen.

Berufsoberschulen in Bayern – Abiturprüfung 2005
Mathematik (Ausbildungsrichtung Technik) – Stochastik B II

BE

1 Herr A muss beruflich einen PC nutzen. Er hat sich angewöhnt, nach Ende der Arbeitszeit immer noch schnell ein Computerspiel zu spielen. Ein Überblick über seinen Spielerfolg ist ihm auf Grund der im Spiel integrierten Statistik möglich.

n	500	1 000	1 500	2 000
k_n	42	93	156	218

Die Tabelle zeigt die absolute Häufigkeit k_n der gewonnenen Spiele in Abhängigkeit von der Anzahl n der bereits gespielten Spiele.

1.1 Herr A möchte auf der Basis der relativen Häufigkeit die Wahrscheinlichkeit p für den Gewinn eines Spiels ermitteln. Nach der Berechnung der relativen Häufigkeit für jeweils 500 Spiele kommt Herr A zu dem Schluss, dass er als Gewinnwahrscheinlichkeit den Wert $p = 0{,}125$ verwenden sollte. Legen Sie detailliert dar, warum Vorgehen und Entscheidung von Herrn A sinnvoll sind.   4

1.2 Ermitteln Sie ausgehend von der Gewinnwahrscheinlichkeit $p = 0{,}125$ die Wahrscheinlichkeiten folgender Ereignisse:
E: „In den nächsten zehn Spielen gewinnt Herr A genau zwei Spiele und diese hintereinander."
F: „In den nächsten zehn Spielen gewinnt Herr A genau drei Spiele, wobei er im letzten Spiel das dritte Mal gewinnt."
G: „In den nächsten zehn Spielen gewinnt Herr A genau drei Spiele, wobei zwei Spiele in den ersten fünf Spielen gewinnt und ein Spiel in den letzten fünf Spielen."   7

1.3 Herrn A interessiert nun die Anzahl k der gewonnenen Spiele, wenn er tausend Spiele durchführt. Ermitteln Sie unter Verwendung der Ungleichung von Tschebyschow einen möglichst kleinen Bereich, in dem k mit einer Wahrscheinlichkeit von mindestens 95 Prozent liegen wird, wenn die angenommene Gewinnwahrscheinlichkeit $p = 0{,}125$ tatsächlich zutreffen sollte.   6

1.4 Berechnen Sie, wie groß die Gewinnwahrscheinlichkeit mindestens sein müsste, damit Herr A von zehn Spielen mit einer Wahrscheinlichkeit von wenigstens 95 Prozent mindestens ein Spiel gewinnt.   4

2 Ein Tennis-Club ist wegen bestehender Sponsorenverträge verpflichtet, seine Bälle bei den drei Herstellern X, Y und Z einzukaufen. Ein gewisser Prozentsatz der Bälle eines jeden Herstellers zeigt auf Grund von Produktionsmängeln ein schlechtes Sprungverhalten. Die Erfahrung hat gezeigt, dass 3 % der Bälle von X, 8 % der Bälle von Y und 6 % der Bälle von Z ein schlechtes Sprungverhalten aufweisen.

2.1 Der Club ist bestrebt, so einzukaufen, dass die Bälle mit einer Wahrscheinlichkeit von mindestens 95 Prozent ein korrektes Sprungverhalten besitzen. Ermitteln Sie, welcher Prozentsatz der Bälle unter dieser Vorgabe bei den Herstellern X und Y bestellt werden muss, wenn 50 Prozent der Bälle der Hersteller Z liefert.   6

2.2 Gehen Sie ab nun davon aus, dass 95 Prozent der Bälle ein korrektes Sprungverhalten zeigen. Gehen Sie ferner davon aus, dass 40 Prozent der Bälle vom Hersteller X und 50 Prozent der Bälle vom Hersteller Z geliefert wurden. Untersuchen Sie rechnerisch, ob die Ereignisse „Der Ball stammt nicht vom Hersteller Y" und „Der Ball zeigt ein korrektes Sprungverhalten" stochastisch unabhängig sind.

3 Eine Schule hat zur Erfassung der Anwesenheit ihrer Schüler ein Chip-System installiert. Jeder Schüler muss nun beim Betreten bzw. Verlassen der Schule ein- bzw. auschecken, indem er einen Chip an einem Sensor vorbeiführt. Es besteht jedoch die Möglichkeit, dass ein Schüler dem Unterricht fernbleibt, seine Anwesenheit aber dadurch „sicherstellt", dass er seinen Chip einem Mitschüler zum Ein- und Auschecken mitgibt. Die Schule möchte durch ab und zu durchgeführte Tests überprüfen, ob als anwesend erfasste Schüler auch wirklich im Unterricht sind. Man nimmt an, dass höchstens 10 Prozent der als anwesend erfassten Schüler nicht in der Schule sind. Die Annahme soll auf einem Signifikanzniveau von 5 Prozent getestet werden, indem die tatsächliche Anwesenheit von 120 zufällig ausgewählten Schülern überprüft wird. Ermitteln Sie die Entscheidungsregel für diesen Test. Berechnen Sie sodann, wie groß das Risiko 1. Art bezüglich ihrer Entscheidungsregel tatsächlich ist.

Lösung

1.1 Nach dem Bernoullischen Gesetz der großen Zahlen lässt sich die relative Häufigkeit k_n eines Ereignisses als Maß für dessen Wahrscheinlichkeit verwenden, wenn n hinreichend groß ist. Pro 500er-Block ergeben sich folgende relative Häufigkeiten: 0,084 / 0,102 / 0,126 / 0,124
Der Anstieg kann auf einen Trainingseffekt zurückgeführt werden, der ab n = 1 000 abgeschlossen scheint. Ab n = 1 000 liegen somit gleiche Versuchsbedingungen vor und die relative Häufigkeit des zweiten 1 000er-Blocks kann als Gewinnwahrscheinlichkeit aufgefasst werden: $p = \frac{218-93}{1\,000} = \frac{125}{1\,000} = 0,125$

1.2 $P(E) = 9 \cdot 0,125^2 \cdot 0,875^8 = \underline{\underline{0,04832}}$

$P(F) = B(9; 0,125; 2) \cdot 0,125 = \binom{9}{2} \cdot 0,125^2 \cdot 0,875^7 \cdot 0,125 =$

$= \frac{9 \cdot 8}{1 \cdot 2} \cdot 0,125^3 \cdot 0,875^7 = \underline{\underline{0,02761}}$

$P(F) = B(5; 0,125; 2) \cdot B(5; 0,125; 1) = \binom{5}{2} \cdot 0,125^2 \cdot 0,875^3 \cdot \binom{5}{1} \cdot 0,125^1 \cdot 0,875^4 =$

$= 10 \cdot 5 \cdot 0,125^3 \cdot 0,875^7 = \underline{\underline{0,03835}}$

1.3 $P(|X - \mu| \geq \varepsilon) \leq \frac{\text{Var}(X)}{\varepsilon^2}$; $P(|X - 125| \geq \varepsilon) \leq \frac{\text{Var}(X)}{\varepsilon^2} = 0,05$

$\Rightarrow \varepsilon^2 = \frac{\text{Var}(X)}{0,05}$; $\varepsilon = \sqrt{\frac{n \cdot p \cdot q}{0,05}} = \sqrt{\frac{1\,000 \cdot 0,125 \cdot 0,875}{0,05}} = 46,77$

Für die Anzahl X der gewonnenen Spiele gilt dann:
$|X - 125| \leq 46 \Leftrightarrow -46 \leq X - 125 \leq 46 \Leftrightarrow \underline{\underline{79 \leq X \leq 171}}$

1.4 $P(X \geq 1) \geq 0,95$
Mit $P(X \geq 1) = 1 - P(X = 0) \Rightarrow 1 - P(X = 0) \geq 0,95 \Leftrightarrow P(X = 0) \leq 0,05$
$\binom{10}{0} \cdot p^0 \cdot (1-p)^{10} \leq 0,05$; $(1-p)^{10} \leq 0,05$

$\Rightarrow 1 - p \leq \sqrt[10]{0,05} \Leftrightarrow p \geq 1 - \sqrt[10]{0,05}$; $\underline{\underline{p \geq 0,2589}}$

2.1 Bezeichnungen X, Y, Z:
Der Ball kommt vom Hersteller X, Y, Z.
U: Der Ball zeigt schlechtes Sprungverhalten.
Baumdiagramm:

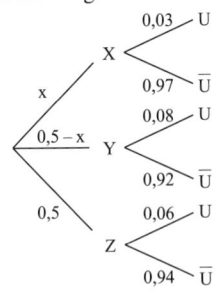

```
                0,03 — U
         X <
      x/      0,97 — Ū
       /         0,08 — U
   < 0,5–x   Y <
    \            0,92 — Ū
     0,5      0,06 — U
         Z <
                0,94 — Ū
```

$P(\overline{U}) = P(X \cap \overline{U}) + P(Y \cap \overline{U}) + P(Z \cap \overline{U}) \geq 0{,}95$
$x \cdot 0{,}97 + (0{,}5 - x) \cdot 0{,}92 + 0{,}5 \cdot 0{,}94 \geq 0{,}95$
$0{,}97x + 0{,}46 - 0{,}92x + 0{,}47 \geq 0{,}95$
$0{,}05 \cdot x \geq 0{,}02 \Leftrightarrow x \geq 0{,}40$

Damit sind 40 % der Bälle beim Hersteller X und 10 % der Bälle beim Hersteller Y zu bestellen.

2.2 $P(\overline{Y}) \cdot P(\overline{U}) = 0{,}9 \cdot 0{,}95 = 0{,}855$

$P(\overline{Y} \cap \overline{U}) = P((X \cap \overline{U}) \cup (Z \cap \overline{U})) = P(X \cap \overline{U}) + P(Z \cap \overline{U}) =$
$= 0{,}4 \cdot 0{,}97 + 0{,}5 \cdot 0{,}94 = 0{,}858$

$\Rightarrow P(\overline{Y}) \cdot P(\overline{U}) \neq P(\overline{Y} \cap \overline{U})$

Also sind die beiden Ereignisse $\overline{Y}$ und $\overline{U}$ stochastisch abhängig.

3 Testgröße X: Anzahl der fehlenden Schüler unter den als anwesend erfassten 120 Schülern.
X ist binomial verteilt mit B(120; p); d. h.: Stichprobenlänge $n = 120$ und $p \in [0; 1]$

Signifikanztest:

Nullhypothese H_0: $p = 0{,}10$, Gegenhypothese H_1: $p > 0{,}10$
Signifikanzniveau: $\alpha' = 0{,}05$

Annahmebereich von H_0:	Ablehnungsbereich von H_0:
$A = \{0; \ldots; g\}$	$\overline{A} = \{g+1; \ldots; 120\}$

$P(\overline{A}) \leq \alpha'$

$1 - F_{0,1}^{120}(g) \leq 0{,}05 \Leftrightarrow (*)\ F_{0,1}^{120}(g) \geq 0{,}95$

$\sigma^2 = \text{Var}(X) = n \cdot p \cdot q = 120 \cdot 0{,}1 \cdot 0{,}9 = 10{,}8 > 9$
$\Rightarrow$ Näherung mithilfe der Normalverteilung ist sinnvoll.

Erwartungswert: $\mu = n \cdot p = 120 \cdot 0{,}1 = 12$

(*) $\Rightarrow$ $\Phi\left(\dfrac{g-\mu+0{,}5}{\sigma}\right) \geq 0{,}95$ $\Leftrightarrow$ $\dfrac{g-\mu+0{,}5}{\sigma} \geq 1{,}645$ (Tabellenwerk)

$\Leftrightarrow$ $g \geq 1{,}645 \cdot \sigma + \mu - 0{,}5$; $g \geq 1{,}645 \cdot \sqrt{10{,}8} + 11{,}5$; $g \geq 16{,}91$ $\Rightarrow$ $g_{min} = 17$

Entscheidungsregel:
Die Vermutung, dass höchstens 10 % der als anwesend erfassten Schüler nicht in der Schule sind, wird akzeptiert, falls von den 120 erfassten Schülern weniger als 18 nicht in der Schule sind.

Risiko 1. Art: $\underline{\underline{\alpha_1}} = P(\overline{A}) = P(X \geq 18) = 1 - F_{0,1}^{120}(17) \approx 1 - \Phi\left(\dfrac{17-12+0{,}5}{\sqrt{10{,}8}}\right) =$

$= 1 - \Phi(1{,}67) = 1 - 0{,}953 = \underline{\underline{0{,}047}}$

Berufsoberschulen in Bayern – Abiturprüfung 2006
Mathematik (Ausbildungsrichtung Technik) – Analysis A I

BE

1 Gegeben ist die Funktion $f_a : x \mapsto \arctan\dfrac{\sqrt{a^2-x^2}}{x}$ mit $a \in \mathbb{R}^+$ in der maximalen Definitionsmenge $D_{f_a} \subseteq \mathbb{R}$.

1.1 Bestimmen Sie D_{f_a} in Abhängigkeit von a sowie die Nullstellen von f_a. Ermitteln Sie das Symmetrieverhalten des Graphen von f_a und das Verhalten von $f_a(x)$ für $x \to 0$. 8

1.2 Ermitteln Sie $f'_a(x)$, das Monotonieverhalten des Graphen von f_a und das Verhalten von $f'_a(x)$ für $x \to \pm a$ und $x \to 0$. Geben Sie die Art und die Koordinaten der Extrempunkte des Graphen von f_a an. 11

$$\left[\text{Teilergebnis: } f'_a(x) = -\dfrac{1}{\sqrt{a^2-x^2}}\right]$$

1.3 Zeichnen Sie den Graphen von f_2. (Längeneinheit 2 cm) 4

1.4.1 Bestimmen Sie die reellen Konstanten b und c so, dass die in $D_{h_a} = D_{f_a} \cup \{0\}$ definierte Funktion

$$h_a : x \mapsto h_a(x) = \begin{cases} f_a(x) + c & \text{für } -a \leq x < 0 \\ b & \text{für } x = 0 \\ f_a(x) & \text{für } 0 < x \leq a \end{cases}$$

an der Stelle $x_0 = 0$ stetig ist. Überprüfen Sie, ob für diese Werte von b und c die Funktion an dieser Stelle auch differenzierbar ist. 7

1.4.2 Zeigen Sie, dass gilt: $h_a(x) = \arccos\left(\dfrac{x}{a}\right)$. 4

1.4.3 Der Graph von h_a und die beiden Koordinatenachsen begrenzen eine Fläche im I. Quadranten. Bestimmen Sie die Maßzahl A des Inhaltes dieser Fläche in Abhängigkeit von a. 6

1.4.4 Rotiert der Graph von h_a um die y-Achse, so beschreibt er die Mantelfläche eines sanduhrförmigen Körpers. Berechnen Sie das Volumen dieses Körpers. [Ergebnis: $V = 0{,}5\,a^2\pi^2$] 6

1.4.5 Die GULDIN'sche Regel lautet: Das Volumen V* eines Rotationskörpers ist gleich dem Produkt aus dem Inhalt A des sich drehenden Flächenstücks und dem Weg seines Schwerpunkts. Mit der y-Achse als Drehachse gilt: $V^* = A \cdot 2 \cdot x_s \cdot \pi$. Berechnen Sie die x-Koordinate x_s des Schwerpunktes der in 1.4.3 beschriebenen Fläche. 3

2 Die Geschwindigkeit v(t) eines Körpers im freien Fall mit turbulenter Luftreibung kann durch folgende Differenzialgleichung beschrieben werden:

$\frac{c^2}{g} \cdot \dot{v} = c^2 - v^2$. Dabei ist g die konstante Fallbeschleunigung und c eine Konstante, die von der Masse und der Form des Körpers sowie von der Dichte der Luft abhängt, c und g sind positiv.

2.1 Bestimmen Sie den Funktionsterm v(t) für $t \geq 0$ unter der Voraussetzung v(0) = 0. Dabei darf vorausgesetzt werden, dass stets gilt: $0 \leq v < c$. 8

$$\left[\text{Ergebnis: } v(t) = c \cdot \frac{e^{\frac{2g}{c} \cdot t} - 1}{e^{\frac{2g}{c} \cdot t} + 1} \right]$$

2.2 Berechnen Sie $\lim\limits_{t \to \infty} v(t)$ und schließen Sie daraus auf die physikalische Bedeutung der Konstanten c. $\frac{3}{60}$

Lösung

1 $f_a(x) = \arctan\dfrac{\sqrt{a^2-x^2}}{x}$ mit $a > 0$

1.1   **Maximale Definitionsmenge:**

Für alle $x \in D_{f_a}$ gilt: $a^2 - x^2 \geq 0 \;\land\; x \neq 0$

Der Graph von $p(x) = a^2 - x^2$ ist eine nach unten geöffnete Parabel mit den Nullstellen $x_{1;2} = \pm a$, also gilt für alle $x \in D_{f_a}$: $-a \leq x \leq a \;\land\; x \neq 0$

$$\underline{\underline{D_{f_a} = [-a; a] \setminus \{0\}}}$$

Nullstellen von f_a:

$f_a(x) = 0 \;\Leftrightarrow\; a^2 - x^2 = 0 \;\Leftrightarrow\; x^2 = a^2 \;\Leftrightarrow\; x = -a \;\lor\; x = a$

$\underline{\underline{x_{1;2} = \pm a}}$

Symmetrie:

Für alle $x \in D_{f_a}$ gilt

$\underline{\underline{f_a(-x)}} = \arctan\dfrac{\sqrt{a^2-(-x)^2}}{-x} = \arctan\left(-\dfrac{\sqrt{a^2-x^2}}{x}\right) = -\arctan\dfrac{\sqrt{a^2-x^2}}{x} = \underline{\underline{-f_a(x)}}$

$\Rightarrow$ Der Graph von f_a ist symmetrisch zum Ursprung $(0; 0)$.

Verhalten von $f_a(x)$ für $x \to 0$:

$x \overset{>}{\to} 0 \;\Rightarrow\; \dfrac{\overbrace{\sqrt{a^2-x^2}}^{\to\, a\, >\, 0}}{\underbrace{x}_{\overset{>}{\to}\, 0}} \to +\infty \;\Rightarrow\; f_a(x) \to \dfrac{\pi}{2}$

Wegen der Symmetrie zu $(0; 0)$ gilt dann: $x \overset{<}{\to} 0 \;\Rightarrow\; f_a(x) \to -\dfrac{\pi}{2}$

1.2 $\underline{\underline{f_a'(x)}} = \dfrac{1}{1+\dfrac{a^2-x^2}{x^2}} \cdot \dfrac{\dfrac{1}{2\cdot\sqrt{a^2-x^2}}\cdot(-2x)\cdot x - \sqrt{a^2-x^2}\cdot 1}{x^2} =$

$= \dfrac{\dfrac{-x^2}{\sqrt{a^2-x^2}} - \sqrt{a^2-x^2}}{x^2 + a^2 - x^2} \cdot \dfrac{\sqrt{a^2-x^2}}{\sqrt{a^2-x^2}} = \dfrac{-x^2 - (a^2 - x^2)}{a^2 \cdot \sqrt{a^2-x^2}} =$

$= \dfrac{-a^2}{a^2 \cdot \sqrt{a^2-x^2}} = \underline{\underline{\dfrac{-1}{\sqrt{a^2-x^2}}}}$

mit $D_{f_a'} = \,]-a; a[\, \setminus \{0\} \subseteq D_{f_a}$.

2006-3

Wegen $\dfrac{-1}{\sqrt{a^2-x^2}} < 0$ für alle $x \in D_{f_a'}$ und der Stetigkeit von f_a in jedem Teilintervall von D_{f_a} gilt:

f_a ist streng monoton abnehmend in $[-a;\,0[$ und in $]0;\,a]$.

$$x \to \pm a \;\Rightarrow\; f_a'(x) = \dfrac{-1}{\underbrace{\sqrt{a^2-x^2}}_{\substack{> \\ \to 0}}} \to -\infty$$

$$x \to 0 \;\Rightarrow\; f_a'(x) = \dfrac{-1}{\sqrt{a^2-x^2}} \to \dfrac{-1}{\sqrt{a^2}} = -\dfrac{1}{a}$$

Aus dem Monotonieverhalten von f_a und $f(\pm a) = 0$ aus 1.1 folgt:

Randextrema: Hochpunkt $\underline{\underline{H(-a;\,0)}}$, Tiefpunkt $\underline{\underline{T(a;\,0)}}$.

1.3 $f_2(1) = \arctan\sqrt{3} = \dfrac{\pi}{3} \approx 1{,}05$

$x \overset{>}{\to} 0 \;\Rightarrow\; f_2(x) \to \dfrac{\pi}{2}$

$x \overset{<}{\to} 0 \;\Rightarrow\; f_2(x) \to -\dfrac{\pi}{2}$

$x \to 0 \;\Rightarrow\; f_2'(x) \to -\dfrac{1}{2}$

Hochpunkt $H(-2;\,0)$
Tiefpunkt $T(2;\,0)$

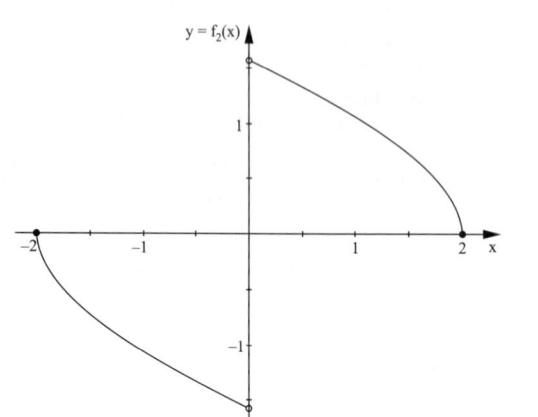

1.4.1 I) $\lim\limits_{x \overset{<}{\to} 0} h_a(x) = \lim\limits_{x \overset{<}{\to} 0}(f_a(x)+c) = -\dfrac{\pi}{2}+c$

II) $\lim\limits_{x \overset{>}{\to} 0} h_a(x) = \lim\limits_{x \overset{>}{\to} 0} f_a(x) = \dfrac{\pi}{2}$

III) $h_a(0) = b$

h_a ist stetig bei $x = 0$, falls gilt: $-\dfrac{\pi}{2}+c = \dfrac{\pi}{2} \;\wedge\; b = \dfrac{\pi}{2} \;\Leftrightarrow\; \underline{\underline{c = \pi}} \;\wedge\; \underline{\underline{b = \dfrac{\pi}{2}}}$

$\lim\limits_{x \to 0} h_a'(x) = \lim\limits_{x \to 0} f_a'(x) = -\dfrac{1}{a}$ (siehe 1.2)

Also ist h_a differenzierbar bei $x = 0$, falls h_a stetig bei $x = 0$ ist.

1.4.2 $h_a'(x) = f_a'(x) = -\dfrac{1}{\sqrt{a^2 - x^2}}$ mit $D_{h_a'} =]-a;a[$

$\underline{\underline{\left(\arccos\left(\dfrac{x}{a}\right)\right)' = \dfrac{-1}{\sqrt{1-\left(\dfrac{x}{a}\right)^2}} \cdot \dfrac{1}{a} = -\dfrac{1}{\sqrt{a^2-x^2}} = h_a'(x)}}$

Wegen der Stetigkeit von h_a und $\arccos\left(\dfrac{x}{a}\right)$ für alle $x \in [-a; a]$ und wegen $\arccos\left(\dfrac{0}{a}\right) = \arccos(0) = \dfrac{\pi}{2} = h_a(0)$ gilt: $\underline{\underline{h_a(x) = \arccos\left(\dfrac{x}{a}\right)}}$

1.4.3 Stammfunktion suchen (mit partieller Integration):

$H_a(x) = \int 1 \cdot h(x)\,dx = x \cdot h_a(x) - \int x \cdot h_a'(x)\,dx =$

$= x \cdot \arccos\left(\dfrac{x}{a}\right) + \int \dfrac{x}{\sqrt{a^2-x^2}}\,dx = x \cdot \arccos\left(\dfrac{x}{a}\right) - \sqrt{a^2-x^2} + C$

(Hinweis: $\int \dfrac{x}{\sqrt{a^2-x^2}}\,dx = -\sqrt{a^2-x^2} + C$ mittels Substitutionsregel oder aus der Formelsammlung)

$\underline{\underline{A}} = \int_0^a h_a(x)\,dx = H_a(a) - H_a(0) = a \cdot \arccos(1) - 0 - (0 - \sqrt{a^2}) = a \cdot 0 + a = \underline{\underline{a}}$

1.4.4 Für die Umkehrfunktion von h_a gilt:

$x = \arccos\left(\dfrac{y}{a}\right) \Leftrightarrow \cos(x) = \dfrac{y}{a} \Leftrightarrow y = a \cdot \cos(x)$

Also: $h_a^{-1}(x) = a \cdot \cos(x)$ mit $x \in [0; \pi]$

Rotation des Graphen von h_a^{-1} um die x-Achse:

$\underline{\underline{V}} = \int_0^\pi \pi \cdot a^2 (\cos(x))^2\,dx = \pi \cdot a^2 \cdot \dfrac{1}{2} \cdot [x + \sin(x) \cdot \cos(x)]_0^\pi =$

$= \dfrac{\pi}{2} \cdot a^2 \cdot (\pi + 0 - 0) = \underline{\underline{\dfrac{1}{2} a^2 \pi^2}}$

1.4.5 $V^* = A \cdot 2 \cdot x_S \cdot \pi \Leftrightarrow x_S = \dfrac{V^*}{2 \cdot A \cdot \pi}$; $V^* = \dfrac{1}{2}V = \dfrac{1}{4} a^2 \pi^2$; $A = a$;

$\Rightarrow \underline{\underline{x_S}} = \dfrac{\frac{1}{4} a^2 \pi^2}{2 \cdot a \cdot \pi} = \underline{\underline{\dfrac{a\pi}{8}}} \approx 0{,}393a$

2.1 $\dfrac{c^2}{g}\cdot \dot{v} = c^2 - v^2 \;\Leftrightarrow\; \dfrac{c^2}{g}\cdot\dfrac{dv}{dt} = c^2 - v^2$

Trennung der Variablen:

$$\dfrac{1}{c^2 - v^2}\,dv = \dfrac{g}{c^2}\,dt$$

$$\Rightarrow\;\int \dfrac{1}{c^2 - v^2}\,dv = \int \dfrac{g}{c^2}\,dt$$

Formelsammlung:

$$\int \dfrac{1}{c^2 - v^2}\,dv = \dfrac{1}{2c}\cdot \ln\left|\dfrac{c+v}{c-v}\right|$$

Wegen $0 \le v < c$ (siehe Angabe) folgt damit:

$$\dfrac{1}{2c}\cdot \ln \dfrac{c+v}{c-v} = \dfrac{g}{c^2}\cdot t + D$$

$$\Leftrightarrow\; \ln \dfrac{c+v}{c-v} = \dfrac{2g}{c}\cdot t + 2c\cdot D$$

$$\Leftrightarrow\; \dfrac{c+v}{c-v} = e^{\frac{2g}{c}\cdot t + 2c\cdot D} = k\cdot e^{\frac{2g}{c}\cdot t} \quad (\text{mit } k = e^{2c\cdot D})$$

$$\Leftrightarrow\; c + v = (c-v)\cdot k \cdot e^{\frac{2g}{c}\cdot t}$$

$$\Leftrightarrow\; v + v\cdot k \cdot e^{\frac{2g}{c}\cdot t} = -c + c\cdot k\cdot e^{\frac{2g}{c}\cdot t}$$

$$\Leftrightarrow\; v\cdot\left(1 + ke^{\frac{2g}{c}\cdot t}\right) = c\cdot\left(-1 + ke^{\frac{2g}{c}\cdot t}\right) \;\Leftrightarrow\; v(t) = \dfrac{c\cdot\left(ke^{\frac{2g}{c}\cdot t} - 1\right)}{\left(ke^{\frac{2g}{c}\cdot t} + 1\right)}$$

Einsetzen der Nebenbedingung:

$$v(0) = 0 \;\Rightarrow\; c\cdot(-1 + k) = 0 \;\overset{c>0}{\Leftrightarrow}\; k = 1$$

$$\Rightarrow\; \text{Spezielle Lösung: } v(t) = c\cdot \dfrac{e^{\frac{2g}{c}\cdot t} - 1}{e^{\frac{2g}{c}\cdot t} + 1}$$

2.2 $\displaystyle \lim_{t\to\infty} v(t) = c\cdot \lim_{t\to\infty}\underbrace{\dfrac{\overbrace{e^{\frac{2g}{c}\cdot t} - 1}^{\to +\infty}}{\underbrace{e^{\frac{2g}{c}\cdot t} + 1}_{\to +\infty}}}\;\overset{\text{Regel von L'Hospital}}{=}\; c\cdot \lim_{t\to\infty}\dfrac{\frac{2g}{c}\cdot e^{\frac{2g}{c}\cdot t}}{\frac{2g}{c}\cdot e^{\frac{2g}{c}\cdot t}} = c\cdot \lim_{t\to\infty} 1 = c$

Die Endgeschwindigkeit, die der Körper erreichen kann, beträgt ungefähr c.

Berufsoberschulen in Bayern – Abiturprüfung 2006
Mathematik (Ausbildungsrichtung Technik) – Analysis A II

BE

1 Gegeben ist die Schar der reellen Funktionen $f_a: x \mapsto (x^2 - 2x) \cdot e^{a \cdot (3-x)}$
mit $a \in \mathbb{R} \setminus \{0\}$ in der maximalen Definitionsmenge $D_{f_a} = \mathbb{R}$.

1.1 Bestimmen Sie die Nullstellen und untersuchen Sie, in Abhängigkeit von a, das Verhalten der Funktionswerte $f_a(x)$ für $x \to \infty$. 4

1.2 Zeigen Sie, dass für die erste Ableitung von f_a gilt:
$f_a'(x) = (-ax^2 + 2(a+1)x - 2) \cdot e^{a \cdot (3-x)}$.
Für $a > 0$ existiert im I. Quadranten ein Punkt P_a des Graphen von f_a, in dem die Tangente durch den Ursprung verläuft. Berechnen Sie die Abszisse x_P des Punktes P_a in Abhängigkeit von a. 8

1.3 Im Folgenden sei $a = 1$.

1.3.1 Ermitteln Sie die maximalen Intervalle, in denen der Graph von f_1 streng monoton steigt, bzw. streng monoton fällt sowie die Art der Extrempunkte des Graphen von f_1. 7

1.3.2 Bildet man für $x \in [0; 2 - \sqrt{2}]$ die Umkehrfunktion der Funktion f_1, dann ergibt sich die Funktion g. Bildet man für $x \in [2 - \sqrt{2}; 2 + \sqrt{2}]$ die Umkehrfunktion der Funktion f_1, dann ergibt sich die Funktion h.
Zeichnen Sie für $0 \leq x \leq 5$ den Graphen der Funktion f_1 in ein kartesisches Koordinatensystem ($-10 \leq x \leq 5; -10 \leq y \leq 5$). Zeichnen Sie außerdem in das Schaubild die Graphen der Funktionen g und h sowie die Tangente im Punkt $P_1(3; ?)$ an den Graphen von f_1. Verwenden Sie eine extra Seite für die Zeichnung. (1 LE = 1 cm) 8

1.3.3 Die Graphen von f_1, g und h begrenzen ein endliches Flächenstück. Kennzeichnen Sie dieses Flächenstück im Schaubild von Teilaufgabe 1.3.2 und berechnen Sie die Maßzahl seines Flächeninhaltes. 8

2 Gegeben ist die reelle Funktion h in der in $\mathbb{R}$ maximalen Definitionsmenge D_h durch h: $x \mapsto \arcsin(\sqrt{x^2 - 4})$.

2.1 Bestimmen Sie D_h, die Nullstellen von h und das Symmetrieverhalten des Graphen von h. 5

2.2 Ermitteln Sie das Verhalten von h'(x) für $x \to 2$ und $x \to \sqrt{5}$ sowie die Wertemenge von h. 6

2.3 Rotiert der Graph von h für $2 \leq x \leq \sqrt{5}$ um die y-Achse, dann entsteht ein rotationssymmetrischer Körper mit dem Volumeninhalt V. Berechnen Sie die Maßzahl des Volumeninhaltes. 5

3   Beim radioaktiven Zerfall von Uran entsteht Helium. Die zeitabhängige Masse m(t) des Heliums zum Zeitpunkt $t \geq 0$ mit $m(t=0) = 0$ erfüllt die Differenzialgleichung $\dot{m}(t) = \left(\dfrac{4m_0}{235} - m(t)\right) \cdot \lambda$.

Dabei ist $\lambda > 0$ die Zerfallskonstante, m_0 ist die Masse des Urans zum Zeitpunkt $t = 0$ und $\dot{m}(t)$ ist die Ableitung von m(t) nach der Zeit.

3.1 Bestimmen Sie die spezielle Lösung der Differenzialgleichung. 6

$$\left[\text{Ergebnis: } m(t) = \dfrac{4m_0}{235} \cdot (1 - e^{-\lambda t})\right]$$

3.2 Ermitteln Sie das Verhalten von m(t) für $t \to \infty$. Welche Bedeutung hat dieser Grenzwert für den beschriebenen Zerfallsvorgang.

$\dfrac{3}{60}$

Lösung

1 $f_a(x) = (x^2 - 2x) \cdot e^{a \cdot (3-x)}$; $a \in \mathbb{R} \setminus \{0\}$; $D_{f_a} = \mathbb{R}$

1.1   **Nullstellen:**

$f_a(x) = 0 \iff x^2 - 2x = 0 \iff x \cdot (x-2) = 0$

$\underline{\underline{x_1 = 0; \quad x_2 = 2}}$

Verhalten von $f_a(x)$ für $x \to \infty$:

Fall $a > 0$:

$x \to +\infty \Rightarrow f_a(x) = \dfrac{\overbrace{x^2 - 2x}^{\to +\infty}}{\underbrace{e^{a \cdot (x-3)}}_{\to +\infty}} \xrightarrow{\text{Regel von L'Hospital}} \dfrac{\overbrace{2x-2}^{\to +\infty}}{a \cdot e^{a \cdot (x-3)}} \xrightarrow{\text{Regel von L'Hospital}} \dfrac{2}{\underbrace{a^2 \cdot e^{a \cdot (x-3)}}_{\to +\infty}} \to 0$

Fall $a < 0$:

$x \to +\infty \Rightarrow f_a(x) = \underbrace{(x^2 - 2x)}_{\to +\infty} \cdot \underbrace{e^{a \cdot (3-x)}}_{\to +\infty} \to +\infty$

1.2 $\underline{\underline{f_a'(x)}} = (2x-2) \cdot e^{a \cdot (3-x)} + (x^2 - 2x) \cdot e^{a \cdot (3-x)} \cdot (-a) =$

$= (2x - 2 - ax^2 + 2ax) \cdot e^{a \cdot (3-x)} = \underline{\underline{(-ax^2 + 2(a+1)x - 2) \cdot e^{a \cdot (3-x)}}}$

Tangentengleichung: $y = f_a'(x_p) \cdot (x - x_p) + f_a(x_p)$

Einsetzen der Koordinaten des Ursprungs ($x = 0 \wedge y = 0$):

$\Rightarrow 0 = -f_a'(x_p) \cdot x_p + f_a(x_p)$

$\iff 0 = -(-ax_p^2 + 2(a+1)x_p - 2) \cdot e^{a \cdot (3-x_p)} \cdot x_p + (x_p^2 - 2x_p) \cdot e^{a \cdot (3-x_p)}$

$\iff 0 = (ax_p^3 - 2(a+1)x_p^2 + 2x_p + x_p^2 - 2x_p) \cdot e^{a \cdot (3-x_p)}$

$\iff ax_p^3 - (2a+1)x_p^2 = 0 \iff x_p^2 \cdot (ax_p - (2a+1)) = 0$

Wegen $x_p \neq 0 \Rightarrow ax_p - (2a+1) = 0 \iff \underline{\underline{x_p = \dfrac{2a+1}{a}}}$

1.3 $a = 1$; $f_1(x) = (x^2 - 2x) \cdot e^{3-x}$; $f_1'(x) = (-x^2 + 4x - 2) \cdot e^{3-x}$

1.3.1 $f_1'(x) = 0 \iff -x^2 + 4x - 2 = 0 \iff x^2 - 4x + 2 = 0$

$x_{1;2} = \dfrac{4 \pm \sqrt{16-8}}{2} = \dfrac{4 \pm 2\sqrt{2}}{2} = 2 \pm \sqrt{2}$

Wegen $e^{3-x} > 0$ hängt das Vorzeichen von $f_1'(x)$ nur vom Term $T(x) = -x^2 + 4x - 2$ ab.

T(x) entspricht einer nach unten geöffneten Parabel mit den Nullstellen $x_{1;2} = 2 \pm \sqrt{2}$.

$\Rightarrow$ $f_1'(x) > 0$ für $x \in \,]2-\sqrt{2}; 2+\sqrt{2}[$; $f_1'(x) < 0$ für $x \in \mathbb{R} \setminus [2-\sqrt{2}; 2+\sqrt{2}]$

$\Rightarrow$ Der Graph von f_1 ist streng monoton fallend in $\,]-\infty; 2-\sqrt{2}]$, streng monoton steigend in $[2-\sqrt{2}; 2+\sqrt{2}]$ und streng monoton fallend im Intervall $[2+\sqrt{2}; +\infty[$.

Wegen des Monotonieverhaltens besitzt der Graph von f_1 bei $x_1 = 2-\sqrt{2}$ einen Tiefpunkt T und bei $x_2 = 2+\sqrt{2}$ einen Hochpunkt H.

1.3.2 $f_1(x) = x \cdot (x-2) \cdot e^{3-x}$; $D_{f_1} = \mathbb{R}$

Koordinaten der Extrempunkte T und H:

$2-\sqrt{2} \approx 0{,}59$; $f_1(2-\sqrt{2}) = (2-\sqrt{2}) \cdot (-\sqrt{2}) \cdot e^{1+\sqrt{2}} = (2-2\sqrt{2}) \cdot e^{1+\sqrt{2}} \approx -9{,}26$

$2+\sqrt{2} \approx 3{,}41$; $f_1(2+\sqrt{2}) = (2+\sqrt{2}) \cdot \sqrt{2} \cdot e^{1-\sqrt{2}} = (2+2\sqrt{2}) \cdot e^{1-\sqrt{2}} \approx 3{,}19$

Wertetabelle:

		T			P_1	H		
x	0	0,59	1	2	3	3,41	4	5
$f_1(x)$	0	-9,26	-7,39	0	3	3,19	2,94	2,03

Tangente in $P_1(3; 3)$: $y = x$

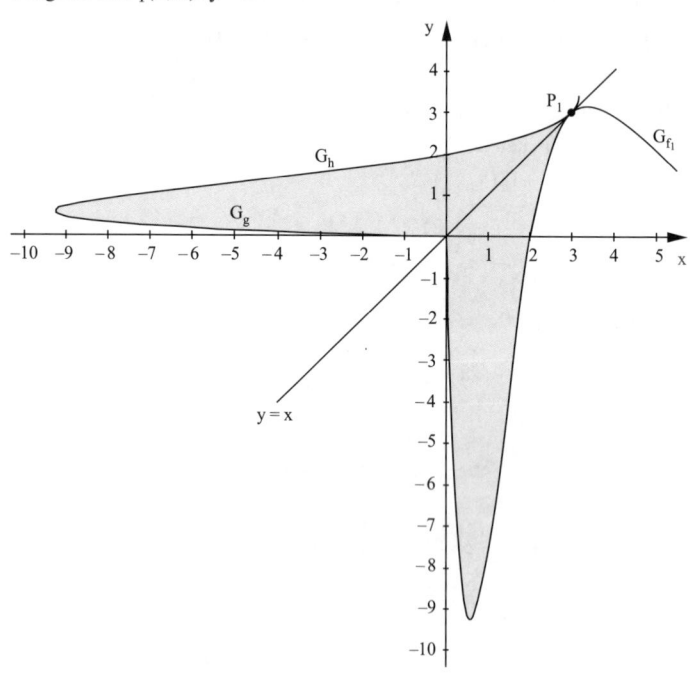

1.3.3 Berechnung der Flächenmaßzahl A:

$$A = 2 \cdot \int_0^3 (x - f_1(x)) \, dx = 2 \cdot \left[\frac{1}{2}x^2 - F_1(x)\right]_0^3 = 2 \cdot \left(\frac{9}{2} - F_1(3) + F_1(0)\right)$$

$$= 9 + 2 \cdot (F_1(0) - F_1(3))$$

Stammfunktion F_1 von f_1 durch partielle Integration:

$$F_1(x) = \int (x^2 - 2x) \cdot e^{3-x} \, dx = (x^2 - 2x) \cdot (-e^{3-x}) - \int (2x - 2) \cdot (-e^{3-x}) \, dx$$

$$= (-x^2 + 2x) \cdot e^{3-x} - ((2x - 2) \cdot e^{3-x} - \int 2 \cdot e^{3-x} \, dx)$$

$$= (-x^2 + 2x) \cdot e^{3-x} - ((2x - 2) \cdot e^{3-x} - (-2 \cdot e^{3-x})) + C$$

$$= (-x^2 + 2x - 2x + 2 - 2) \cdot e^{3-x} + C = -x^2 \cdot e^{3-x} + C$$

$\Rightarrow \underline{\underline{A = 9 + 2 \cdot (0 + 9) = 27}}$

2 $h(x) = \arcsin(\sqrt{x^2 - 4})$

2.1 Maximale Definitionsmenge:

$0 \leq \sqrt{x^2 - 4} \leq 1 \Leftrightarrow 0 \leq x^2 - 4 \leq 1 \Leftrightarrow 4 \leq x^2 \leq 5 \Leftrightarrow 2 \leq |x| \leq \sqrt{5}$

$\Rightarrow \underline{\underline{D_h = [-\sqrt{5}; -2] \cup [2; \sqrt{5}]}}$

Nullstellen:

$h(x) = 0 \Leftrightarrow x^2 - 4 = 0 \Leftrightarrow x^2 = 4$;

$\underline{\underline{x_{1;2} = \pm 2}}$

Symmetrie:

$h(-x) = \arcsin(\sqrt{(-x)^2 - 4}) = \arcsin(\sqrt{x^2 - 4}) = h(x)$ für alle $x \in D_h$

$\Rightarrow$ Der Graph von h ist symmetrisch zur y-Achse.

2.2 $h'(x) = \dfrac{1}{\sqrt{1 - (x^2 - 4)}} \cdot \dfrac{1}{2 \cdot \sqrt{x^2 - 4}} \cdot 2x = \dfrac{x}{\sqrt{(5 - x^2) \cdot (x^2 - 4)}} > 0$ für $x \in \,]2; \sqrt{5}[$

$x \xrightarrow{>} 2 \Rightarrow h'(x) = \dfrac{\overbrace{x}^{\to 2}}{\underbrace{\sqrt{(5 - x^2) \cdot (x^2 - 4)}}_{\to 0}} \to +\infty$

$x \xrightarrow{<} \sqrt{5} \Rightarrow h'(x) = \dfrac{\overbrace{x}^{\to \sqrt{5}}}{\underbrace{\sqrt{(5 - x^2) \cdot (x^2 - 4)}}_{\to 0}} \to +\infty$

Wegen $h'(x) > 0$ für $x \in \,]2; \sqrt{5}[$ ist h in $[2; \sqrt{5}]$ streng monoton zunehmend.

h ist symmetrisch zur y-Achse und stetig in $[2; \sqrt{5}]$.

$h(2) = 0;\ h(\sqrt{5}) = \arcsin(1) = \dfrac{\pi}{2} \Rightarrow \underline{\underline{W_h = \left[0; \dfrac{\pi}{2}\right]}}$

2.3 Die Einschränkung von h auf $x \in [2; \sqrt{5}]$ besitzt wegen des Monotonieverhaltens eine Umkehrfunktion h^{-1}.

Für $y = h^{-1}(x)$ gilt: $x = \arcsin(\sqrt{y^2 - 4})$

$\Leftrightarrow \sin(x) = \sqrt{y^2 - 4} \Leftrightarrow (\sin(x))^2 = y^2 - 4 \Leftrightarrow y^2 = 4 + (\sin(x))^2$

Rotation des Graphen von h^{-1} um die x-Achse $(D_{h^{-1}} = W_h = [0; \tfrac{\pi}{2}])$:

$\underline{\underline{V}} = \pi \cdot \int_0^{0{,}5\pi} y^2\, dx = \pi \cdot \int_0^{0{,}5\pi} (4 + (\sin(x))^2)\, dx = \ldots$ (siehe Formelsammlung)

$= \pi \cdot \left[4x + \dfrac{1}{2}(x - \sin(x) \cdot \cos(x)) \right]_0^{0{,}5\pi} = \pi \cdot (2\pi + \dfrac{\pi}{4} - 0) = \underline{\underline{\dfrac{9}{4}\pi^2}}$

3.1 $\dot{m}(t) = \left(\dfrac{4m_0}{235} - m(t) \right) \cdot \lambda;\ $ Es sei $k = \dfrac{4m_0}{235};\ m(t) < k$ für alle $t \geq 0$

$\Rightarrow \dfrac{dm}{dt} = (k - m) \cdot \lambda$

Trennung der Variablen:

$\dfrac{dm}{k - m} = \lambda\, dt$

$\Rightarrow \int \dfrac{1}{k - m}\, dm = \int \lambda\, dt \Leftrightarrow -\int \dfrac{1}{m - k}\, dm = \int \lambda\, dt$

$\Rightarrow -\ln|m(t) - k| = \lambda \cdot t + C \Leftrightarrow \ln|m(t) - k| = -\lambda \cdot t - C$

$\Rightarrow |m(t) - k| = e^{-\lambda \cdot t - C} \overset{m(t) < k}{\Leftrightarrow} k - m(t) = D \cdot e^{-\lambda \cdot t}$ (mit $D = e^{-C} > 0$)

$\Rightarrow m(t) = k - D \cdot e^{-\lambda \cdot t}$

Einsetzen der Randbedingung:

Mit $m(t = 0) = 0 \Rightarrow 0 = k - D \cdot e^0 \Leftrightarrow D = k$

$\Rightarrow$ spezielle Lösung: $\underline{\underline{m(t) = k - k \cdot e^{-\lambda \cdot t} = k \cdot (1 - e^{-\lambda \cdot t}) = \dfrac{4m_0}{235} \cdot (1 - e^{-\lambda \cdot t})}}$

3.2 $t \to \infty \Rightarrow m(t) = \dfrac{4m_0}{235} \cdot (1 - \underbrace{e^{-\lambda \cdot t}}_{\to 0}) \to \dfrac{4m_0}{235}$

$\dfrac{4m_0}{235}$ ist der Maximalwert für $m(t)$, da $\dot{m}(t) = \dfrac{4m_0}{235} \cdot \lambda \cdot e^{-\lambda \cdot t} > 0$, $m(t)$ also streng monoton zunehmend ist.

Berufsoberschulen in Bayern – Abiturprüfung 2006
Mathematik (Ausbildungsrichtung Technik) – Stochastik B I

		BE
1	Bei einem Fußballturnier werden 8 Gruppen zu je vier Mannschaften gebildet. In jeder Gruppe sind je 2 Mannschaften festgesetzt, die restlichen 2 Mannschaften werden durch Los aus den 16 nicht gesetzten Mannschaften ausgewählt.	
1.1	Berechnen Sie die Anzahl der möglichen Gruppenbildungen bei diesem Losentscheid.	4
1.2	In der Vorrunde muss jede Mannschaft einer Gruppe gegen jede andere Mannschaft dieser Gruppe spielen. Bestimmen Sie die Anzahl der Vorrundenspiele.	2
2	Für das Turnier werden Fußbälle benötigt, die besonders strenge Anforderungen erfüllen müssen, so muss z. B. die Masse zwischen 415g und 435g betragen. Ein Hersteller produziert Fußbälle, deren Masse annähernd normalverteilt ist mit dem Mittelwert 425g.	
2.1	Wie groß darf die Standardabweichung der Masse höchstens sein, damit der Hersteller höchstens 10 % Ausschuss erhält?	5
2.2	Um die Aussage des Herstellers, dass die Produktion höchstens 10 % Ausschuss enthält, zu überprüfen, wird zunächst eine Lieferung von 30 Fußbällen angefordert. Beschreiben Sie einen Signifikanztest mit dem Niveau 2,5 %, wobei die Nullhypothese die Aussage des Herstellers ist. Bestimmen Sie die Entscheidungsregel.	5
2.3	Für das Turnier werden 600 einwandfreie Bälle benötigt. Berechnen Sie, wie viele Bälle man bei einer Ausschusswahrscheinlichkeit von 10 % mindestens bestellen muss, damit mit mindestens 95 % Wahrscheinlichkeit genügend viele Bälle zur Verfügung stehen.	
3	Eine Sportzeitschrift veranstaltet ein Fußballquiz. 24 % der Quizteilnehmer sind Frauen. 30 % der richtigen und 15 % der falschen Lösungen sind von Frauen eingereicht worden.	
3.1	Bestimmen Sie den Anteil der richtigen Lösungen. [Ergebnis: 60 %]	4
3.2	Ermitteln Sie, welcher Anteil der von Männern eingereichten Lösungen falsch war.	3
3.3	Unter allen Teilnehmern sollen 10 Freikarten verlost werden.	
3.3.1	Berechnen Sie die Wahrscheinlichkeit, dass die Männer alle Freikarten bekommen.	2
3.3.2	Berechnen Sie die Wahrscheinlichkeit, dass die Frauen mehr als ein Viertel der Freikarten bekommen.	3
4	Erfahrungsgemäß wünschen 65 % der Zuschauer einen Sitzplatz im Stadion. Wie viele Sitzplätze muss ein Stadion mit 75 000 Plätzen mindestens haben, damit bei ausverkauftem Stadion die Anzahl der Sitzplätze mit mindestens 90% Wahrscheinlichkeit ausreicht?	5
		40

Lösung

1.1 $\binom{16}{2} \cdot \binom{14}{2} \cdot \binom{12}{2} \cdot \binom{10}{2} \cdot \binom{8}{2} \cdot \binom{6}{2} \cdot \binom{4}{2} \cdot \binom{2}{2} = 120 \cdot 91 \cdot 66 \cdot 45 \cdot 28 \cdot 15 \cdot 6 \cdot 1 \approx 8{,}173 \cdot 10^{10}$

1.2 Spiele pro Gruppe: $\binom{4}{2} = 6$; Spiele insgesamt: $6 \cdot 8 = 48$

2.1 X = Masse des Fußballs in Gramm; Erwartungswert $\mu = 425$

$$P(415 < X < 435) \approx \Phi\left(\frac{435-\mu}{\sigma}\right) - \Phi\left(\frac{415-\mu}{\sigma}\right) = \Phi\left(\frac{10}{\sigma}\right) - \Phi\left(-\frac{10}{\sigma}\right) =$$

$$= \Phi\left(\frac{10}{\sigma}\right) - \left(1 - \Phi\left(\frac{10}{\sigma}\right)\right) = 2 \cdot \Phi\left(\frac{10}{\sigma}\right) - 1;$$

Höchstens 10 % Ausschuss:

$P(415 < X < 435) \geq 0{,}9 \quad \Leftrightarrow \quad 2 \cdot \Phi\left(\frac{10}{\sigma}\right) - 1 \geq 0{,}9 \quad \Leftrightarrow \quad 2 \cdot \Phi\left(\frac{10}{\sigma}\right) \geq 1{,}9$

$\Leftrightarrow \quad \Phi\left(\frac{10}{\sigma}\right) \geq 0{,}95 \quad \Leftrightarrow \quad \frac{10}{\sigma} \geq 1{,}645 \quad \Leftrightarrow \quad \sigma \leq \frac{10}{1{,}645}; \sigma \leq 6{,}08$

2.2 Testgröße X: Anzahl der Ausschussfußbälle unter 30 überprüften Bällen
X ist binomialverteilt nach B(30; p), d. h. Stichprobenlänge n = 30 und p ∈ [0; 1].

Signifikanztest:
Nullhypothese H_0: p = 0,1; Gegenhypothese H_1: p > 0,1
Signifikanzniveau: SN = 0,025

Annahmebereich von H_0:	Ablehnungsbereich von H_0:
A = {0; …; c}	$\overline{A}$ = {c + 1; …; 30}

Es muss gelten: $P(\overline{A}) \leq SN$

$1 - F_{0,1}^{30}(c) \leq 0{,}025 \quad \Leftrightarrow \quad F_{0,1}^{30}(c) \geq 0{,}975;$ mit Tabellenwerk: $c \geq 7$

Entscheidungsregel:
Falls mehr als 7 Bälle Ausschussware sind, wird dem Hersteller nicht geglaubt und dessen Aussage verworfen.

2.3 Zufallsgröße X: Anzahl der fehlerfreien Bälle unter n bestellten Bällen
X sei nach B(n; 0,9) binomialverteilt.
$n \geq 600 \quad \Rightarrow \quad \text{Var}(X) = n \cdot p \cdot q \geq 600 \cdot 0{,}9 \cdot 0{,}1 = 54 > 9$

Damit ist die Normalverteilung als Näherung sinnvoll.
$P(X \geq 600) \geq 0{,}95 \quad \Leftrightarrow \quad 1 - F_{0,9}^{n}(599) \geq 0{,}95 \quad \Leftrightarrow \quad F_{0,9}^{n}(599) \leq 0{,}05$

Näherung mit Normalverteilung:

$$F_{0,9}^n(599) \approx \Phi\left(\frac{599 - n \cdot 0,9 + 0,5}{\sqrt{n \cdot 0,9 \cdot 0,1}}\right) \leq 0,05 \overset{Tab.}{\Leftrightarrow} \frac{599 - n \cdot 0,9 + 0,5}{\sqrt{n \cdot 0,9 \cdot 0,1}} \leq -1,645$$

$\Leftrightarrow \quad 0,9 \cdot n - 1,645 \cdot \sqrt{n \cdot 0,9 \cdot 0,1} - 599,5 \geq 0;$ Substitution: $z = \sqrt{n}$

$\Rightarrow \quad 0,9 \cdot z^2 - 1,645 \cdot \sqrt{0,09} \cdot z - 599,5 \geq 0$

$\Rightarrow \quad z \geq \dfrac{1,645 \cdot \sqrt{0,09} + \sqrt{1,645^2 \cdot 0,09 + 4 \cdot 0,9 \cdot 599,5}}{2 \cdot 0,9} \approx 26,085$

mit $z^2 = n \quad \Rightarrow \quad n \geq 26,085^2 \approx 680,4 \quad \Rightarrow \quad \underline{\underline{n \geq 681}}$

Es müssen mindestens 681 Bälle bestellt werden, damit mit einer Sicherheit von mindestens 95 % mindestens 600 fehlerfreie Bälle zur Verfügung stehen.

3.1 Bezeichnungen:

$F \stackrel{\wedge}{=}$ Frau; $\overline{F} \stackrel{\wedge}{=}$ Mann;

$R \stackrel{\wedge}{=}$ richtige Lösung; $\overline{R} \stackrel{\wedge}{=}$ falsche Lösung

$h_R(F) = 0,3; \quad h_{\overline{R}}(F) = 0,15; \quad h(F) = 0,24$

Baumdiagramm:

$h(F) = h(R \cap F) + h(\overline{R} \cap F)$
$0,24 = x \cdot 0,3 + (1 - x) \cdot 0,15$

$\Leftrightarrow \quad 0,24 = 0,15 \cdot x + 0,15 \quad \Leftrightarrow \quad 0,15 \cdot x = 0,09$

$\Leftrightarrow \quad x = \dfrac{9}{15}; \quad \underline{\underline{x = 0,6 = 60\ \%}}$

3.2 $\quad h_{\overline{F}}(\overline{R}) = \dfrac{h(\overline{F} \cap \overline{R})}{h(\overline{F})} = \dfrac{(1-0,6) \cdot 0,85}{1 - 0,24} = \dfrac{0,4 \cdot 0,85}{0,76} = \dfrac{0,34}{0,76} = \dfrac{17}{38} \approx \underline{\underline{0,447 = 44,7\ \%}}$

3.3.1 $\quad B(10;\, 0,24;\, 0) = \binom{10}{0} \cdot 0,24^0 \cdot 0,76^{10} = 0,76^{10} \approx \underline{\underline{0,0643}}$

3.3.2 $\quad P(X > 2,5) = P(X \geq 3) = 1 - P(X \leq 2) =$
$= 1 - B(10;\, 0,24;\, 0) - B(10;\, 0,24;\, 1) - B(10;\, 0,24;\, 2) =$
$= 1 - 0,76^{10} - 10 \cdot 0,24 \cdot 0,76^9 - 45 \cdot 0,24^2 \cdot 0,76^8 \approx \underline{\underline{0,4442}}$

4   Zufallsgröße X: Anzahl der 75 000 Besucher, die einen Sitzplatz wünschen
X ist binomialverteilt nach B(75 000; 0,65).
Es muss gelten:
$P(X \leq s) \geq 0,9$

d. h. $F_{0,65}^{75\,000}(s) \geq 0,9$

Es gilt $Var(X) = n \cdot p \cdot q = 75\,000 \cdot 0,65 \cdot 0,35 > 9$, also ist eine Näherung mithilfe der Normalverteilung sinnvoll:

$F_{0,65}^{75\,000}(s) \approx \Phi\left(\dfrac{s-\mu+0,5}{\sigma}\right) \geq 0,9 \quad \Leftrightarrow \quad \dfrac{s-\mu+0,5}{\sigma} \geq 1,281$ (siehe Tafelwerk)

$\Leftrightarrow \quad s \geq 1,281 \cdot \sigma + \mu - 0,5$

$s \geq 1,281 \cdot \sqrt{75\,000 \cdot 0,65 \cdot 0,35} + 75\,000 \cdot 0,65 - 0,5 \approx 48\,916,8$

Das Stadion sollte mindestens 48 917 Sitzplätze haben.

Berufsoberschulen in Bayern – Abiturprüfung 2006
Mathematik (Ausbildungsrichtung Technik) – Stochastik B II

BE

1 Im Rahmen einer Werbesendung wird ein Gewinnspiel durchgeführt. Dafür wird ein Kandidat zufällig aus dem Publikum ausgewählt. Dieser muss sich in der ersten Runde zwischen zwei gleich aussehenden Umschlägen entscheiden, doch nur in einem steckt ein Gewinn von 100 €. Wählt er den leeren, so ist das Gewinnspiel vorbei, anderenfalls kommt er in die nächste Runde. Gespielt wird maximal vier Runden. In Runde n gibt es immer nur einen Umschlag mit 100 € und zusätzlich n genauso aussehende leere Umschläge zur Auswahl.

1.1 Fertigen Sie ein Baumdiagramm für dieses Gewinnspiel an und zeigen Sie, dass die Wahrscheinlichkeit dafür, dass der Kandidat spätestens in der dritten Runde ausscheidet, $\frac{23}{24}$ ist. 4

1.2 Berechnen Sie den Einsatz, den ein Kandidat zahlen müsste, damit man dieses Spiel im stochastischen Sinne als fair bezeichnen kann. 4

1.3 Dieses Gewinnspiel wird nun sechsmal nacheinander durchgeführt. Ermitteln Sie die Wahrscheinlichkeit dafür, dass es dabei kein Kandidat schafft, in die letzte Runde zu kommen. Berechnen Sie auch die Wahrscheinlichkeit dafür, dass mindestens zwei Kandidaten in die letzte Runde kommen, aber keiner in der ersten Durchführung. 5

1.4 In einer bestimmten Sendung besteht das Publikum zu 55 % aus Frauen. Die Wahrscheinlichkeit, dass ein weiblicher Kandidat aus Bayern kommt, beträgt 5 %, und dass ein bayerischer Kandidat ein Mann ist, 60 %. (Bezeichnung: W: „Kandidat ist weiblich"; B: „Kandidat ist bayerisch").
Berechnen Sie die Wahrscheinlichkeit dafür, dass ein zufällig ausgewählter Kandidat aus Bayern kommt, und überprüfen Sie die Ereignisse W und B auf stochastische Unabhängigkeit. 5

2 Um die Notwendigkeit einer Umgehungsstraße zu untersuchen, wird an einer stark befahrenen Straße täglich zwischen 6.30 Uhr und 7.30 Uhr eine Verkehrszählung durchgeführt. An dem Kontrollpunkt werden werktags im Mittel 765 Kraftfahrzeuge gezählt. Man geht davon aus, dass die Anzahl X der täglich gezählten Fahrzeuge normalverteilt ist. Die Wahrscheinlichkeit dafür, dass an einem Tag die Zählung um mehr als 10 % vom Erwartungswert abweicht, beträgt 5 %.

2.1 Ermitteln Sie die Standardabweichung von X. 6

2.2 Berechnen Sie die Mindestanzahl der Tage, an denen man eine Verkehrszählung durchführen müsste, damit an mindestens einem Tag eine Abweichung der Fahrzeuganzahl vom Erwartungswert um höchstens 10 % mit einer Wahrscheinlichkeit von mindestens 99,9 % auftritt. 5

3 Ein Limonadenhersteller behauptet, er hätte bei jeder zwanzigsten Flasche derselben Sorte eine Gewinnnummer auf der Innenseite der Flaschendeckel anbringen lassen, welche den Käufer bei Vorlage dieses Deckels zur Abholung eines attraktiven Sachgewinns berechtigt.

3.1 Um die Aussage des Herstellers mit Hilfe eines einseitigen Hypothesentests zu überprüfen, beschließt eine Gruppe von Verbraucherschützern, 200 derartige Flaschen zu untersuchen. Geben Sie die Testgröße und die Nullhypothese für diesen Test an und ermitteln Sie auf einem Signifikanzniveau von 1 % den größtmöglichen Ablehnungsbereich der Nullhypothese. 5

3.2 Aufgrund von Kundenreaktionen zweifelt der Limonadenhersteller an der Einhaltung der Gewinnwahrscheinlichkeit bei den zugelieferten Flaschendeckeln. Ermitteln Sie für eine Stichprobenlänge von 300 Flaschendeckeln für einen zweiseitigen Test einen möglichst großen zum Erwartungswert symmetrischen Ablehnungsbereich für die Nullhypothese $p = 0{,}05$ auf einem Signifikanzniveau von 4 %. $\dfrac{6}{40}$

Lösung

1.1

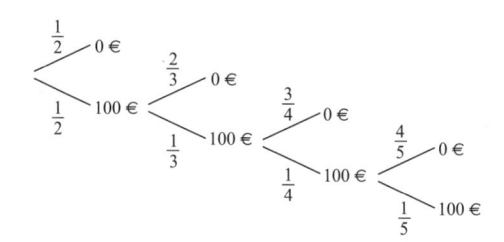

Ereignis A: „Der Kandidat scheidet spätestens in der dritten Runde aus."

$$P(A) = \frac{1}{2} + \frac{1}{2} \cdot \frac{2}{3} + \frac{1}{2} \cdot \frac{1}{3} \cdot \frac{3}{4} = \frac{1}{2} + \frac{1}{3} + \frac{1}{8} = \frac{12 + 8 + 3}{24} = \frac{23}{24}$$

1.2 Die Zufallsgröße X sei nun der ausgezahlte Gesamtgewinn in €.
Mithilfe des Baumdiagramms:

$$P(X = 0) = \frac{1}{2}; \quad P(X = 100) = \frac{1}{2} \cdot \frac{2}{3} = \frac{1}{3}; \quad P(X = 200) = \frac{1}{2} \cdot \frac{1}{3} \cdot \frac{3}{4} = \frac{1}{8};$$

$$P(X = 300) = \frac{1}{2} \cdot \frac{1}{3} \cdot \frac{1}{4} \cdot \frac{4}{5} = \frac{1}{30}; \quad P(X = 400) = \frac{1}{2} \cdot \frac{1}{3} \cdot \frac{1}{4} \cdot \frac{1}{5} = \frac{1}{120}$$

Erwartungswert:

$$E(X) = 0 \cdot \frac{1}{2} + 100 \cdot \frac{1}{3} + 200 \cdot \frac{1}{8} + 300 \cdot \frac{1}{30} + 400 \cdot \frac{1}{120} =$$

$$= \frac{100}{3} + 25 + 10 + \frac{10}{3} = \frac{215}{3} \approx 71{,}67$$

Zahlt ein Kandidat für jedes Gewinnspiel einen Einsatz von 71,67 €, so ist der Erwartungswert des Reingewinns des Veranstalters und des Spielers ca. 0 €. Das Spiel wäre dann also „fair".

1.3 Ereignis C: „Ein (beliebiger) Kandidat kommt in die letzte Runde."

$$P(C) = \frac{1}{2} \cdot \frac{1}{3} \cdot \frac{1}{4} = \frac{1}{24};$$

Es sei nun Y die Anzahl der Kandidaten (aus den 6 Kandidaten), die in die letzte Runde kommen. Y ist binomialverteilt nach $B\left(6; \frac{1}{24}\right)$.

$$\underline{\underline{P(Y = 0)}} = B\left(6; \frac{1}{24}; 0\right) = \binom{6}{0} \cdot \left(\frac{1}{24}\right)^0 \cdot \left(\frac{23}{24}\right)^6 = \left(\frac{23}{24}\right)^6 \approx \underline{\underline{0{,}775}}$$

Es sei nun Z die Anzahl der Kandidaten (aus den letzten 5 Kandidaten), die in die letzte Runde kommen. Z ist binomialverteilt nach $B\left(5; \frac{1}{24}\right)$.

$$\underline{\underline{P(\overline{C}) \cdot P(Z \geq 2)}} = P(\overline{C}) \cdot (1 - P(Z \leq 1)) = P(\overline{C}) \cdot (1 - P(Z = 0) - P(Z = 1)) =$$

$$= \frac{23}{24} \cdot \left(1 - \binom{5}{0} \cdot \left(\frac{1}{24}\right)^0 \cdot \left(\frac{23}{24}\right)^5 - \binom{5}{1} \cdot \left(\frac{1}{24}\right)^1 \cdot \left(\frac{23}{24}\right)^4\right) =$$

$$= \frac{23}{24} \cdot \left(1 - \left(\frac{23}{24}\right)^5 - 5 \cdot \frac{1}{24} \cdot \left(\frac{23}{24}\right)^4\right) \approx \underline{\underline{0{,}015}}$$

1.4 $P(W) = 0{,}55;\quad P_W(B) = 0{,}05;\quad P_B(\overline{W}) = 0{,}6$

$P_B(\overline{W}) = 0{,}6 \quad \Leftrightarrow \quad P_B(W) = 0{,}4$

Es gilt:

$$P_B(W) = \frac{P(B \cap W)}{P(B)} \quad \Leftrightarrow \quad P(B \cap W) = P(B) \cdot P_B(W)$$

$$P_W(B) = \frac{P(W \cap B)}{P(W)} \quad \Leftrightarrow \quad P(W \cap B) = P(W) \cdot P_W(B)$$

Wegen $P(B \cap W) = P(W \cap B)$ folgt daraus:

$P(B) \cdot P_B(W) = P(W) \cdot P_W(B)$

$$\Leftrightarrow \quad \underline{\underline{P(B)}} = \frac{P(W) \cdot P_W(B)}{P_B(W)} = \frac{0{,}55 \cdot 0{,}05}{0{,}4} = \underline{\underline{0{,}06875}}$$

Die Ereignisse B und W sind stochastisch abhängig, da $P_B(W) = 0{,}4 \neq 0{,}55 = P(W)$ bzw. $P_W(B) = 0{,}05 \neq 0{,}06875 = P(B)$.

2.1 Erwartungswert: $E(X) = \mu = 765$;

$P(|X - \mu| > 76,5) = 0,05$;

Da X normalverteilt ist, gilt somit: $P(X < \mu - 76,5) = \dfrac{1}{2} \cdot 0,05 = 0,025$

$P(X < \mu - 76,5) = \Phi\left(\dfrac{\mu - 76,5 - \mu}{\sigma}\right) = \Phi\left(-\dfrac{76,5}{\sigma}\right) = 1 - \Phi\left(\dfrac{76,5}{\sigma}\right)$;

$\Rightarrow \quad 1 - \Phi\left(\dfrac{76,5}{\sigma}\right) = 0,025 \quad \Leftrightarrow \quad \Phi\left(\dfrac{76,5}{\sigma}\right) = 0,975 \quad \Leftrightarrow \quad \dfrac{76,5}{\sigma} = 1,96$ (Tafelwerk)

$\Leftrightarrow \quad \underline{\underline{\sigma = \dfrac{76,5}{1,96} \approx 39,03}}$

2.2 Ereignis E: „Die Tageszählung weicht um mehr als 10 % vom Erwartungswert ab."
Gegenereignis $\overline{E}$: „Die Tageszählung weicht um höchstens 10 % vom Erwartungswert ab."
Mit der Angabe aus 2 folgt: $P(E) = 0,05 \;\Rightarrow\; P(\overline{E}) = 0,95$
Es sei Y die Anzahl der Tage (aus n Tagen), bei denen das Ereignis $\overline{E}$ eintritt.
Y ist binomialverteilt nach B(n; 0,95).

$P(Y \geq 1) \geq 0,999 \quad \Leftrightarrow \quad 1 - P(Y = 0) \geq 0,999 \quad \Leftrightarrow \quad P(Y = 0) \leq 0,001$

$\Leftrightarrow \quad \binom{n}{0} \cdot 0,95^0 \cdot 0,05^n \leq 0,001 \qquad \Leftrightarrow \qquad 0,05^n \leq 0,001$

$\Leftrightarrow \qquad \ln(0,05^n) \leq \ln(0,001) \qquad \Leftrightarrow \qquad n \cdot \ln(0,05) \leq \ln(0,001)$

$\Leftrightarrow \qquad n \geq \dfrac{\ln(0,001)}{\ln(0,05)} \approx 2,3$

Man müsste die Verkehrszählung also an mindestens 3 Tagen durchführen.

3.1 Testgröße X: Anzahl der Flaschendeckel mit Gewinnnummer unter 200 untersuchten Flaschen.
X ist binomialverteilt mit B(200; p), d. h. Stichprobenlänge n = 200 und $p \in [0; 1]$.

Linksseitiger Signifikanztest:
Nullhypothese H_0: $p = \dfrac{1}{20} = 0,05$
Gegenhypothese H_1: $p < 0,05$
Signifikanzniveau: SN = 0,01

Ablehnungsbereich von H_0: | Annahmebereich von H_0:
$\overline{A} = \{0; \ldots; c\}$ | $A = \{c + 1; \ldots; 200\}$

Es muss gelten: $P(\overline{A}) \leq SN$

$F_{0,05}^{200}(c) \leq 0,01 \quad \Leftrightarrow \quad c \leq 3$ (siehe Tafelwerk)

$\Rightarrow$ größtmöglicher Ablehnungsbereich von H_0: $\underline{\underline{\overline{A} = \{0; 1; 2; 3\}}}$

3.2 Testgröße Y: Anzahl der Flaschendeckel mit Gewinnnummer unter 300 untersuchten Flaschen.
Y ist binomialverteilt nach B(300; p), d. h. Stichprobenlänge n = 300 und p ∈ [0; 1].

Zweiseitiger Signifikanztest:
Nullhypothese H_0: p = 0,05
Gegenhypothese H_1: p ≠ 0,05
Signifikanzniveau: SN = 0,04

Ablehnungsbereich von H_0: | Annahmebereich von H_0:
$A = \{0; \ldots; \mu - c\} \cup \{\mu + c; \ldots; 300\}$ | $\overline{A} = \{\mu - c + 1; \ldots; \mu + c - 1\}$

Es muss gelten: $P(Y \leq \mu - c) \leq \frac{1}{2} \cdot SN = 0,02$

Wegen Var(Y) = n · p · q = 300 · 0,05 · 0,95 = 14,25 > 9 ist eine Näherung mithilfe der Normalverteilung sinnvoll:

$$P(Y \leq \mu - c) = F_{0,05}^{300}(\mu - c) \approx \Phi\left(\frac{\mu - c - \mu + 0,5}{\sigma}\right);$$

$$\Rightarrow \Phi\left(\frac{\mu - c - \mu + 0,5}{\sigma}\right) \leq 0,02 \Leftrightarrow \Phi\left(\frac{-c + 0,5}{\sigma}\right) \leq 0,02$$

$$\Leftrightarrow \Phi\left(-\frac{c - 0,5}{\sigma}\right) \leq 0,02 \Leftrightarrow 1 - \Phi\left(\frac{c - 0,5}{\sigma}\right) \leq 0,02$$

$$\Leftrightarrow \Phi\left(\frac{c - 0,5}{\sigma}\right) \geq 0,98 \stackrel{\text{Tab.}}{\Leftrightarrow} \frac{c - 0,5}{\sigma} \geq 2,06$$

$$\Leftrightarrow c \geq 2,06 \cdot \sigma + 0,5 = 2,06 \cdot \sqrt{14,25} + 0,5 \approx 8,3; \text{ d. h. } c \geq 9$$

$\mu = n \cdot p = 300 \cdot 0,05 = 15$; $\mu - c_{min} = 15 - 9 = 6$; $\mu + c_{min} = 15 + 9 = 24$

Größtmöglicher Ablehnungsbereich von H_0: $\underline{\underline{\overline{A} = \{0; \ldots; 6\} \cup \{24; \ldots; 300\}}}$

Berufsoberschulen in Bayern – Abiturprüfung 2007
Mathematik (Ausbildungsrichtung Technik) – Analysis

1   Gegeben ist die Funktion $f_a : x \mapsto \ln\left(\dfrac{x}{x-2a}\right)$ mit $a \in \mathbb{R}^+$ und der maximalen Definitionsmenge $D_{f_a} \subseteq \mathbb{R}$.

1.1 Bestimmen Sie D_{f_a} in Abhängigkeit von a und untersuchen Sie das Verhalten der Funktionswerte $f_a(x)$ an den Rändern der Definitionsmenge. Geben Sie die Gleichungen aller Asymptoten des Graphen von f_a an.   7
[Teilergebnis: $D_{f_a} = \mathbb{R} \setminus [0; 2a]$]

1.2 Zeigen Sie, dass der Graph von f_a symmetrisch zum Punkt $S(a;0)$ ist.   5

1.3 Ermitteln Sie $f_a'(x)$ und das Monotonieverhalten des Graphen von f_a. Zeichnen Sie für den Fall $a=1$ den Graphen der Funktion f_1 mit den Asymptoten in ein kartesisches Koordinatensystem mit $-2 \leq x \leq 6$ (1 LE = 1cm).   6
[Teilergebnis: $f_a'(x) = \dfrac{-2a}{x \cdot (x-2a)}$]

1.4 Der Graph von f_a schließt mit der x-Achse und den Geraden mit den Gleichungen $x=3a$ und $x=4a$ eine Fläche ein. Zeigen Sie, dass für die Maßzahl dieser Fläche gilt:
$A(a) = 3a \cdot \ln\left(\dfrac{4}{3}\right)$ 6

2   Gegeben ist weiter die Funktion $g_a : x \mapsto \arctan(f_a(x))$ in der Definitionsmenge $D_{g_a} = D_{f_a}$ mit der Funktion f_a aus Aufgabe 1.

2.1 Ermitteln Sie $g_a'(x)$ sowie die Wertemenge von g_a.   6

2.2 Begründen Sie, dass g_a umkehrbar ist. Bestimmen Sie einen Funktionsterm $h_a(x)$ der zugehörigen Umkehrfunktion h_a. Geben Sie auch die Definitionsmenge von h_a an.   7

2.3 Bestimmen Sie für $a=1$ die Steigung des Graphen von h_1 an der Stelle $x_0 = \dfrac{\pi}{4}$, ohne die Umkehrfunktion h_1 selbst abzuleiten.   7

3   Bei einer chemischen Reaktion vereinigt sich ein Molekül A mit einem Molekül B zu einem neuen Molekül AB. In einem Laborversuch sind zu Beginn der Reaktion von beiden Molekülarten jeweils M Moleküle vorhanden. Die Umsatzvariable N(t) beschreibt die Anzahl der neuen Moleküle zum Zeitpunkt t ($t \geq 0$). Für N(t) gilt in guter Näherung die Differenzialgleichung
$$\dfrac{dN(t)}{dt} = k \cdot (M - N(t))^2,$$
wobei $k > 0$ eine Konstante ist.

3.1 Ermitteln Sie die spezielle Lösung der separierbaren Differenzialgleichung für $N(0)=0$.   5
[Mögliches Ergebnis: $N(t) = \dfrac{k \cdot M^2 \cdot t}{k \cdot M \cdot t + 1}$]

3.2 Berechnen Sie in Abhängigkeit von k und M, zu welchem Zeitpunkt t* N(t) 99 % des Endwertes erreicht hat.   3

Bestimmen Sie für $x \in \left] -\dfrac{\pi}{2}; \dfrac{\pi}{2} \right[$ die allgemeine Lösung der Differenzialgleichung
$$y' \cdot \cos(x) + y \cdot \sin(x) - 2 \cdot \cos(x) \cdot \sin(x) = 0$$
mit der Methode der Variation der Konstanten.

$\dfrac{8}{60}$

Tipps und Hinweise zur Lösung von Aufgabe A I

Teilaufgabe 1.1
- Untersuchen Sie das Argument der Logarithmusfunktion.
- Betrachten Sie das Verhalten des Arguments der Logarithmusfunktion und schließen Sie dann auf das Verhalten der Funktionswerte und auf die Asymptotengleichungen.

Teilaufgabe 1.2
- Äußern Sie sich zur Definitionsmenge der Funktion und berechnen Sie $f_a(a+k) + f_a(a-k)$.

Teilaufgabe 1.3
- Das Monotonieverhalten bestimmt man mithilfe der ersten Ableitung.
- Nutzen Sie bei der Zeichnung das angegebene Symmetrieverhalten aus Aufgabe 1.2.

Teilaufgabe 1.4
- Verwenden Sie die partielle Integration.

Teilaufgabe 2.1
- Die Untersuchung des Monotonieverhaltens einer stetigen Funktion kann zur Bestimmung der Wertemenge einer Funktion hilfreich sein.

Teilaufgabe 2.2
- Nutzen Sie für Ihre Begründung Ihre Kenntnisse aus 2.1.
- Durch Vertauschen von x und y und geeigneter Termumformungen erhält man den Term der Umkehrfunktion.
- Beachten Sie bei der Angabe der Definitionsmenge Ihr Ergebnis aus 2.1

Teilaufgabe 2.3
- Bedenken Sie, dass die Graphen von Funktion und Umkehrfunktion zueinander symmetrisch verlaufen.

Teilaufgabe 3.1
- Erinnern Sie sich an die Bedeutung des Wortes „separierbar". Berechnen Sie zunächst die allgemeine Lösung der Differenzialgleichung mithilfe einer geeigneten Substitution und benutzen Sie dann die Anfangswertbedingung.

Teilaufgabe 3.2
- Nutzen Sie das gegebene Ergebnis aus 3.1.

Teilaufgabe 4

Bringen Sie zuerst die Differenzialgleichung in die Form $y' + y \cdot g(x) = h(x)$ und ermitteln Sie dann die Lösung der homogenen Differenzialgleichung.

Denken Sie dann bei weiterer Rechnung an die Beziehung: $\int \dfrac{f'(x)}{f(x)} dx = \ln|f(x)| + C$

Lösung

1    $f_a(x) = \ln\left(\dfrac{x}{x-2a}\right)$ mit $a > 0$

1.1   Für D_{f_a} gilt: $\dfrac{x}{x-2a} > 0$

$\Leftrightarrow (x > 0 \land x - 2a > 0) \lor (x < 0 \land x - 2a < 0)$
$\Leftrightarrow (x > 0 \land x > 2a) \lor (x < 0 \land x < 2a)$
$\Leftrightarrow x > 2a \qquad\qquad\quad \lor \; x < 0$

Also gilt: $\underline{\underline{D_{f_a} = \,]-\infty;0[\,\cup\,]2a;\infty[\, = \mathbb{R} \setminus [0; 2a]}}$

$x \to \pm\infty \;\Rightarrow\; \dfrac{x}{x-2a} \to 1 \;\Rightarrow\; f_a(x) = \ln\left(\dfrac{x}{x-2a}\right) \to 0$

$\Rightarrow$ waagrechte Asymptote w: $\underline{\underline{y = 0}}$ (x-Achse)

$x \overset{<}{\to} 0 \;\Rightarrow\; \underbrace{\dfrac{\overbrace{x}^{\to 0}}{\underbrace{x-2a}_{\to -2a}}}{} \to 0 \;\Rightarrow\; f_a(x) = \ln\left(\dfrac{x}{x-2a}\right) \to -\infty$

$x \overset{>}{\to} 2a \;\Rightarrow\; \underbrace{\dfrac{\overbrace{x}^{\to 2a > 0}}{\underbrace{x-2a}_{\overset{>}{\to} 0}}}{} \to +\infty \;\Rightarrow\; f_a(x) = \ln\left(\dfrac{x}{x-2a}\right) \to +\infty$

$\Rightarrow$ senkrechte Asymptoten s_1: $\underline{\underline{x = 0}}$ und s_2: $\underline{\underline{x = 2a}}$

1.2 D_{f_a} ist symmetrisch zu $x = a$.

Zu zeigen ist, dass für alle $k > a$ gilt: $f_a(a+k) + f_a(a-k) = 0$

$\underline{\underline{f_a(a+k) + f_a(a-k)}} = \ln\left(\dfrac{a+k}{a+k-2a}\right) + \ln\left(\dfrac{a-k}{a-k-2a}\right) = \ln\left(\dfrac{a+k}{-a+k}\right) + \ln\left(\dfrac{a-k}{-a-k}\right) =$

$= \ln\left(\dfrac{a+k}{-a+k} \cdot \dfrac{a-k}{-a-k}\right) = \ln\left(\dfrac{a^2 - k^2}{a^2 - k^2}\right) = \underline{\underline{\ln(1) = 0}}$

Also ist der Graph von f_a symmetrisch zum Punkt $S(a; 0)$.

1.3 $f_a'(x) = \dfrac{x-2a}{x} \cdot \dfrac{1 \cdot (x-2a) - x \cdot 1}{(x-2a)^2} = \dfrac{-2a}{x \cdot (x-2a)}$ mit $x \in D_{f_a}$

Der Graph des Nenners $N(x) = x \cdot (x-2a)$ ist eine nach oben geöffnete Parabel mit den Nullstellen $x_1 = 0$ und $x_2 = 2a$. Also gilt in ganz $D_{f_a} =]-\infty; 0[\cup]2a; \infty[$:
$x \cdot (x-2a) > 0 \wedge -2a < 0$

$\Rightarrow f_a'(x) < 0$ für alle $x \in D_{f_a}$.

$\Rightarrow$ Der Graph von f_a ist streng monoton fallend im Intervall $]-\infty; 0[$ und streng monoton fallend im Intervall $]2a; +\infty[$.

$f_1(x) = \ln\dfrac{x}{x-2}$; $D_{f_1} =]-\infty; 0[\cup]2; \infty[$ (Symmetrie beachten!)

Wertetabelle:

x	$\approx f_1(x)$
2,1	3,04
3	1,10
4	0,69
5	0,51
6	0,41
−0,1	−3,04
−1	−1,10
−2	−0,69
−3	−0,51

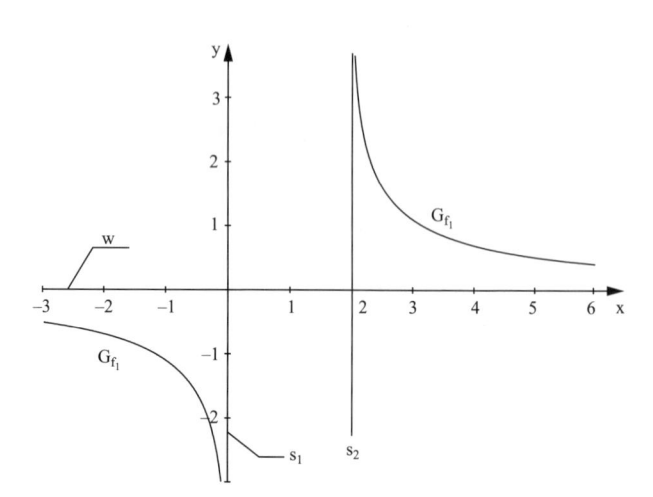

1.4 Berechnung der Flächenmaßzahl $A(a)$:

$A(a) = \displaystyle\int_{3a}^{4a} f_a(x)\,dx = F_a(4a) - F_a(3a)$

Stammfunktion F_a von f_a durch partielle Integration:

$F_a(x) = \displaystyle\int f_a(x)\,dx = \int 1 \cdot f_a(x)\,dx = x \cdot f_a(x) - \int x \cdot f_a'(x)\,dx =$

$= x \cdot \ln\left(\dfrac{x}{x-2a}\right) - \displaystyle\int \dfrac{-2a \cdot x}{x \cdot (x-2a)}\,dx = x \cdot \ln\left(\dfrac{x}{x-2a}\right) + 2a \cdot \int \dfrac{1}{x-2a}\,dx =$

$= x \cdot \ln\left(\dfrac{x}{x-2a}\right) + 2a \cdot \ln|x-2a| + C$

$\Rightarrow \underline{\underline{A(a) = 4a \cdot \ln(2) + 2a \cdot \ln(2a) - (3a \cdot \ln(3) + 2a \cdot \ln(a)) =}}$
$= 4a \cdot \ln(2) + 2a \cdot \ln(2) + 2a \cdot \ln(a) - 3a \cdot \ln(3) - 2a \cdot \ln(a) =$
$= 6a \cdot \ln(2) - 3a \cdot \ln(3) = 3a \cdot (2\ln(2) - \ln(3)) = 3a \cdot (\ln(4) - \ln(3)) =$
$= \underline{\underline{3a \cdot \ln\left(\frac{4}{3}\right)}}$

2 $g_a(x) = \arctan(f_a(x))$ mit $a > 0$; $D_{g_a} = D_{f_a} =]-\infty; 0[\cup]2a; \infty[$

2.1 $g_a'(x) = \dfrac{1}{1+(f_a(x))^2} \cdot f_a'(x) = \dfrac{1}{1+\left(\ln\left(\frac{x}{x-2a}\right)\right)^2} \cdot \dfrac{-2a}{x \cdot (x-2a)}$

Wegen $\dfrac{1}{1+(f_a(x))^2} > 0 \wedge f_a'(x) < 0$ gilt: $g_a'(x) < 0$ für alle $x \in D_{g_a}$

Also ist der Graph von g_a streng monoton fallend im Intervall $]-\infty; 0[$ und streng monoton fallend im Intervall $]2a; +\infty[$.

$x \to \pm\infty \;\;\Rightarrow\;\; f_a(x) \to 0 \;\;\Rightarrow\;\; g_a(x) \to 0$

$x \overset{<}{\to} 0 \;\;\Rightarrow\;\; f_a(x) \to -\infty \;\;\Rightarrow\;\; g_a(x) \to -\dfrac{\pi}{2}$

$x \overset{>}{\to} 2a \;\;\Rightarrow\;\; f_a(x) \to +\infty \;\;\Rightarrow\;\; g_a(x) \to +\dfrac{\pi}{2}$

$\Rightarrow \underline{\underline{W_{g_a} = \left]-\dfrac{\pi}{2}; 0\right[\cup \left]0; \dfrac{\pi}{2}\right[}}$

2.2 g_a ist streng monoton im Intervall $]-\infty; 0[$ mit $g_a(x) \in W_1 = \left]-\dfrac{\pi}{2}; 0\right[$;

g_a ist streng monoton im Intervall $]2a; +\infty[$ mit $g_a(x) \in W_2 = \left]0; \dfrac{\pi}{2}\right[$.

Wegen des Monotonieverhaltens von g_a und $W_1 \cap W_2 = \{\}$ ist g_a umkehrbar.
Für die Umkehrfunktion von g_a gilt:

$x = \arctan\left(\ln\left(\dfrac{y}{y-2a}\right)\right) \Leftrightarrow \tan(x) = \ln\left(\dfrac{y}{y-2a}\right) \Leftrightarrow e^{\tan(x)} = \dfrac{y}{y-2a}$

$\Leftrightarrow y \cdot e^{\tan(x)} - 2a \cdot e^{\tan(x)} = y \Leftrightarrow y \cdot e^{\tan(x)} - y = 2a \cdot e^{\tan(x)}$

$\Leftrightarrow y \cdot (e^{\tan(x)} - 1) = 2a \cdot e^{\tan(x)} \Leftrightarrow y = 2a \cdot \dfrac{e^{\tan(x)}}{e^{\tan(x)} - 1}$

$\Rightarrow \underline{\underline{h_a(x) = 2a \cdot \dfrac{e^{\tan(x)}}{e^{\tan(x)} - 1}}}$ mit $\underline{\underline{D_{h_a} = \left]-\dfrac{\pi}{2}; 0\right[\cup \left]0; \dfrac{\pi}{2}\right[}} = W_{g_a}$

2.3 $\quad h_1\left(\dfrac{\pi}{4}\right) = 2 \cdot \dfrac{e^{\tan\left(\frac{\pi}{4}\right)}}{e^{\tan\left(\frac{\pi}{4}\right)}-1} = \dfrac{2e}{e-1}; \quad g_1'(x) = \dfrac{1}{1+\left(\ln\left(\frac{x}{x-2}\right)\right)^2} \cdot \dfrac{-2}{x\cdot(x-2)}$

$\dfrac{1}{g_1'(x)} = -\dfrac{1}{2} \cdot \left(1+\left(\ln\left(\dfrac{x}{x-2}\right)\right)^2\right) \cdot x \cdot (x-2)$

$\Rightarrow \underline{\underline{h_1'\left(\dfrac{\pi}{4}\right)}} = \dfrac{1}{g_1'\left(\frac{2e}{e-1}\right)} = -\dfrac{1}{2} \cdot \left(1+\left(\ln\left(\dfrac{\frac{2e}{e-1}}{\frac{2e}{e-1}-2}\right)\right)^2\right) \cdot \dfrac{2e}{e-1} \cdot \left(\dfrac{2e}{e-1}-2\right) =$

$\qquad = -\dfrac{1}{2} \cdot \left(1+\left(\ln\left(\dfrac{2e}{2e-2\cdot(e-1)}\right)\right)^2\right) \cdot \dfrac{2e}{e-1} \cdot \dfrac{2e-2\cdot(e-1)}{e-1} =$

$\qquad = -\dfrac{1}{2} \cdot (1+(\ln(e))^2) \cdot \dfrac{2e}{e-1} \cdot \dfrac{2}{e-1} = -\dfrac{1}{2} \cdot 2 \cdot \dfrac{4e}{(e-1)^2} = \underline{\underline{\dfrac{-4e}{(e-1)^2}}}$

3.1 $\quad \dfrac{dN(t)}{dt} = k \cdot (M-N(t))^2; \quad k > 0$

$\displaystyle\int \dfrac{1}{(M-N(t))^2}\, dN = \int k\, dt;$

Substitution: $z = M - N; \quad \dfrac{dz}{dN} = -1 \;\Leftrightarrow\; dN = -dz$

$\displaystyle\int -\dfrac{1}{z^2}\, dz = \int k\, dt$

$\Rightarrow \dfrac{1}{z} = k\cdot t + C \;\Leftrightarrow\; \dfrac{1}{M-N(t)} = k\cdot t + C$

$\qquad\qquad\quad \Leftrightarrow\; M - N(t) = \dfrac{1}{k\cdot t + C}$

$\qquad\qquad\quad \Leftrightarrow\; N(t) = M - \dfrac{1}{k\cdot t + C}$

$N(0) = 0 \;\Rightarrow\; 0 = M - \dfrac{1}{C} \;\Leftrightarrow\; \dfrac{1}{C} = M \;\Leftrightarrow\; C = \dfrac{1}{M}$

$\Rightarrow \underline{\underline{N(t)}} = M - \dfrac{1}{k\cdot t + \frac{1}{M}} = M - \dfrac{M}{M\cdot k\cdot t + 1} = \dfrac{M^2\cdot k\cdot t + M - M}{M\cdot k\cdot t + 1} = \underline{\underline{\dfrac{M^2\cdot k\cdot t}{M\cdot k\cdot t + 1}}}$

3.2 $\quad N(t) = 0{,}99\cdot M \;\Leftrightarrow\; \dfrac{M^2\cdot k\cdot t}{M\cdot k\cdot t + 1} = 0{,}99\cdot M \;\Leftrightarrow\; M^2\cdot k\cdot t = 0{,}99\cdot M^2\cdot k\cdot t + 0{,}99\cdot M$

$\qquad \Leftrightarrow\; 0{,}01\cdot M^2\cdot k\cdot t = 0{,}99\cdot M \;\Leftrightarrow\; M\cdot k\cdot t = 99 \;\Leftrightarrow\; t = \dfrac{99}{M\cdot k}$

$\qquad \Rightarrow \underline{\underline{t^* = \dfrac{99}{M\cdot k}}}$

4 $y' \cdot \cos(x) + y \cdot \sin(x) - 2 \cdot \sin(x) \cdot \cos(x) = 0$ für $x \in \left]-\frac{\pi}{2}; \frac{\pi}{2}\right[$

$\Leftrightarrow \quad y' + y \cdot \dfrac{\sin(x)}{\cos(x)} - 2 \cdot \sin(x) = 0$

$\Leftrightarrow \quad (*) \quad y' + y \cdot \dfrac{\sin(x)}{\cos(x)} = 2 \cdot \sin(x)$

I) Allgemeine Lösung der zugehörigen homogenen Differenzialgleichung:

$y' + y \cdot \dfrac{\sin(x)}{\cos(x)} = 0;$ triviale Lösung: $y = 0$

$\dfrac{dy}{dx} = -\dfrac{\sin(x)}{\cos(x)} \cdot y \quad \Rightarrow \quad \int \dfrac{1}{y} dy = \int \dfrac{-\sin(x)}{\cos(x)} dx \quad$ mit $y \neq 0$

$\Rightarrow \quad \ln|y| = \ln(\cos(x)) + C$

$\Rightarrow \quad |y| = e^{\ln(\cos(x)) + C} = e^C \cdot e^{\ln(\cos(x))} = e^C \cdot \cos(x)$

$\Rightarrow \quad y_h = D \cdot \cos(x)$

Mit $D \in \mathbb{R}$ ist auch die triviale Lösung enthalten.

II) Variation der Konstanten D:

$y = D(x) \cdot \cos(x) \quad \Rightarrow \quad y' = D'(x) \cdot \cos(x) - D(x) \cdot \sin(x)$

Einsetzen in (*):

$\Rightarrow \quad D'(x) \cdot \cos(x) - D(x) \cdot \sin(x) + D(x) \cdot \cos(x) \cdot \dfrac{\sin(x)}{\cos(x)} = 2 \cdot \sin(x)$

$\Leftrightarrow \quad D'(x) \cdot \cos(x) = 2 \cdot \sin(x) \quad \Leftrightarrow \quad D'(x) = 2 \cdot \dfrac{\sin(x)}{\cos(x)}$

$\Rightarrow \quad D(x) = \int 2 \cdot \dfrac{\sin(x)}{\cos(x)} dx = -2 \cdot \int \dfrac{-\sin(x)}{\cos(x)} dx = -2 \cdot \ln(\cos(x)) + \tilde{C}$

III) Allgemeine Lösung der inhomogenen Differenzialgleichung:

$y = D(x) \cdot \cos(x) \quad \Leftrightarrow \quad y = (-2 \cdot \ln(\cos(x)) + \tilde{C}) \cdot \cos(x)$

$\underline{\underline{y = \cos(x) \cdot (\tilde{C} - 2 \cdot \ln(\cos(x)))}} \quad$ mit $\tilde{C} \in \mathbb{R}$

Berufsoberschulen in Bayern – Abiturprüfung 2007
Mathematik (Ausbildungsrichtung Technik) – Analysis A II

BE

1 Gegeben sind die Funktionen $f_a : x \mapsto \dfrac{4}{1+a \cdot e^{-2x}}$ mit $a \in \mathbb{R}$ und der maximalen Definitionsmenge $D_{f_a} \subseteq \mathbb{R}$.

1.1 Bestimmen Sie D_{f_a} in Abhängigkeit von a. 4

1.2 Zeigen Sie, dass jede Funktion f_a eine Lösung der Differenzialgleichung
$$y' = 2y - \frac{1}{2} y^2$$
ist, und bestimmen Sie eine Lösung dieser Differenzialgleichung, welche die Anfangsbedingung $y(0) = 0{,}4$ erfüllt. 8

1.3 Untersuchen Sie für $a > 0$ das Verhalten von $f_a(x)$ an den Rändern von D_{f_a}. 2

2 f sei die Funktion f_9 aus Aufgabe 1.
Es gilt also $f(x) = \dfrac{4}{1+9 \cdot e^{-2x}}$.

2.1 Für die 2. Ableitung f" der Funktion f gilt: $f''(x) = \dfrac{144 e^{-2x} \cdot (9 e^{-2x} - 1)}{(1+9 \cdot e^{-2x})^3}$,
$D_{f''} = \mathbb{R}$ (Nachweis nicht erforderlich!)
Untersuchen Sie, ob der Graph von f einen Wendepunkt besitzt, und bestimmen Sie gegebenenfalls dessen Koordinaten. 5

2.2 Begründen Sie, dass die Funktion f umkehrbar ist, und bestimmen Sie den Funktionsterm und die Definitionsmenge der Umkehrfunktion f^{-1} von f. 6
[Teilergebnis: $f^{-1}(x) = 0{,}5 \cdot \ln\left(\dfrac{9x}{4-x}\right)$]

2.3 Zeigen Sie, dass der Graph von f^{-1} symmetrisch zum Punkt $S(2; \ln(3))$ ist. 4

2.4 Berechnen Sie die Steigung des Graphen von f^{-1} an der Stelle $x_0 = 2$, ohne den Funktionsterm der Ableitungsfunktion von f^{-1} explizit zu berechnen. 3

2.5 Gegeben ist die Funktion F: $x \mapsto \displaystyle\int_0^x f(t)\, dt$ mit der Definitionsmenge $D_F = \mathbb{R}$.

2.5.1 Geben Sie die Anzahl der Nullstellen von F und das Krümmungsverhalten des Graphen von F an. Begründen Sie Ihre Angaben. 4

2.5.2 Bestimmen Sie eine Darstellung des Funktionsterms F(x) der Integralfunktion F ohne Integralzeichen.
(Hinweis: Beginnen Sie mit einer geeigneten Substitution, z. B. $u = 9 e^{-2t}$ oder $u = 9 e^{-2x}$.) 8

3 Bestimmen Sie die allgemeine Lösung der Differenzialgleichung
$y' + 2 \cdot y = \cos(x)$ mit $x \in \mathbb{R}$. 10

2007-8

4 Bei Untersuchungen darüber, wie oft Publikationen zitiert werden, verwendet man zur näherungsweisen Bestimmung den Funktionsterm z(t), der die monatliche Anzahl der Zitate in Abhängigkeit von der Zeit t (in Monaten) angibt, und den Funktionsterm ż(t), der die momentane Veränderungsrate angibt. Dabei stellt man fest, dass gilt: $\dot{z}(t) = \lambda \cdot z(t)$. Von einer Publikation wird nun über einen größeren Zeitraum die Anzahl der Zitate pro Monat erfasst. Dabei ergibt sich: z(6) = 950 und z(10) = 900. Bestimmen Sie z(t), wenn für z(t) obige Differenzialgleichung gilt. 6

60

Tipps und Hinweise zur Lösung von Aufgabe A II

Teilaufgabe 1.1
/ Machen Sie auch eine geeignete Fallunterscheidung für a.

Teilaufgabe 1.2
/ Beachten Sie: $y = f_a(x)$. Die Differenzialgleichung soll hier nicht gelöst werden.
/ Die Anfangswertbedingung dient hier zur Berechnung einer geeigneten Zahl a.

Teilaufgabe 1.3
/ Wegen der geringen Anzahl von BE kann auch der Rechenaufwand nur gering sein.

Teilaufgabe 2.1
/ Untersuchen Sie das Vorzeichen der 2. Ableitung. Berücksichtigen Sie dabei, aus welchen Einzelteilen der gegebene Bruchterm zusammengesetzt ist.

Teilaufgabe 2.2
/ Nutzen Sie die von Ihnen in Aufgabe 1.2 berechnete 1. Ableitung und argumentieren Sie mit dem Monotonieverhalten von f.
/ Durch Vertauschen von x und y und geeignete Termumformungen erhält man den Term der Umkehrfunktion.
/ Nutzen Sie Ihre Ergebnisse aus Aufgabe 1.3.

Teilaufgabe 2.3
/ Berechnen Sie den Mittelwert der beiden Zahlen $f^{-1}(2+k)$ und $f^{-1}(2-k)$.

Teilaufgabe 2.4
/ Die Graphen von Funktion und Umkehrfunktion verlaufen symmetrisch zueinander.

Teilaufgabe 2.5.1
/ Argumentieren Sie mit dem Monotonieverhalten von f.

Teilaufgabe 2.5.2
/ Verwenden Sie nach der Substitution die Partialbruchzerlegung.

Teilaufgabe 3

- Ermitteln Sie zuerst die Lösung der homogenen Differenzialgleichung.
- Auch mehrmalige Anwendung der partiellen Integration kann bei der Berechnung eines unbestimmten Integrals hilfreich sein.

Teilaufgabe 4

- Berechnen Sie zunächst die allgemeine Lösung der gegebenen separierbaren Differenzialgleichung und benutzen Sie dann die beiden Randwertbedingungen.
- Beachten Sie, dass die Variable hier mit t bezeichnet wird.

Lösung

1 $\quad f_a(x) = \dfrac{4}{1 + a \cdot e^{-2x}}; \quad a \in \mathbb{R}$

1.1 $\quad 1 + a \cdot e^{-2x} = 0 \iff a \cdot e^{-2x} = -1 \iff e^{-2x} = -\dfrac{1}{a}$, falls $a \neq 0$

$\iff -2x = \ln\left(-\dfrac{1}{a}\right)$, falls $a < 0 \iff x = -\dfrac{1}{2} \cdot \ln\left(-\dfrac{1}{a}\right)$;

$x = -\dfrac{1}{2} \cdot \ln\left(-\dfrac{1}{a}\right) = -\dfrac{1}{2} \cdot \ln((-a)^{-1}) = \dfrac{1}{2} \cdot \ln(-a)$

$\Rightarrow$ Für $a < 0$ gilt: $D_{f_a} = \mathbb{R} \setminus \left\{\dfrac{1}{2} \ln(-a)\right\}$

Für $a \geq 0$ besitzt die Gleichung $1 + a \cdot e^{-2x} = 0$ keine Lösung (siehe obige Rechnung).
$\Rightarrow$ Für $a \geq 0$ gilt: $D_{f_a} = \mathbb{R}$

1.2 $\quad f_a'(x) = \dfrac{0 - 4 \cdot a \cdot e^{-2x} \cdot (-2)}{(1 + a \cdot e^{-2x})^2} = \dfrac{8 \cdot a \cdot e^{-2x}}{(1 + a \cdot e^{-2x})^2} = y'$;

$\underline{\underline{2y - \dfrac{1}{2} y^2}} = 2 \cdot f_a(x) - \dfrac{1}{2} \cdot (f_a(x))^2 = \dfrac{8}{1 + a \cdot e^{-2x}} - \dfrac{1}{2} \cdot \dfrac{16}{(1 + a \cdot e^{-2x})^2} =$

$= \dfrac{8 \cdot (1 + a \cdot e^{-2x}) - 8}{(1 + a \cdot e^{-2x})^2} = \dfrac{8 \cdot a \cdot e^{-2x}}{(1 + a \cdot e^{-2x})^2} = f_a'(x) = \underline{\underline{y'}}$

Also ist jede Funktion f_a Lösung der angegebenen Differenzialgleichung.

$f_a(0) = 0{,}4 \iff \dfrac{4}{1 + a} = 0{,}4 \iff 1 + a = 10 \iff a = 9$

Die Lösung mit der Anfangsbedingung $y(0) = 0{,}4$ lautet: $y = f_9(x) = \underline{\underline{\dfrac{4}{1 + 9 \cdot e^{-2x}}}}$

1.3 Für $a > 0$ gilt: $D_{f_a} = \mathbb{R}$

$$x \to +\infty \Rightarrow f_a(x) = \frac{4}{1 + a \cdot \underbrace{e^{-2x}}_{\to 0}} \to \frac{4}{1} = 4$$

$$x \to -\infty \Rightarrow f_a(x) = \frac{4}{\underbrace{1 + a \cdot \underbrace{e^{-2x}}_{\to +\infty}}_{\to +\infty}} \to 0$$

2 $\quad f(x) = \dfrac{4}{1 + 9e^{-2x}}$; $D_f = \mathbb{R}$

2.1 $\quad f''(x) = \dfrac{144e^{-2x} \cdot (9e^{-2x} - 1)}{(1 + 9 \cdot e^{-2x})^3}$

Wegen $144e^{-2x} > 0 \wedge 1 + 9 \cdot e^{-2x} > 0$ für alle $x \in \mathbb{R}$ hängt das Vorzeichen von $f''(x)$ nur vom Vorzeichen des Wertes $T(x) = 9e^{-2x} - 1$ ab.

$T(x) = 0 \Leftrightarrow e^{-2x} = \dfrac{1}{9} \Leftrightarrow -2x = \ln(3^{-2}) \Leftrightarrow x = \ln(3)$

$T(0) = 9 - 1 = 8 > 0;\ T(\ln(4)) = 9 \cdot e^{-2 \cdot \ln(4)} - 1 = 9 \cdot e^{\ln(4^{-2})} - 1 = \dfrac{9}{16} - 1 = -\dfrac{7}{16} < 0$

$\Rightarrow T(x)$ und damit $f''(x)$ wechselt das Vorzeichen bei $x = \ln(3)$ und wegen der Stetigkeit von $T(x)$ gilt:
$f''(x) > 0$ für $x < \ln(3)$ und $f''(x) < 0$ für $x > \ln(3)$
$\Rightarrow$ Der Graph von f besitzt genau einen Wendepunkt W mit $x_w = \ln(3)$.

$f(\ln(3)) = \dfrac{4}{1 + 9e^{-2 \cdot \ln(3)}} = \dfrac{4}{1 + 9e^{\ln(3^{-2})}} = \dfrac{4}{1 + 9 \cdot \frac{1}{9}} = 2;\ \underline{\underline{W(\ln(3); 2)}}$

2.2 $\quad$ Aus 1.2: $f'(x) = \dfrac{72 \cdot e^{-2x}}{(1 + 9 \cdot e^{-2x})^2}$

Wegen $72e^{-2x} > 0 \wedge 1 + 9 \cdot e^{-2x} > 0$ gilt für alle $x \in \mathbb{R}: f'(x) > 0$
$\Rightarrow$ f ist streng monoton zunehmend in $\mathbb{R}$.
$\Rightarrow$ f besitzt eine Umkehrfunktion f^{-1}.
Für die Umkehrfunktion f^{-1} mit $y = f^{-1}(x)$ gilt:

$x = \dfrac{4}{1 + 9 \cdot e^{-2y}} \Leftrightarrow 1 + 9 \cdot e^{-2y} = \dfrac{4}{x} \Leftrightarrow e^{-2y} = \dfrac{1}{9} \cdot \left(\dfrac{4}{x} - 1\right)$

$\qquad\qquad\qquad \Leftrightarrow \quad e^{-2y} = \dfrac{4 - x}{9x} \quad \Leftrightarrow \quad e^{2y} = \dfrac{9x}{4 - x}$

$\qquad\qquad\qquad \Leftrightarrow \quad 2y = \ln\left(\dfrac{9x}{4 - x}\right) \Leftrightarrow \quad y = \dfrac{1}{2}\ln\left(\dfrac{9x}{4 - x}\right)$

$$\Rightarrow f^{-1}(x) = \frac{1}{2}\ln\left(\frac{9x}{4-x}\right) = \ln\left(\sqrt{\frac{9x}{4-x}}\right)$$

Wegen des Monotonieverhaltens und der Stetigkeit von f sowie $\lim_{x \to +\infty} f(x) = 4$ und $\lim_{x \to -\infty} f(x) = 0$ (siehe Aufgabe 1.3) gilt: $W_f = D_{f^{-1}} =]0; 4[$

2.3 Zu zeigen ist: $\frac{1}{2} \cdot (f^{-1}(2+k) + f^{-1}(2-k)) = \ln(3)$ für alle $k \in]-2; 2[$

$$\frac{1}{2} \cdot (f^{-1}(2+k) + f^{-1}(2-k)) = \frac{1}{2} \cdot \left(\frac{1}{2}\ln\left(\frac{9 \cdot (2+k)}{4-(2+k)}\right) + \frac{1}{2}\ln\left(\frac{9 \cdot (2-k)}{4-(2-k)}\right)\right) =$$

$$= \frac{1}{2} \cdot \left(\frac{1}{2}\ln\left(\frac{9 \cdot (2+k)}{2-k}\right) + \frac{1}{2}\ln\left(\frac{9 \cdot (2-k)}{2+k}\right)\right) =$$

$$= \frac{1}{4} \cdot \left(\ln\left(\frac{9 \cdot (2+k)}{2-k}\right) + \ln\left(\frac{9 \cdot (2-k)}{2+k}\right)\right) =$$

$$= \frac{1}{4} \cdot \left(\ln\left(\frac{9 \cdot (2+k)}{2-k} \cdot \frac{9 \cdot (2-k)}{2+k}\right)\right) =$$

$$= \frac{1}{4} \cdot \ln(81) = \frac{1}{4} \cdot \ln(3^4) = \frac{1}{4} \cdot 4 \cdot \ln(3) =$$

$$= \ln(3) = y_S$$

$\Rightarrow$ Der Graph von f^{-1} ist symmetrisch zum Punkt $S(2; \ln(3))$.

2.4 $f(\ln(3)) = 2 \Leftrightarrow f^{-1}(2) = \ln(3); \quad f'(x) = \frac{72 \cdot e^{-2x}}{(1+9 \cdot e^{-2x})^2}$

$$f'(\ln(3)) = \frac{72 \cdot e^{-2 \cdot \ln(3)}}{(1+9 \cdot e^{-2 \cdot \ln(3)})^2} = \frac{72 \cdot 3^{-2}}{(1+9 \cdot 3^{-2})^2} = \frac{8}{4} = 2$$

$$(f^{-1})'(2) = \frac{1}{f'(\ln(3))} = \frac{1}{2}$$

2.5 $F(x) = \int_0^x \frac{4}{1+9 \cdot e^{-2t}} dt; \quad D_F = \mathbb{R}$

2.5.1 $F'(x) = f(x) > 0$ für alle $x \in \mathbb{R} \Rightarrow$ Der Graph von F ist streng monoton steigend in $\mathbb{R}$. Somit ist die untere Grenze $x = 0$ die einzige Nullstelle von F.
Da f in ganz $\mathbb{R}$ streng monoton zunehmend ist, ist der Graph von F in ganz $\mathbb{R}$ linksgekrümmt.

2.5.2 Substitution:

$$u = 9e^{-2t} \Rightarrow \frac{du}{dt} = 9e^{-2t} \cdot (-2) \Leftrightarrow \frac{du}{dt} = -2u \Leftrightarrow dt = -\frac{1}{2u} du$$

$$\int f(t)\,dt = \int \frac{4}{1+9e^{-2t}}\,dt = \int \frac{4}{1+u} \cdot \left(-\frac{1}{2u}\right)du = \int \frac{-2}{(1+u)\cdot u}\,du = \ldots$$

Partialbruchzerlegung:

$$\frac{-2}{(1+u)\cdot u} = \frac{A}{1+u} + \frac{B}{u} \Rightarrow A\cdot u + B\cdot(u+1) = -2 \quad \begin{array}{l}\text{mit } u = 0 \Rightarrow B = -2 \\ \text{mit } u = -1 \Rightarrow -A = -2 \Leftrightarrow A = 2\end{array}$$

$$\ldots = \int \left(\frac{2}{u+1} - \frac{2}{u}\right)du = 2\cdot(\ln(u+1) - \ln(u)) + C = 2\cdot\ln\left(\frac{u+1}{u}\right) + C =$$

$$= 2\cdot\ln\left(\frac{1+9e^{-2t}}{9e^{-2t}}\right) + C = J(t)$$

$$\underline{\underline{F(x)}} = \int_0^x f(t)\,dt = J(x) - J(0) = 2\cdot\ln\left(\frac{1+9e^{-2x}}{9e^{-2x}}\right) - 2\cdot\ln\left(\frac{10}{9}\right) =$$

$$= 2\cdot\ln\left(\frac{1+9e^{-2x}}{9e^{-2x}} \cdot \frac{9}{10}\right) = 2\cdot\ln\left(\frac{1+9e^{-2x}}{10e^{-2x}} \cdot \frac{e^{2x}}{e^{2x}}\right) =$$

$$= \underline{\underline{2\cdot\ln\left(\frac{9+e^{2x}}{10}\right)}}$$

3 Gegebene Differenzialgleichung:
(∗) $y' + 2\cdot y = \cos(x);\ x \in \mathbb{R}$

I) Allgemeine Lösung der zugehörigen homogenen Differenzialgleichung:
$y' + 2y = 0$; triviale Lösung: $y = 0$

$$\frac{dy}{dx} = -2y \Rightarrow \int \frac{1}{y}\,dy = \int -2\,dx \quad \text{mit } y \neq 0$$

$\Rightarrow \ln|y| = -2x + C$

$\Rightarrow |y| = e^{-2x+C} = e^C \cdot e^{-2x}$

$\Rightarrow y_h = D\cdot e^{-2x}$

Mit $D \in \mathbb{R}$ ist auch die triviale Lösung enthalten.

II) Variation der Konstanten D:

$y = D(x)\cdot e^{-2x} \Rightarrow y' = D'(x)\cdot e^{-2x} + D(x)\cdot e^{-2x}\cdot(-2)$

Einsetzen in (∗):

$\Rightarrow D'(x)\cdot e^{-2x} - 2\cdot D(x)\cdot e^{-2x} + 2\cdot D(x)\cdot e^{-2x} = \cos(x)$

$\Leftrightarrow \qquad\qquad\qquad\qquad D'(x)\cdot e^{-2x} = \cos(x)$

$\Leftrightarrow \qquad\qquad\qquad\qquad D'(x) = \cos(x)\cdot e^{2x}$

$$\Rightarrow \quad D(x) = \int \cos(x) \cdot e^{2x}\, dx = \sin(x) \cdot e^{2x} - \int \sin(x) \cdot e^{2x} \cdot 2\, dx =$$

$$= \sin(x) \cdot e^{2x} + 2 \cdot \int -\sin(x) \cdot e^{2x}\, dx =$$

$$= \sin(x) \cdot e^{2x} + 2 \cdot (\cos(x) \cdot e^{2x} - \int \cos(x) \cdot e^{2x} \cdot 2\, dx) =$$

$$= \sin(x) \cdot e^{2x} + 2 \cdot \cos(x) \cdot e^{2x} - 4 \cdot \int \cos(x) \cdot e^{2x}\, dx$$

$$\Rightarrow \quad D(x) = \sin(x) \cdot e^{2x} + 2 \cdot \cos(x) \cdot e^{2x} - 4 \cdot D(x)$$

$$\Rightarrow \quad 5 \cdot D(x) = \sin(x) \cdot e^{2x} + 2 \cdot \cos(x) \cdot e^{2x}$$

$$D(x) = \frac{1}{5} \cdot (\sin(x) \cdot e^{2x} + 2 \cdot \cos(x) \cdot e^{2x})$$

Spezielle Lösung: $\quad y_s = \frac{1}{5} \cdot (\sin(x) \cdot e^{2x} + 2 \cdot \cos(x) \cdot e^{2x}) \cdot e^{-2x}$

$$y_s = \frac{1}{5} \cdot (\sin(x) + 2 \cdot \cos(x))$$

III) Allgemeine Lösung der inhomogenen Differenzialgleichung: $y = y_s + y_h$

$$\underline{\underline{y = \frac{1}{5} \cdot \sin(x) + \frac{2}{5} \cdot \cos(x) + D \cdot e^{-2x} \quad \text{mit } D \in \mathbb{R}}}$$

4 Differenzialgleichung: $\dot{z}(t) = \lambda \cdot z(t)$

$$\frac{dz}{dt} = \lambda \cdot z \quad \Rightarrow \quad \int \frac{1}{z}\, dz = \int \lambda\, dt \quad \Leftrightarrow \quad \ln|z| = \lambda \cdot t + C \quad \Leftrightarrow \quad |z| = e^{\lambda \cdot t + C}$$

$$\Leftrightarrow \quad z = e^{\lambda \cdot t} \cdot e^C \quad \Leftrightarrow \quad z(t) = D \cdot e^{\lambda \cdot t}$$

$z(6) = 950 \quad \Rightarrow \quad$ I) $\quad D \cdot e^{6 \cdot \lambda} = 950$

$z(10) = 900 \quad \Rightarrow \quad$ II) $\quad D \cdot e^{10 \cdot \lambda} = 900$

II) : I) $\quad \Rightarrow \quad \dfrac{D \cdot e^{10 \cdot \lambda}}{D \cdot e^{6 \cdot \lambda}} = \dfrac{900}{950} \quad \Leftrightarrow \quad e^{4 \cdot \lambda} = \dfrac{18}{19} \quad \Leftrightarrow \quad 4\lambda = \ln \dfrac{18}{19}$

$$\Leftrightarrow \quad \lambda = \frac{1}{4} \ln \frac{18}{19} \approx -0{,}0135$$

I) $\quad D \cdot e^{10 \cdot \lambda} = 900 \quad \Leftrightarrow \quad D = 900 \cdot e^{-10\lambda} = 900 \cdot e^{\frac{5}{2} \cdot \ln\left(\frac{19}{18}\right)} = 900 \cdot e^{\ln\left(\left(\frac{19}{18}\right)^{2{,}5}\right)} =$

$$= 900 \cdot \left(\frac{19}{18}\right)^{2{,}5} \approx 1030$$

$$\underline{\underline{z(t) = 900 \cdot \left(\frac{19}{18}\right)^{2{,}5} \cdot e^{-\frac{1}{4}\ln\left(\frac{19}{18}\right) \cdot t}}} \quad \text{bzw.} \quad \underline{\underline{z(t) \approx 1030 \cdot e^{-0{,}0135 \cdot t}}}$$

Berufsoberschulen in Bayern – Abiturprüfung 2007
Mathematik (Ausbildungsrichtung Technik) – Stochastik B I

BE

1 Ein Getränkemarkt bezieht Bier in Flaschen von 3 verschiedenen Brauereien. Brauerei A liefert 2 Biersorten, Brauerei B 3 Sorten und die Brauerei C liefert 4 Sorten.

1.1 Es sollen nun je eine Flasche jeder Brauerei und jeder Sorte in einer Reihe nebeneinander aufgestellt werden. Wie viele Möglichkeiten gibt es dazu, wenn die Flaschen der einzelnen Brauereien in der Reihe beieinander stehen sollen? 3

1.2 Für eine Werbeaktion werden Träger mit jeweils 4 Flaschen unterschiedlicher Sorten zusammengestellt. Wie viele verschiedene solcher Zusammenstellungen sind möglich, wenn in jedem Träger mindestens eine Flasche von jeder Brauerei enthalten sein muss? 4

2 Der Getränkemarkt stellt den Kunden Einkaufswagen zur Verfügung, die mit einem Chip benützt werden können. Kunden, die keinen Chip besitzen, können sich an der Kasse einen Chip abholen. Somit ist sichergestellt, dass jeder Kunde, wenn er es wünscht, einen Einkaufswagen benutzen kann. Bei einer Befragung der Kunden stellte sich heraus:
98 % der Kunden, die einen Chip hatten, benutzten einen Einkaufswagen. 1 % aller Kunden hatte einen Chip, benutzte aber keinen Einkaufwagen, und 10 % der Kunden, die keinen Chip hatten, verwendeten auch keinen Einkaufswagen. Ermitteln Sie:

2.1 Wie viel Prozent aller Kunden hatten einen Chip? 4
[Ergebnis: $h(C) = 50\,\%$]

2.2 Wie viel Prozent aller Kunden verwendeten keinen Einkaufswagen? 2

2.3 Wie viel Prozent der Kunden, die keinen Einkaufswagen benutzten, hatten einen Chip? 2

3 Der Besitzer des Getränkemarktes vermutet, dass ziemlich genau 35 % der Kunden Bier von der Brauerei B bevorzugen. Die Angestellten bezweifeln diesen Prozentsatz.

3.1 Die Behauptung H_0 des Besitzers soll auf dem Signifikanzniveau von 5 % getestet werden. Bestimmen Sie den größtmöglichen Ablehnungsbereich der Nullhypothese in einem zweiseitigen Test bei einer Befragung von 256 Kunden. 6

3.2 Ermitteln Sie, mit welcher Wahrscheinlichkeit man der Behauptung des Besitzers zustimmen wird bei einem Annahmebereich von $A = \{75, \ldots, 105\}$ der Nullhypothese, obwohl in Wirklichkeit 45 % der Kunden Bier von der Brauerei B bevorzugen. 4

4 Die Brauerei B hat eine neue Etikettieranlage, die bei 5 % der Flaschen das Etikett falsch aufklebt. Berechnen Sie, wie viele Träger (Kasten mit 20 Flaschen) man dem Getränkemarkt liefern müsste, damit er mit einer Wahrscheinlichkeit von mindestens 90 % mindestens 1 000 richtig etikettierte Flaschen erhält. 7

5　Die Geschäftsleitung will nun einen Imbissstand als zusätzliches Angebot einrichten. Dazu wurden 350 Kunden befragt. Von diesen zeigten 210 Personen Interesse, der Rest lehnte das Angebot ab.

5.1　Berechnen Sie die Wahrscheinlichkeit dafür, dass die Anzahl der Befürworter um höchstens 0,5 % vom Erwartungswert abweicht, wenn man von einem Kundenstamm von 5 000 Personen ausgeht und den Wert der relativen Häufigkeit bei der Umfrage als Wahrscheinlichkeit interpretiert. 　4

5.2　Zur Eröffnung des Imbissstandes wurden in einer Werbeaktion 275 Gutscheine für eine Flasche Wein ausgegeben. Die Geschäftsleitung geht davon aus, dass 10 % der Gutscheine nicht eingelöst werden. Deshalb stehen nur 250 Flaschen zur Verfügung. Bestimmen Sie, wie groß die Wahrscheinlichkeit ist, dass die 250 Flaschen nicht ausreichen. 　4

　40

Tipps und Hinweise zur Lösung von Aufgabe B I

Teilaufgabe 1.1

/ Verwenden Sie das Zählprinzip.

Teilaufgabe 1.2

/ Verwenden Sie „Kombinationen" $\binom{n}{k}$. Sprich „k aus n"!

Teilaufgabe 2.1

/ Lesen Sie den Text nochmals genau durch und extrahieren Sie zuerst alle gegebenen relativen Häufigkeiten aus dem Text.
/ Verwenden Sie ein Baumdiagramm oder rechnen Sie mit „bedingten Wahrscheinlichkeiten" und den Gesetzen von Kolmogorow.

Teilaufgaben 2.2 und 2.3

/ Rechnen Sie mit „bedingten Wahrscheinlichkeiten" und den Gesetzen von Kolmogorow.

Teilaufgabe 3.1

/ Geben Sie die Testgröße des Hypothesentests an (was wird gezählt?).
/ Geben Sie die Nullhypothese und die Gegenhypothese an.
/ Nutzen Sie die Symmetrie des Ablehnungsbereichs der Nullhypothese zum Erwartungswert.
/ Prüfen Sie, ob eine Näherungsrechnung sinnvoll ist.
/ Nutzen Sie das Tabellenwerk.

Teilaufgabe 3.2

/ Berechnen Sie den Fehler 2. Art.

Teilaufgabe 4

Gedankenfolge:
- Was ist hier die Zufallsgröße X?
- Ist X binomialverteilt und mit welcher Trefferwahrscheinlichkeit p?
- Welches Ereignis wird beschrieben?
- Welche Aussage wird über die Wahrscheinlichkeit dieses Ereignisses gemacht?

Verwenden Sie auch die Normalverteilung als Näherung.

Teilaufgaben 5.1 und 5.2

Gehen Sie ähnlich wie in Teilaufgabe 4 vor.

Lösung

1.1 $N = 3! \cdot (2! \cdot 3! \cdot 4!) = 6 \cdot 2 \cdot 6 \cdot 24 = \underline{\underline{1\,728}}$

1.2 $N = \binom{2}{2} \cdot \binom{3}{1} \cdot \binom{4}{1} + \binom{2}{1} \cdot \binom{3}{2} \cdot \binom{4}{1} + \binom{2}{1} \cdot \binom{3}{1} \cdot \binom{4}{2} = 1 \cdot 3 \cdot 4 + 2 \cdot 3 \cdot 4 + 2 \cdot 3 \cdot 6 = \underline{\underline{72}}$

2 C: „Der Kunde besitzt einen Chip."; W: „Der Kunde benutzt einen Einkaufswagen."
Gegeben sind die relativen Häufigkeiten:
$h_C(W) = 0{,}98; \quad h(C \cap \overline{W}) = 0{,}01; \quad h_{\overline{C}}(\overline{W}) = 0{,}10$

2.1 $h(C) \cdot h_C(\overline{W}) = h(C \cap \overline{W}) \wedge h_C(\overline{W}) = 1 - h_C(W)$

$\Rightarrow \quad h(C) \cdot (1 - h_C(W)) = h(C \cap \overline{W})$

$\Leftrightarrow \quad h(C) = \dfrac{h(C \cap \overline{W})}{1 - h_C(W)}; \quad h(C) = \dfrac{0{,}01}{0{,}02} = \underline{\underline{0{,}50}} = \underline{\underline{50\,\%}}$

2.2 $h(\overline{W}) = h(C \cap \overline{W}) + h(\overline{C} \cap \overline{W}) = h(C \cap \overline{W}) + h(\overline{C}) \cdot h_{\overline{C}}(\overline{W}) = 0{,}01 + 0{,}5 \cdot 0{,}1 = \underline{\underline{6\,\%}}$

2.3 $h_{\overline{W}}(C) = \dfrac{h(\overline{W} \cap C)}{h(\overline{W})} = \dfrac{0{,}01}{0{,}06} = \dfrac{1}{6} \approx \underline{\underline{16{,}7\,\%}}$

3.1 Testgröße X: Anzahl der Kunden unter 256, die nur Bier der Brauerei B kaufen.
X ist binomialverteilt mit B(256; p); d. h.: Stichprobenlänge n = 256 und p ∈ [0; 1].

Zweiseitiger Signifikanztest:
Nullhypothese H_0: p = 0,35,
Gegenhypothese H_1: p ≠ 0,35
Signifikanzniveau: 0,05

Ablehnungsbereich von H_0:	Annahmebereich von H_0:
$A = \{0; \ldots; \mu - c\} \cup \{\mu + c; \ldots; 256\}$	$\overline{A} = \{\mu - c + 1; \ldots; \mu + c - 1\}$

$P(X \leq \mu - c) = F_{0,35}^{256}(\mu - c) \leq \frac{1}{2} \cdot 0,05$

Es gilt $\text{Var}(X) = n \cdot p \cdot q = 256 \cdot 0,35 \cdot 0,65 = 89,6 \cdot 0,65 = 58,24 > 9$, also ist eine Näherung mithilfe der Normalverteilung sinnvoll:

$\Phi\left(\dfrac{\mu - c - \mu + 0,5}{\sigma}\right) \leq 0,025 \quad \Leftrightarrow \quad \Phi\left(\dfrac{-c + 0,5}{\sigma}\right) \leq 0,025$

$\Leftrightarrow \quad \dfrac{-c + 0,5}{\sigma} \leq -1,960 \quad \Leftrightarrow \quad -c \leq -1,960 \cdot \sigma - 0,5 \quad \Leftrightarrow \quad c \geq 1,960 \cdot \sigma + 0,5$

Mit $\sigma = \sqrt{\text{Var}(X)}$ gilt: $c \geq 1,960 \cdot \sqrt{58,24} + 0,5 \approx 15,46$

$\mu = n \cdot p = 256 \cdot 0,35 = 89,6; \quad \mu - 15,46 = 74,14; \quad \mu + 15,46 = 105,06$

Größtmöglicher Ablehnungsbereich von H_0: $\overline{A} = \{0; \ldots; 74\} \cup \{106; \ldots; 256\}$

3.2 Die Zufallsgröße X aus 3.1 ist nun binomialverteilt mit B(256; 0,45); d. h.: $p = 0,45$ und $n = 256$.
$\mu = n \cdot p = 256 \cdot 0,45 = 115,2; \quad \text{Var}(X) = \mu \cdot q = 115,2 \cdot 0,55 = 63,36 > 9$
Eine Näherung mithilfe der Normalverteilung ist auch hier sinnvoll.

$P(75 \leq X \leq 105) = F_{0,45}^{256}(105) - F_{0,45}^{256}(74) \approx$

$\approx \Phi\left(\dfrac{105 - 115,2 + 0,5}{\sqrt{63,36}}\right) - \Phi\left(\dfrac{74 - 115,2 + 0,5}{\sqrt{63,36}}\right) \approx$

$\approx \Phi(-1,22) - \Phi(-5,11) = 1 - \Phi(1,22) - (1 - \Phi(5,11)) =$

$= \Phi(5,11) - \Phi(1,22) = 1 - 0,88877 =$

$= 0,11123$

4 Zufallsgröße X: Anzahl der richtig etikettierten Flaschen von n untersuchten Flaschen. X ist nach B(n; 0,95) binomialverteilt.
$n \geq 1000 \quad \Rightarrow \quad \text{Var}(X) = n \cdot p \cdot q \geq 1000 \cdot 0,95 \cdot 0,05 = 47,5 > 9$
Damit ist die Normalverteilung als Näherung sinnvoll.
$P(X \geq 1000) \geq 0,90 \quad \Leftrightarrow \quad 1 - F_{0,95}^{n}(999) \geq 0,90 \quad \Leftrightarrow \quad F_{0,95}^{n}(999) \leq 0,10$

Näherung mit Normalverteilung:

$F_{0,95}^{n}(999) \approx \Phi\left(\dfrac{999 - n \cdot 0,95 + 0,5}{\sqrt{n \cdot 0,95 \cdot 0,05}}\right) \leq 0,10 \quad \overset{TW}{\Leftrightarrow} \quad \dfrac{999,5 - n \cdot 0,95}{\sqrt{n \cdot 0,0475}} \leq -1,281$

$\Leftrightarrow \quad 0,95 \cdot n - 1,281 \cdot \sqrt{0,0475} \cdot \sqrt{n} - 999,5 \geq 0$

Mit der Substitution $z = \sqrt{n}$ folgt:
$0,95 \cdot z^2 - 1,281 \cdot \sqrt{0,0475} \cdot z - 999,5 \geq 0$

$\Rightarrow \quad z \geq \dfrac{1,281 \cdot \sqrt{0,0475} + \sqrt{1,281^2 \cdot 0,0475 + 4 \cdot 0,95 \cdot 999,5}}{2 \cdot 0,95} \approx 32,5834$

Mit $z^2 = n$ ergibt sich:

$n \geq 32{,}5834^2 \approx 1\,061{,}7 \quad \Rightarrow \quad n \geq 1\,062$

Da sich in einem Träger (Kasten) genau 20 Flaschen befinden, gilt für die Anzahl k der Träger:

$k \geq \dfrac{1\,062}{20} = 53{,}1$, d. h.: $\underline{\underline{k_{min} = 54}}$

Es müssen also mindestens 54 Träger geliefert werden.

5.1 Zufallsgröße X: Anzahl der Interessenten unter 5 000 Stammkunden.

$p = \dfrac{210}{350} = \dfrac{3}{5} = 0{,}6;$ X ist nach B(5 000; 0,6) binomialverteilt.

$\mu = n \cdot p = 5\,000 \cdot 0{,}6 = 3\,000;$ Abweichung $a \leq \mu \cdot 0{,}5\,\% = 3\,000 \cdot 0{,}005 = 15$

$\underline{P(|X - \mu| \leq 15)} = P(\mu - 15 \leq X \leq \mu + 15) = F_{0{,}6}^{5\,000}(\mu + 15) - F_{0{,}6}^{5\,000}(\mu - 16) \approx \ldots$

Wegen $Var(X) = \mu \cdot q = 3\,000 \cdot 0{,}4 = 1\,200 > 9$ ist eine Näherung mithilfe der Normalverteilung sinnvoll.

$\ldots \approx \Phi\left(\dfrac{\mu + 15 - \mu + 0{,}5}{\sigma}\right) - \Phi\left(\dfrac{\mu - 16 - \mu + 0{,}5}{\sigma}\right) = \Phi\left(\dfrac{15{,}5}{\sigma}\right) - \Phi\left(\dfrac{-15{,}5}{\sigma}\right) =$

$= \Phi\left(\dfrac{15{,}5}{\sigma}\right) - \left(1 - \Phi\left(\dfrac{15{,}5}{\sigma}\right)\right) = 2 \cdot \Phi\left(\dfrac{15{,}5}{\sigma}\right) - 1 = 2 \cdot \Phi\left(\dfrac{15{,}5}{\sqrt{1\,200}}\right) - 1 \approx$

$\approx 2 \cdot \Phi(0{,}447) - 1 = 2 \cdot 0{,}674 - 1 = 0{,}348 \approx \underline{\underline{35\,\%}}$

5.2 Zufallsgröße X: Anzahl der eingelösten Gutscheine von n = 275 Gutscheinen

X ist nach B(275; 0,90) binomialverteilt.

$\underline{P(X > 250)} = 1 - F_{0{,}9}^{275}(250) \approx \ldots$

Wegen $Var(X) = n \cdot p \cdot q = 275 \cdot 0{,}9 \cdot 0{,}1 = 24{,}75 > 9$ ist auch hier eine Näherung mithilfe der Normalverteilung sinnvoll.

$\ldots \approx 1 - \Phi\left(\dfrac{250 - 275 \cdot 0{,}9 + 0{,}5}{\sqrt{24{,}75}}\right) \approx 1 - \Phi(0{,}603) = 1 - 0{,}726 \approx \underline{\underline{27\,\%}}$

Mit einer Wahrscheinlichkeit von 27 % werden die 250 Flaschen nicht ausreichen.

Berufsoberschulen in Bayern – Abiturprüfung 2007
Mathematik (Ausbildungsrichtung Technik) – Stochastik B II

BE

1 Beim Spiel „Mensch ärgere Dich nicht" darf man das Spiel nur beginnen, wenn man eine 6 würfelt, wobei man eine Serie aus maximal drei Würfen ausführen darf.

1.1 Berechnen Sie für eine Serie mit einem Laplace-Würfel die Wahrscheinlichkeit der folgenden Ereignisse:
E: „Die erste 6 erscheint beim dritten Wurf."
F: „Die erste 6 erscheint spätestens beim dritten Wurf." 3

[Teilergebnis: $P(F) = \frac{91}{216}$]

1.2 Ermitteln Sie, wie viele Serien man mit einem Laplace-Würfel mindestens ausführen muss, um mit einer Wahrscheinlichkeit von mindestens 95 % ins Spiel zu kommen. 4

1.3 Bei einem gezinkten Würfel beträgt die Wahrscheinlichkeit bei der ersten Serie beginnen zu können 0,50. Berechnen Sie die Wahrscheinlichkeit für die Augenzahl 6 bei einem Wurf für diesen Würfel. 3

2 Aufgrund langjähriger Beobachtungen weiß man, dass 4 % der Fahrgäste, welche die U-Bahn einer Großstadt benutzen, keinen gültigen Fahrausweis besitzen, also „schwarz" fahren.

2.1 Ermitteln Sie mithilfe der Normalverteilung als Näherung, wie viele Fahrgäste von den Kontrolleuren mindestens überprüft werden müssen, damit sie mit einer Wahrscheinlichkeit von mindestens 99 % mindestens 50 Fahrgäste ohne Fahrausweis ertappen. Begründen Sie, dass die Näherung mithilfe der Normalverteilung sinnvoll war. 7

2.2 Die schlechte wirtschaftliche Lage vieler Bewohner der Großstadt lässt den Verdacht aufkommen, dass der Prozentsatz der Schwarzfahrer gestiegen ist. Um die Vermutung zu überprüfen, wird ein Signifikanztest durchgeführt, wobei 500 zufällig ausgewählte Fahrgäste kontrolliert werden sollen.

2.2.1 Ermitteln Sie für die Nullhypothese „Höchstens 4 % der Fahrgäste sind Schwarzfahrer" den Annahme- und den Ablehnungsbereich auf dem Signifikanzniveau von 5 %. 7

2.2.2 Bestimmen Sie, wie groß bei diesem Test mit den in Aufgabe 2.2.1 ermittelten Bereichen die Wahrscheinlichkeit ist, dass die Nullhypothese angenommen wird, obwohl der tatsächliche Anteil der Schwarzfahrer auf 6 % gestiegen ist. Wie kann diese Irrtumswahrscheinlichkeit verringert werden? 5

2.3 Kontrolleur Adlerauge glaubt, dass sich am Monatsende der Prozentsatz der Schwarzfahrer auf 10 % erhöht. Diese Hypothese soll bei 200 kontrollierten Fahrgästen am Monatsende überprüft werden. Ermitteln Sie den kleinsten Annahmebereich für diese Hypothese, wenn die Wahrscheinlichkeit, irrtümlich am niedrigeren Schwarzfahreranteil festzuhalten, höchstens 0,30 betragen soll. Berechnen Sie für diesen Annahmebereich die Wahrscheinlichkeit, sich irrtümlich für die Erhöhung zu entscheiden. 6

2.4 In einer anderen Großstadt haben 70 % der Fahrgäste der U-Bahn ihren Wohnsitz in der Stadt. Umfangreiche Kontrollen ergaben einen Schwarzfahreranteil von 5,4 %, wobei durchschnittlich zwei von neun Schwarzfahrern Auswärtige sind.
Berechnen Sie den Prozentsatz der Schwarzfahrer unter den Stadtbewohnern. Wie groß ist die Wahrscheinlichkeit, dass ein Fahrgast in der Stadt wohnt und einen gültigen Fahrausweis besitzt?

$\frac{5}{40}$

Tipps und Hinweise zur Lösung von Aufgabe B II

Teilaufgabe 1.1
Eine Visualisierung des Problems mithilfe eines Baumdiagramms kann hilfreich sein.

Teilaufgabe 1.2
Verwenden Sie eine geeignete Bernoullikette.

Teilaufgabe 1.3
Verwenden Sie eine geeignete Bernoullikette und rechnen Sie mit den Wahrscheinlichkeiten geeigneter Gegenereignisse.

Teilaufgabe 2.1
Gedankenfolge:
– Was ist hier die Zufallsgröße X?
– Ist X binomialverteilt und mit welcher Trefferwahrscheinlichkeit p?
– Welches Ereignis wird beschrieben?
– Welche Aussage wird über die Wahrscheinlichkeit dieses Ereignisses gemacht?
Verwenden Sie auch die Normalverteilung als Näherung.

Teilaufgabe 2.2.1
Es wird hier ein rechtsseitiger Signifikanztest beschrieben.

Teilaufgabe 2.2.2
Es soll die Wahrscheinlichkeit eines Fehlers 2. Art berechnet werden.
Zeigen Sie, dass die Verwendung der Normalverteilung als Näherung sinnvoll ist und verwenden Sie dann die Verteilungsfunktion der Normalverteilung.

Teilaufgabe 2.3
Es handelt sich hier um einen Alternativtest.
Verschaffen Sie sich Klarheit über die jeweiligen Annahmebereiche bzw. Ablehnungsbereiche der beiden Hypothesen.
Für Ihre Rechnungen benötigen Sie Werte aus dem Tabellenwerk für die Verteilungsfunktionen geeigneter Binomialverteilungen.

Teilaufgabe 2.4

- Rechnen Sie mit bedingten Wahrscheinlichkeiten.
- Erstellen Sie eine Vierfeldertafel.

Lösung

1.1 $P(E) = \frac{5}{6} \cdot \frac{5}{6} \cdot \frac{1}{6} = \frac{25}{216}$; $P(F) = \frac{1}{6} + \frac{5}{6} \cdot \frac{1}{6} + P(E) = \frac{36 + 30 + 25}{216} = \frac{91}{216}$

Alternativ:

$P(F) = 1 - \frac{5}{6} \cdot \frac{5}{6} \cdot \frac{5}{6} = \frac{216 - 125}{216} = \frac{91}{216}$

1.2 Die mehrmalige Durchführung von Würfelserien entspricht einer Bernoullikette der Länge n und der Trefferwahrscheinlichkeit $p = P(F) = \frac{91}{216}$; $q = 1 - p = \frac{125}{216}$.

$P(G) \geq 0{,}95 \iff 1 - P(\overline{G}) \geq 0{,}95 \iff P(\overline{G}) \leq 0{,}05 \iff q^n \leq 0{,}05$

$\iff \ln(q^n) \leq \ln(0{,}05) \iff n \cdot \ln(q) \leq \ln(0{,}05) \iff n \geq \frac{\ln(0{,}05)}{\ln\left(\frac{125}{216}\right)} \approx 5{,}48$

Man muss mindestens 6 Serien durchführen.

1.3 H: „Bei der ersten Serie wird die 6 geworfen."
S: „Bei einem Wurf wird ein 6er geworfen."
$P(H) = 0{,}5$; $P(\overline{H}) = 0{,}5$

$(P(\overline{S}))^3 = P(\overline{H}) \iff (1 - P(S))^3 = 0{,}5 \iff 1 - P(S) = \sqrt[3]{0{,}5}$

$P(S) = 1 - \sqrt[3]{0{,}5} \approx 0{,}2063$

2.1 X sei die Anzahl der Schwarzfahrer bei n kontrollierten Fahrgästen.
X ist binomialverteilt nach B(n; 0,04) mit $\mu = n \cdot 0{,}04$; $\sigma = \sqrt{n \cdot 0{,}04 \cdot 0{,}96}$.
$P(X \geq 50) \geq 0{,}99 \iff 1 - P(X \leq 49) \geq 0{,}99 \iff P(X \leq 49) \leq 0{,}01$

$F^n_{0{,}04}(49) \leq 0{,}01$; Näherung: $\Phi\left(\frac{49 - \mu + 0{,}5}{\sigma}\right) \leq 0{,}01$

$\frac{49 - n \cdot 0{,}04 + 0{,}5}{\sqrt{n \cdot 0{,}0384}} \leq -2{,}326 \iff 49{,}5 - 0{,}04 \cdot n \leq -2{,}326 \cdot \sqrt{0{,}0384} \cdot \sqrt{n}$

$\iff 0{,}04 \cdot n - 2{,}326 \cdot \sqrt{0{,}0384} \cdot \sqrt{n} - 49{,}5 \geq 0$; Substitution: $z = \sqrt{n}$

$\Rightarrow 0{,}04 \cdot z^2 - 2{,}326 \cdot \sqrt{0{,}0384} \cdot z - 49{,}5 \geq 0$

$$\Rightarrow z \geq \frac{2{,}326 \cdot \sqrt{0{,}0384} + \sqrt{2{,}326^2 \cdot 0{,}0384 + 4 \cdot 0{,}04 \cdot 49{,}5}}{2 \cdot 0{,}04} \approx 41{,}334$$

$$\Rightarrow n \geq 41{,}334^2 \approx 1708{,}5$$

Es müssen mindestens 1 709 Fahrgäste überprüft werden.
Es gilt: $\text{Var}(X) = n \cdot p \cdot q = 1\,709 \cdot 0{,}04 \cdot 0{,}96 \approx 65{,}6 > 9$;
also war die Näherung mithilfe der Normalverteilung sinnvoll.

2.2.1 Testgröße X: Anzahl der Schwarzfahrer unter 500 kontrollierten Fahrgästen.
X ist binomialverteilt nach B(500; p); d. h.: Stichprobenlänge n = 500 und $p \in [0; 1]$

Signifikanztest:
Nullhypothese H_0: $\quad p \leq 0{,}04$
Gegenhypothese H_1: $p > 0{,}04$
Signifikanzniveau: $\quad SN = 0{,}05$

Annahmebereich von H_0:	Ablehnungsbereich von H_0:
$A = \{0; \ldots; c\}$	$\overline{A} = \{c+1; \ldots; 500\}$

$$P(\overline{A}) \leq 0{,}05 \iff 1 - F_{0{,}04}^{500}(c) \leq 0{,}05 \iff F_{0{,}04}^{500}(c) \geq 0{,}95$$

$\text{Var}(X) = \sigma^2 = n \cdot p \cdot q = 500 \cdot 0{,}04 \cdot 0{,}96 = 19{,}2 > 9$,
also ist eine Näherung mithilfe der Normalverteilung sinnvoll.
Erwartungswert: $\mu = n \cdot p = 500 \cdot 0{,}04 = 20$

$$F_{0{,}04}^{500}(c) \geq 0{,}95 \iff \Phi\left(\frac{c - 20 + 0{,}5}{\sqrt{19{,}2}}\right) \geq 0{,}95 \iff \frac{c - 20 + 0{,}5}{\sqrt{19{,}2}} \geq 1{,}645$$

$$\iff c \geq 1{,}645 \cdot \sqrt{19{,}2} + 19{,}5 \iff c \geq 26{,}71; \ c_{\min} = 27$$

Annahmebereich von H_0:	Ablehnungsbereich von H_0:
$\underline{\underline{A = \{0; \ldots; 27\}}}$	$\underline{\underline{\overline{A} = \{28; \ldots; 500\}}}$

2.2.2 X: Anzahl der Schwarzfahrer unter 500 kontrollierten Fahrgästen.
X ist binomialverteilt nach B(500; 0,06); d. h.: Stichprobenlänge n = 500 und p = 0,06
Erwartungswert: $\mu = n \cdot p = 500 \cdot 0{,}06 = 30$
$\text{Var}(X) = \sigma^2 = n \cdot p \cdot q = 30 \cdot 0{,}94 = 28{,}2 > 9$,
also ist eine Näherung mithilfe der Normalverteilung sinnvoll.

$$\underline{\underline{P(A)}} = P(X \leq 27) = F_{0{,}06}^{500}(27) \approx \Phi\left(\frac{27 - 30 + 0{,}5}{\sqrt{28{,}2}}\right) \approx \Phi(-0{,}47) = 1 - \Phi(0{,}47) =$$

$$= 1 - 0{,}68 = 0{,}32 = \underline{\underline{32\,\%}}$$

Diese Irrtumswahrscheinlichkeit kann verringert werden, indem die Anzahl der kontrollierten Fahrgäste erhöht wird oder der Annahmebereich verkleinert wird.

2.3 Testgröße X: Anzahl der Schwarzfahrer unter 200 kontrollierten Fahrgästen.
Alternativtest: H_0: $p = 0,04$, H_1: $p = 0,10$

Annahmebereich von H_0: Annahmebereich von H_1:
$A_0 = \{0; ...; c\}$ $A_1 = \{c+1; ...; 200\}$

$P(A_0) \leq 0,3 \Leftrightarrow F_{0,1}^{200}(c) \leq 0,3 \Leftrightarrow c \leq 17$ (mit Tabellenwerk)

Also ist der kleinste Annahmebereich von H_1: $\underline{\underline{A_1 = \{18; ...; 200\}}}$

$P(A_1) = 1 - F_{0,04}^{200}(17) = 1 - 0,99876 = \underline{\underline{0,00124}}$

2.4 S: „Ein zufällig kontrollierter Fahrgast ist ein Schwarzfahrer."
A: „Ein zufällig kontrollierter Fahrgast ist kein Stadtbewohner (Auswärtiger)."

Laut Angabe gilt: $P(\overline{A}) = 0,70$; $P(S) = 0,054$; $P_S(A) = \dfrac{2}{9}$

Gesucht wird: $P_{\overline{A}}(S)$ und $P(\overline{A} \cap \overline{S})$

$P_S(A) = \dfrac{P(S \cap A)}{P(S)} \Leftrightarrow P(S \cap A) = P_S(A) \cdot P(S)$

$P(S \cap A) = \dfrac{2}{9} \cdot 0,054 = 0,012$

Vierfeldertafel:

	A	$\overline{A}$	
S	**0,012**	0,042	**0,054**
$\overline{S}$	0,288	0,658	0,946
	0,30	**0,70**	1

$\underline{\underline{P_{\overline{A}}(S)}} = \dfrac{P(\overline{A} \cap S)}{P(\overline{A})} = \dfrac{0,042}{0,70} = 0,060 = \underline{\underline{6,0\,\%}}$

$\underline{\underline{P(\overline{A} \cap \overline{S}) = 0,658}}$

Bayern – FOS · BOS 13 – Abiturprüfung 2008
Mathematik (Ausbildungsrichtung Technik) – Analysis A I

BE

1 Gegeben ist die reelle Funktion f mit der Definitionsmenge $D_f = \mathbb{R}$ durch

$$f:\ x \mapsto \begin{cases} -2 \cdot \arcsin(e^{-x} - 1) & \text{für } x \geq 0 \\ 2 \cdot \arcsin(e^{x} - 1) & \text{für } x < 0 \end{cases}$$

1.1 Bestimmen Sie die Nullstelle von f. Ermitteln Sie rechnerisch das Symmetrieverhalten des Graphen von f. Untersuchen Sie das Verhalten der Funktionswerte $f(x)$ für $x \to \pm\infty$ und geben Sie die Gleichungen der Asymptoten des Graphen von f an. 7

1.2 Ermitteln Sie das Monotonieverhalten des Graphen von f und begründen Sie, dass die Funktion f an der Stelle $x = 0$ differenzierbar ist. 8

[Teilergebnis: $f'(x) = \dfrac{2}{\sqrt{2e^x - 1}}$ für $x > 0$]

1.3 Bestimmen Sie nun das Monotonieverhalten des Graphen von f' und geben Sie Art und Koordinaten des Extrempunkts des Graphen von f' an. 6

1.4 Prüfen Sie, ob $f''(0)$ existiert, und zeigen Sie, dass der Ursprung des Koordinatensystems Wendepunkt des Graphen von f ist. 4
[Teilergebnis: $f''(x) = -2e^x \cdot (2e^x - 1)^{-1{,}5}$ für $x > 0$]

1.5 Zeichnen Sie für $-6 \leq x \leq 6$ die Graphen der Funktionen f und f' in ein kartesisches Koordinatensystem (Längeneinheit 1 cm). 6

1.6 Gegeben ist die Integralfunktion $F:\ x \mapsto \displaystyle\int_{-1}^{x} f(t)\,dt$ mit $x \in \mathbb{R}$.

Begründen Sie, dass die Funktion F genau zwei Nullstellen besitzt, und geben Sie diese an. 6

2 Gegeben sind die reellen Funktionen $g:\ x \mapsto 1$, $x \in \mathbb{R}$ und

$h:\ x \mapsto \dfrac{4}{\sqrt{x \cdot (x-1) \cdot \ln\left(\dfrac{x}{x-1}\right)}}$ mit der in $\mathbb{R}$ maximalen Definitionsmenge D_h.

2.1 Zeigen Sie, dass gilt: $D_h =]1;\ +\infty[$. 5

2.2 Nebenstehende Abbildung zeigt die Graphen der Funktionen g und h für $2 \leq x \leq 6$. Rotiert die getönte Fläche um die x-Achse, so entsteht ein rotationssymmetrischer Körper. Berechnen Sie die Maßzahl V des Volumeninhalts dieses Körpers auf zwei Nachkommastellen genau.

Hinweis:
Verwenden Sie die Substitution $t = \ln\left(\dfrac{x}{x-1}\right)$.

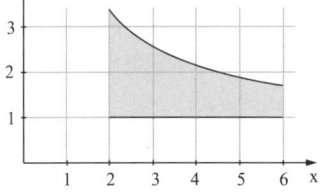

8

3   Werden ein Kondensator der Kapazität C und ein ohmscher Widerstand R in Reihenschaltung an eine Gleichspannungsquelle der Spannung U angeschlossen, ergibt sich die Differenzialgleichung

$$RC \cdot \dot{Q}(t) + Q(t) = \frac{CU}{T} \cdot t$$

mit den physikalischen Konstanten C, R, T, U für die Ladung Q(t) auf dem Kondensator.
Bestimmen Sie die spezielle Lösung der Differenzialgleichung mithilfe der Variation der Konstanten für $Q(0) = 0$.

10

60

Tipps und Hinweise zur Lösung von Aufgabe A I

Teilaufgabe 1.1

- $\arcsin(T(x)) = 0 \Leftrightarrow T(x) = 0$
  Beachten Sie, für welche Zahlen x die jeweiligen Terme definiert sind.
- Untersuchen Sie das Verhalten der Argumente der Arcusfunktion und schließen Sie dann auf das Verhalten der Funktionswerte und auf die Asymptotengleichungen.

Teilaufgabe 1.2

- Das Monotonieverhalten bestimmt man mithilfe der ersten Ableitung. Nutzen Sie auch die Stetigkeit von f.

Teilaufgabe 1.3

- Nutzen Sie die Stetigkeit der ersten Ableitung.

Teilaufgabe 1.4

- Erinnern Sie sich an die Definition eines Wendepunktes (siehe Formelsammlung).

Teilaufgabe 1.5

- Achten Sie bei den Zeichnungen auf die Symmetrieeigenschaften der jeweiligen Graphen.

Teilaufgabe 1.6

- Nutzen Sie auch hier die Symmetrie des Graphen von f sowie das Monotonieverhalten von F.

Teilaufgabe 2.1

- Betrachten Sie zuerst das Argument des Logarithmusterms und untersuchen Sie dann das Vorzeichen des quadratischen Terms $x \cdot (x-1)$ und das Vorzeichen des Logarithmusterms.

Teilaufgabe 2.2

- Der beschriebene Rotationskörper besitzt ein zylindrisches Loch. Berechnen Sie also zuerst das Volumen des Rotationskörpers, das durch die Rotation des Graphen von h entsteht, und subtrahieren Sie davon das Zylindervolumen.

Teilaufgabe 3

- Die Lösung einer homogenen Differenzialgleichung vom Typ $y' + y \cdot g(x) = 0$ steht schon in der Formelsammlung. Beachten Sie, dass in der Aufgabe die Variable mit t bezeichnet wird. Berechnen Sie die allgemeine Lösung der inhomogenen Differenzialgleichung und verwenden Sie dann die gegebene Anfangswertbedingung.

Lösung

1 $f: x \mapsto \begin{cases} -2 \cdot \arcsin(e^{-x} - 1) & \text{für } x \geq 0 \\ 2 \cdot \arcsin(e^{x} - 1) & \text{für } x < 0 \end{cases}$

1.1 Nullstelle:

$f(x) = 0 \Leftrightarrow (x \geq 0 \wedge e^{-x} - 1 = 0) \vee (x < 0 \wedge e^{x} - 1 = 0)$

$ (x \geq 0 \wedge e^{-x} = 1) \vee (x < 0 \wedge e^{x} = 1)$

$ (x \geq 0 \wedge -x = 0) \vee \underbrace{(x < 0 \wedge x = 0)}_{\text{nicht erfüllbar}}$

Also existiert genau eine Nullstelle: $\underline{\underline{x = 0}}$

Symmetrie:
Für $x > 0$ gilt: $\underline{\underline{f(-x)}} = 2 \cdot \arcsin(e^{-x} - 1) = -(-2 \cdot \arcsin(e^{-x} - 1)) = \underline{\underline{-f(x)}}$

Mit $f(0) = 0$ folgt: Der Graph von f ist symmetrisch zum Ursprung (0; 0).

Verhalten von f(x) für $x \to \pm\infty$:

$x \to +\infty \;\;\Rightarrow\;\; f(x) = -2 \cdot \arcsin(\underbrace{e^{-x}}_{\to 0} - 1) \to -2 \cdot \arcsin(-1) = -2 \cdot \left(-\frac{\pi}{2}\right) = \underline{\underline{\pi}}$

$x \to -\infty \;\;\Rightarrow\;\; f(x) = 2 \cdot \arcsin(\underbrace{e^{x}}_{\to 0} - 1) \to 2 \cdot \arcsin(-1) = 2 \cdot \left(-\frac{\pi}{2}\right) = \underline{\underline{-\pi}}$

Also besitzt der Graph von f zwei waagrechte **Asymptoten** w_1: $\underline{\underline{y = \pi}}$; w_2: $\underline{\underline{y = -\pi}}$.

1.2 Für $x > 0$ gilt:

$f'(x) = -2 \cdot \dfrac{1}{\sqrt{1 - (e^{-x} - 1)^2}} \cdot e^{-x} \cdot (-1) = \dfrac{2}{\sqrt{1 - e^{-2x} + 2e^{-x} - 1}} \cdot \dfrac{1}{e^{x}} =$

$= \dfrac{2}{\sqrt{(-e^{-2x} + 2e^{-x}) \cdot e^{2x}}} = \dfrac{2}{\sqrt{-1 + 2e^{x}}} = \dfrac{2}{\sqrt{2e^{x} - 1}} > 0 \;\;\text{für alle } x > 0$

Für $x < 0$ gilt:

$f'(x) = 2 \cdot \dfrac{1}{\sqrt{1 - (e^{x} - 1)^2}} \cdot e^{x} = \dfrac{2}{\sqrt{1 - e^{2x} + 2e^{x} - 1}} \cdot \dfrac{1}{e^{-x}} =$

$= \dfrac{2}{\sqrt{(-e^{2x} + 2e^{x}) \cdot e^{-2x}}} = \dfrac{2}{\sqrt{-1 + 2e^{-x}}} = \dfrac{2}{\sqrt{2e^{-x} - 1}} > 0 \;\;\text{für alle } x < 0$

Wegen der Stetigkeit von f an der Stelle $x = 0$ ($\lim\limits_{x \to 0} f(x) = f(0) = 0$) und $f'(x) > 0$ für alle $x \neq 0$ folgt: Der Graph von f ist streng monoton steigend in $\mathbb{R}$.

Wegen der Stetigkeit von f an der Stelle $x = 0$ und $\lim\limits_{x \to 0} f'(x) = \dfrac{2}{\sqrt{2-1}} = 2$ folgt:
f ist differenzierbar an der Stelle $x = 0$ und es gilt: $f'(0) = 2$.

1.3 Für x > 0 gilt: $f'(x) = 2 \cdot (2e^x - 1)^{-0{,}5}$

$\Rightarrow f''(x) = 2 \cdot (-0{,}5) \cdot (2e^x - 1)^{-1{,}5} \cdot 2e^x = \dfrac{-2e^x}{\sqrt{(2e^x - 1)^3}} < 0$ für alle $x > 0$

Für x < 0 gilt: $f'(x) = 2 \cdot (2e^{-x} - 1)^{-0{,}5}$

$\Rightarrow f''(x) = 2 \cdot (-0{,}5) \cdot (2e^{-x} - 1)^{-1{,}5} \cdot 2e^{-x} \cdot (-1) = \dfrac{2e^{-x}}{\sqrt{(2e^{-x} - 1)^3}} > 0$ für alle $x < 0$

Da f' stetig bei x = 0 ist, folgt: Der Graph von f' ist streng monoton steigend in $]-\infty; 0]$ und streng monoton fallend in $[0; \infty[$.

Also besitzt der Graph von f' einen Hochpunkt H bei x = 0: $f'(0) = 2$; $\underline{\underline{H(0; 2)}}$

1.4 $x \overset{>}{\to} 0 \Rightarrow f''(x) = \dfrac{-2e^x}{\sqrt{(2e^x - 1)^3}} \to \dfrac{-2}{\sqrt{(2-1)^3}} = -2$

$x \overset{<}{\to} 0 \Rightarrow f''(x) = \dfrac{2e^{-x}}{\sqrt{(2e^{-x} - 1)^3}} \to \dfrac{2}{\sqrt{(2-1)^3}} = 2$

Also existiert f''(0) nicht.

Da der Graph von f' bei x = 0 einen Hochpunkt besitzt und f(0) = 0, besitzt der Graph von f den Wendepunkt $\underline{\underline{W(0; 0)}}$.

1.5 $f: x \mapsto \begin{cases} -2 \cdot \arcsin(e^{-x} - 1) & \text{für } x \geq 0 \\ 2 \cdot \arcsin(e^x - 1) & \text{für } x < 0 \end{cases}$; $D_f = \mathbb{R}$ (Symmetrie beachten!)

Wertetabelle:

x	0	±1	±2	±3	±4	±5	±6
f(x)	0	±1,37	±2,09	±2,51	±2,76	±2,91	±3,00
f'(x)	2	0,95	0,54	0,32	0,19	0,12	0,07

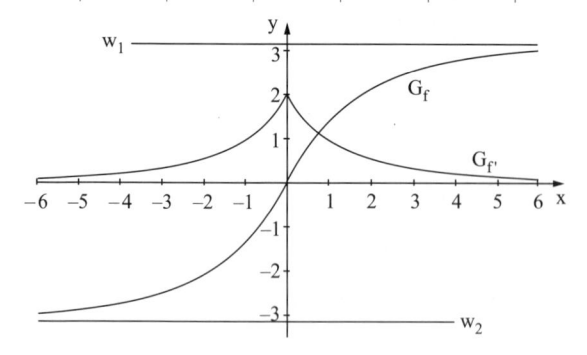

1.6 $F(-1) = \int_{-1}^{-1} f(t)\,dt = 0$; also ist $\underline{\underline{x_1 = -1}}$ eine Nullstelle von F.

Wegen der Symmetrie des Graphen von f zum Ursprung gilt:

$F(1) = \int_{-1}^{1} f(t)\,dt = 0$; also ist $\underline{\underline{x_2 = 1}}$ eine Nullstelle von F.

Wegen $F'(x) = f(x)$ ist der Graph der stetigen Funktion F für $x > 0$ streng monoton steigend und für $x < 0$ streng monoton fallend. Deshalb existieren keine weiteren Nullstellen.

2.1 $h(x) = \dfrac{4}{\sqrt{x \cdot (x-1) \cdot \ln\left(\frac{x}{x-1}\right)}}$

Für $x \in D_h$ gilt: $x \cdot (x-1) \cdot \ln\left(\dfrac{x}{x-1}\right) > 0$

$\dfrac{x}{x-1} > 0 \iff x \cdot (x-1) > 0 \implies x < 0 \lor x > 1$

Für $x < 0$ gilt: $x \cdot (x-1) > 0 \land \ln\left(\dfrac{x}{x-1}\right) < 0$ (wegen $0 < \dfrac{x}{x-1} < 1$)

Für $x > 1$ gilt: $x \cdot (x-1) > 0 \land \ln\left(\dfrac{x}{x-1}\right) = \ln(1 + \underbrace{\dfrac{1}{x-1}}_{>1}) > 0$

$\implies \underline{\underline{D_h = \,]1; +\infty[}}$

2.2 $V = V_1 - V_2$ mit

$V_1 = \pi \cdot \int_{2}^{6} [h(x)]^2 \, dx = 16\pi \cdot \int_{2}^{6} \dfrac{1}{x \cdot (x-1) \cdot \ln\left(\frac{x}{x-1}\right)}\, dx; \quad V_2 = 1^2 \cdot \pi \cdot 4 = 4\pi$

Substitution: $t = \ln\left(\dfrac{x}{x-1}\right)$; $\dfrac{dt}{dx} = \dfrac{x-1}{x} \cdot \dfrac{1 \cdot (x-1) - 1 \cdot x}{(x-1)^2} = \dfrac{-1}{x \cdot (x-1)}$, $dx = -x(x-1)\,dt$

$\int \dfrac{1}{x(x-1) \cdot \ln\left(\frac{x}{x-1}\right)}\,dx = \int \dfrac{-x(x-1)}{x(x-1) \cdot t}\,dt = \int \dfrac{-1}{t}\,dt = -\ln(t) + C = -\ln\left(\ln\left(\dfrac{x}{x-1}\right)\right) + C$

$V_1 = 16\pi \cdot \left(-\ln\left(\ln\left(\dfrac{6}{6-1}\right)\right) + \ln\left(\ln\left(\dfrac{2}{2-1}\right)\right)\right) = 16\pi \cdot (-\ln(\ln(1{,}2)) + \ln(\ln(2))) = $

$= 16\pi \cdot \ln\left(\dfrac{\ln 2}{\ln 1{,}2}\right) \approx 67{,}13$

$V = V_1 - V_2 \approx 67{,}13 - 4\pi \approx \underline{\underline{54{,}56}}$

3 $\quad RC \cdot \dot{Q}(t) + Q(t) = \dfrac{CU}{T} \cdot t$

Inhomogene Differenzialgleichung: $\quad \dot{Q}(t) + \dfrac{1}{RC} \cdot Q(t) = \dfrac{U}{RT} \cdot t$

Homogene Differenzialgleichung: $\quad \dot{Q}(t) + \dfrac{1}{RC} \cdot Q(t) = 0$

Lösung der homogenen Differenzialgleichung:

$Q_h(t) = D \cdot e^{-\frac{1}{RC} \cdot t}$ mit $D \in \mathbb{R}$ (siehe Formelsammlung)

Variation der Konstanten:

$Q(t) = D(t) \cdot e^{-\frac{1}{RC} \cdot t}$

$\dot{Q}(t) = \dot{D}(t) \cdot e^{-\frac{1}{RC} \cdot t} + D(t) \cdot e^{-\frac{1}{RC} \cdot t} \cdot \left(-\dfrac{1}{RC}\right)$

Einsetzen in die inhomogene Differenzialgleichung:

$\dot{D}(t) \cdot e^{-\frac{1}{RC} \cdot t} + D(t) \cdot e^{-\frac{1}{RC} \cdot t} \cdot \left(-\dfrac{1}{RC}\right) + \dfrac{1}{RC} \cdot D(t) \cdot e^{-\frac{1}{RC} \cdot t} = \dfrac{U}{RT} \cdot t$

$\dot{D}(t) \cdot e^{-\frac{1}{RC} \cdot t} = \dfrac{U}{RT} \cdot t \quad \Leftrightarrow \quad \dot{D}(t) = \dfrac{U}{RT} \cdot t \cdot e^{\frac{1}{RC} \cdot t}$

$D(t) = \dfrac{U}{RT} \cdot \int t \cdot e^{\frac{1}{RC} \cdot t} \, dt = \dfrac{U}{RT} \cdot \left(t \cdot RC \cdot e^{\frac{1}{RC} \cdot t} - \int 1 \cdot RC \cdot e^{\frac{1}{RC} \cdot t} \, dt\right) =$

$= \dfrac{U}{RT} \cdot \left(t \cdot RC \cdot e^{\frac{1}{RC} \cdot t} - R^2 C^2 \cdot e^{\frac{1}{RC} \cdot t} + \tilde{E}\right)$

Spezielle Lösung mit $\tilde{E} = 0$:

$Q_s(t) = D(t) \cdot e^{-\frac{1}{RC} \cdot t} = \dfrac{U}{RT} \cdot \left(t \cdot RC \cdot e^{\frac{1}{RC} \cdot t} - R^2 C^2 \cdot e^{\frac{1}{RC} \cdot t}\right) \cdot e^{-\frac{1}{RC} \cdot t} =$

$= \dfrac{U}{RT} \cdot (t \cdot RC - R^2 C^2) = \dfrac{UC}{T} \cdot (t - RC)$

Allgemeine Lösung der inhomogenen Differenzialgleichung:

$Q(t) = Q_s(t) + Q_h(t) = \dfrac{UC}{T} \cdot (t - RC) + D \cdot e^{-\frac{1}{RC} \cdot t}$ mit $D \in \mathbb{R}$

Anfangsbedingung: $Q(0) = 0$

$\Rightarrow \quad -\dfrac{UC}{T} \cdot RC + D = 0 \quad \Leftrightarrow \quad D = \dfrac{UC^2 R}{T}$

$\Rightarrow \quad \underline{\underline{Q(t) = \dfrac{UC}{T} \cdot (t - RC) + \dfrac{UC^2 R}{T} \cdot e^{-\frac{1}{RC} \cdot t} = \dfrac{UC}{T} \cdot \left(t - RC + RC \cdot e^{-\frac{1}{RC} \cdot t}\right)}}$

Bayern – FOS · BOS 13 – Abiturprüfung 2008
Mathematik (Ausbildungsrichtung Technik) – Analysis A II

BE

1 Gegeben ist die Funktion $f_a: x \mapsto \dfrac{(1+ax) \cdot e^{ax}}{1+x^2 \cdot e^{2ax}}$ und die Integralfunktion

$F_a: x \mapsto \int\limits_0^x f_a(t)\, dt$ mit $x \in \mathbb{R}$ und $a \in \mathbb{R}^+$.

1.1 Bestimmen Sie die Nullstelle von f_a und durch eine geeignete Rechnung das Verhalten der Funktionswerte $f_a(x)$ an den Rändern der Definitionsmenge in Abhängigkeit von a. 9

1.2 Ermitteln Sie die x-Werte, für die der Graph von f_a oberhalb bzw. unterhalb der x-Achse verläuft. 4

1.3 Bestimmen Sie, ohne die Integration durchzuführen, das Monotonieverhalten und eventuelle Extremstellen des Graphen von F_a und deren Art. 5

1.4 Zeigen Sie, dass die Funktion $h_a: x \mapsto \arctan(x \cdot e^{ax})$, $x \in \mathbb{R}$, $a \in \mathbb{R}^+$ eine Stammfunktion der Funktion f_a ist, und begründen Sie, dass gilt: $F_a = h_a$. 5

1.5 Geben Sie für $F_1 = h_1$ die Nullstelle und für den Graphen von F_1 die Koordinaten und Art des Extrempunkts an. Zeichnen Sie den Graphen von F_1 im Bereich $-3 \leq x \leq 3$ unter Verwendung aller bisherigen Ergebnisse (1 LE = 2 cm). 7

1.6 Berechnen Sie $\lim\limits_{x \to \infty} F_1(x)$.

Welcher Flächeninhalt lässt sich mithilfe dieses Grenzwertes angeben? 3

2 Gegeben ist die Funktion $g: x \mapsto x \cdot \sqrt{e^2 - e^x}$ mit $x \in [0; 2]$.

Aus einem hinreichend dicken Holzstück wird ein Körper gedrechselt, dessen Längsschnitt von dem Graphen von g und dessen Spiegelbild bezüglich der x-Achse begrenzt wird. Berechnen Sie die Maßzahl V des Volumeninhalts. 6

3 In der folgenden Aufgabe soll die Differenzialgleichung für die Teilchenzahl n(t) der Tochtersubstanz eines radioaktiven Mutter-Tochter-Zerfalls untersucht werden. Von der radioaktiven Muttersubstanz mit der Zerfallskonstanten $\lambda_M > 0$ liegen zu der Zeit $t = 0$ N_0 Atome vor. Die ebenfalls radioaktive Tochtersubstanz zerfällt mit der Zerfallskonstanten $\lambda_T > 0$.
Für die Teilchenzahl n(t) der Tochtersubstanz gilt für $t \geq 0$ folgende Differenzialgleichung: $\dot{n}(t) = \lambda_M \cdot N_0 \cdot e^{-\lambda_M \cdot t} - \lambda_T \cdot n(t)$.

3.1 Bestimmen Sie die Lösung n(t) für $\lambda_M = \lambda_T = \lambda$ mithilfe der Variation der Konstanten, wenn gilt: $n(0) = 0$. 6

3.2 Lösen Sie nun obige Differenzialgleichung für n(t) für $\lambda_M \neq \lambda_T$, wenn ebenfalls gilt: $n(0) = 0$. 8

[Ergebnis: $n(t) = \dfrac{\lambda_M}{\lambda_T - \lambda_M} \cdot N_0 \cdot (e^{-\lambda_M \cdot t} - e^{-\lambda_T \cdot t})$]

3.3 Begründen Sie für den Fall $\lambda_M \neq \lambda_T$ in Abhängigkeit von λ_M und λ_T ohne Verwendung von $\dot{n}(t)$, dass $n(t)$ ein absolutes Maximum besitzt. Berechnen Sie nun diesen Zeitpunkt t_{max} mithilfe von $\dot{n}(t)$. $\frac{7}{60}$

Tipps und Hinweise zur Lösung von Aufgabe A II

Teilaufgabe 1.1
/ Verwenden Sie bei der Untersuchung des Grenzverhaltens von f die Sätze von L'Hospital. Auch das mehrmalige Anwenden eines Satzes von L'Hospital ist manchmal nötig.

Teilaufgabe 1.2
/ Untersuchen Sie das Vorzeichen des Funktionsterms. Beachten Sie, dass vorkommende Faktoren und Summanden für alle Zahlen x positiv sind.

Teilaufgabe 1.3
/ Verwenden Sie Ihre in Aufgabe 1.2 gewonnenen Ergebnisse.

Teilaufgabe 1.4
/ Berechnen Sie zuerst die Ableitung der Funktion h_a. Nutzen Sie dann für Ihre Argumentation den Funktionswert $F_a(0)$.

Teilaufgabe 1.5
/ Nutzen Sie die von Ihnen in den vorangegangenen Aufgaben berechneten Teilergebnisse.
/ Zu Sicherheit ist auch eine kleine Wertetabelle hilfreich.

Teilaufgabe 1.6
/ Verwenden Sie bei der Berechnung des Grenzwertes den Term der Funktion $h_1(x)$.

Teilaufgabe 2
/ Die Formel zur Berechnung eines Rotationskörpers finden Sie in der Formelsammlung.
/ Bei der Berechnung des Integrals muss man die „partielle Integration" mehrmals anwenden. Verwenden Sie dazu eine separate Nebenrechnung.

Teilaufgabe 3.1
/ Beachten Sie, dass in der Aufgabe die Variable mit t bezeichnet wird.
Berechnen Sie die allgemeine Lösung der inhomogenen Differenzialgleichung und verwenden Sie dann die gegebene Anfangswertbedingung.

Teilaufgabe 3.2
/ Bei der Lösung der homogenen Differenzialgleichung kann man ein Teilergebnis aus 3.1 verwenden.

Teilaufgabe 3.3
/ Beachten Sie, dass für alle $t \geq 0$ gilt: $n(t) \geq 0$, und untersuchen Sie die Funktionswerte n(t) an den Rändern der gegebenen Definitionsmenge.
/ Verwenden Sie bei der Lösung der Gleichung $\dot{n}(t) = 0$ geeignete Logarithmusgesetze.

Lösung

1 $f_a(x) = \dfrac{(1+ax) \cdot e^{ax}}{1+x^2 \cdot e^{2ax}}$; $F_a(x) = \displaystyle\int_0^x f_a(t)\,dt$, $a > 0$

1.1   Nullstelle: $f_a(x) = 0 \Leftrightarrow 1+ax = 0 \Leftrightarrow ax = -1 \Leftrightarrow \underline{\underline{x = -\dfrac{1}{a}}}$

$$\underline{\underline{\lim_{x \to +\infty} f_a(x)}} = \lim_{x \to +\infty} \dfrac{\overbrace{(1+ax) \cdot e^{ax}}^{\to +\infty}}{\underbrace{1+x^2 \cdot e^{2ax}}_{\to +\infty}} \stackrel{\text{L'Hospital}}{=} \lim_{x \to +\infty} \dfrac{a \cdot e^{ax} + (1+ax) \cdot e^{ax} \cdot a}{2x \cdot e^{2ax} + x^2 \cdot e^{2ax} \cdot 2a} =$$

$$= \lim_{x \to +\infty} \dfrac{e^{ax} \cdot (a + a + a^2 x)}{e^{2ax}(2x + 2ax^2)} = \lim_{x \to +\infty} \dfrac{\overbrace{2a + a^2 x}^{\to +\infty}}{\underbrace{e^{ax}(2x + 2ax^2)}_{\to +\infty}} \stackrel{\text{L'Hospital}}{=}$$

$$= \lim_{x \to +\infty} \dfrac{a^2}{\underbrace{e^{ax} \cdot a \cdot (2x + 2ax^2)}_{\to +\infty} + \underbrace{e^{ax} \cdot (2 + 4ax)}_{\to +\infty}} = \underline{\underline{0}}$$

$$\underline{\underline{\lim_{x \to -\infty} f_a(x)}} = \lim_{x \to -\infty} \dfrac{\overbrace{(1+ax) \cdot e^{ax}}^{\to 0 \text{ siehe NR1}}}{1 + \underbrace{x^2 \cdot e^{2ax}}_{\to 0 \text{ siehe NR2}}} = \dfrac{0}{1} = \underline{\underline{0}}$$

NR 1: $\displaystyle\lim_{x \to -\infty} (1+ax) \cdot e^{ax} = \lim_{x \to -\infty} \dfrac{\overbrace{1+ax}^{\to -\infty}}{\underbrace{e^{-ax}}_{\to +\infty}} \stackrel{\text{L'Hospital}}{=} \lim_{x \to -\infty} \dfrac{a}{\underbrace{-a \cdot e^{-ax}}_{\to -\infty}} = 0$

NR 2: $\displaystyle\lim_{x \to -\infty} x^2 \cdot e^{ax} = \lim_{x \to -\infty} \dfrac{\overbrace{x^2}^{\to +\infty}}{\underbrace{e^{-ax}}_{\to +\infty}} \stackrel{\text{L'Hospital}}{=} \lim_{x \to -\infty} \dfrac{\overbrace{2x}^{\to -\infty}}{\underbrace{-a \cdot e^{-ax}}_{\to -\infty}} \stackrel{\text{L'Hospital}}{=}$

$$= \lim_{x \to -\infty} \dfrac{2}{\underbrace{a^2 \cdot e^{-ax}}_{\to +\infty}} = 0$$

1.2   Wegen $e^{ax} > 0 \wedge x^2 \cdot e^{2ax} > 0$ für alle $x \in \mathbb{R}$ hängt das Vorzeichen von

$f_a(x) = \dfrac{(1+ax) \cdot e^{ax}}{1+x^2 \cdot e^{2ax}}$ nur vom Term $L(x) = 1+ax$ ab.

$f_a(x) > 0 \Leftrightarrow 1+ax > 0 \Leftrightarrow ax > -1 \Leftrightarrow x > -\dfrac{1}{a}$; $f_a(x) < 0 \Leftrightarrow x < -\dfrac{1}{a}$

Der Graph von f_a verläuft für $x \in\ ]-\infty; -\tfrac{1}{a}[$ unterhalb der x-Achse und für

$x \in\ ]-\tfrac{1}{a}; +\infty[$ oberhalb der x-Achse des Koordinatensystems.

1.3 Es gilt: $F_a'(x) = f_a(x)$
Wegen der Vorzeichenbetrachtung von $f_a(x)$ in Aufgabe 1.2 und der Stetigkeit von f_a bei $x = -\frac{1}{a}$ gilt: Der Graph von F_a ist streng monoton fallend im Intervall $]-\infty; -\frac{1}{a}]$ und streng monoton steigend im Intervall $[-\frac{1}{a}; +\infty[$.
Also besitzt der Graph von F_a bei $x = -\frac{1}{a}$ einen Tiefpunkt T.

1.4 $h_a(x) = \arctan(x \cdot e^{ax})$

$\underline{\underline{h_a'(x)}} = \frac{1}{1+(x \cdot e^{ax})^2} \cdot (1 \cdot e^{ax} + x \cdot e^{ax} \cdot a) = \frac{(1+ax) \cdot e^{ax}}{1 + x^2 \cdot e^{2ax}} = \underline{\underline{f_a(x)}}$

Damit ist h_a eine Stammfunktion von f_a.

Wegen $F_a(x) = h_a(x) + C \;\wedge\; F_a(0) = \int_0^0 f_a(t)\,dt = 0$ folgt:

$F_a(0) = h_a(0) + C \;\Leftrightarrow\; 0 = \arctan(0) + C \;\Leftrightarrow\; C = 0$

Also gilt: $\underline{\underline{F_a(x) = h_a(x)}}$ für alle $x \in \mathbb{R}$.

1.5 Nullstelle von h_1: $\underline{x = 0}$ $h_1(-1) = \arctan(-1 \cdot e^{-1}) = \arctan(-e^{-1})$
Tiefpunkt des Graphen von h_1 bzw. F_1: $\underline{T(-1; \arctan(-e^{-1}))}$
Wertetabelle:

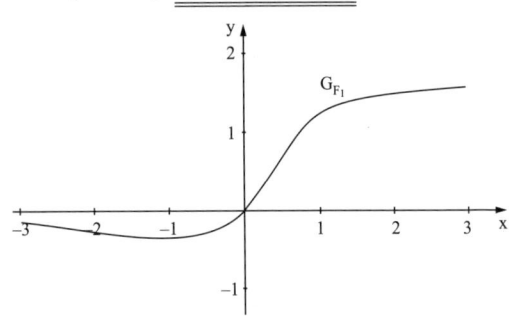

x	$\approx F_1(x)$
-3	-0,15
-2	-0,26
-1	-0,35
0	0
1	1,22
2	1,50
3	1,55

1.6 $\lim_{x \to \infty} F_1(x) = \lim_{x \to \infty} \arctan(\overbrace{x \cdot e^x}^{\to +\infty}) = \underline{\underline{\frac{\pi}{2}}}$

Der Graph von f_1 und die x-Achse begrenzen im 1. Quadranten des Koordinatensystems eine Fläche, die sich nach rechts in Unendliche erstreckt. Die Maßzahl des Flächeninhalts dieser Fläche beträgt $0,5\pi$.

2 $g(x) = x \cdot \sqrt{e^2 - e^x}$ mit $x \in [0; 2]$

$\underline{\underline{V}} = \pi \cdot \int_0^2 (g(x))^2 \, dx = \pi \cdot \int_0^2 x^2 \cdot (e^2 - e^x) \, dx = \pi \cdot \int_0^2 (e^2 x^2 - x^2 \cdot e^x) \, dx =$

$= \pi \cdot \left(\int_0^2 e^2 x^2 \, dx - \int_0^2 x^2 \cdot e^x \, dx \right) = \ldots$

Nebenrechnung (partielle Integration):

$$\int x^2 \cdot e^x \, dx = x^2 \cdot e^x - \int 2x \cdot e^x \, dx = x^2 \cdot e^x - \left(2x \cdot e^x - \int 2e^x \, dx\right) =$$
$$= x^2 \cdot e^x - 2x \cdot e^x + 2\,e^x + C = (x^2 - 2x + 2) \cdot e^x + C$$

$$\ldots = \pi \cdot \left[\frac{1}{3}e^2 \cdot x^3 - (x^2 - 2x + 2) \cdot e^x\right]_0^2 = \pi \cdot \left(\frac{8}{3}e^2 - (4 - 4 + 2) \cdot e^2 - (0 - 2)\right) =$$
$$= \pi \cdot \left(\frac{8}{3}e^2 - 2e^2 + 2\right) = \pi \cdot \left(\frac{2}{3}e^2 + 2\right) = 2\pi \cdot \left(\frac{1}{3}e^2 + 1\right) \approx \underline{\underline{21{,}76}}$$

3.0 $\dot{n}(t) = \lambda_M \cdot N_0 \cdot e^{-\lambda_M \cdot t} - \lambda_T \cdot n(t)$

3.1 $\lambda_T = \lambda_M = \lambda$

(∗) $\dot{n}(t) = \lambda \cdot N_0 \cdot e^{-\lambda \cdot t} - \lambda \cdot n(t)$

I) homogene DG: $\dot{n}(t) + \lambda \cdot n(t) = 0$ (triviale Lösung: $n(t) = 0$)

$\Rightarrow \dfrac{dn}{dt} = -\lambda \cdot n(t) \Rightarrow \int \dfrac{1}{n} dn = \int -\lambda \, dt$ mit $n \neq 0$

$\Rightarrow \ln|n| = -\lambda \cdot t + C$

$\Rightarrow |n| = e^{-\lambda \cdot t + C} = e^C \cdot e^{-\lambda \cdot t}$

$\Rightarrow n_h(t) = D \cdot e^{-\lambda \cdot t}$ mit $D \in \mathbb{R}$ ist auch die triviale Lösung enthalten.

II) Variation der Konstanten D:

$n(t) = D(t) \cdot e^{-\lambda \cdot t} \Rightarrow \dot{n} = \dot{D}(t) \cdot e^{-\lambda \cdot t} + D(t) \cdot e^{-\lambda \cdot t} \cdot (-\lambda)$

in (∗): $\dot{D}(t) \cdot e^{-\lambda \cdot t} + D(t) \cdot e^{-\lambda \cdot t} \cdot (-\lambda) = \lambda \cdot N_0 \cdot e^{-\lambda \cdot t} - \lambda \cdot D(t) \cdot e^{-\lambda \cdot t}$

$\dot{D}(t) \cdot e^{-\lambda \cdot t} = \lambda \cdot N_0 \cdot e^{-\lambda \cdot t}$

$\dot{D}(t) = \lambda \cdot N_0 \Rightarrow D(t) = \lambda \cdot N_0 \cdot t + \tilde{C}$

spezielle Lösung mit $\tilde{C} = 0$: $n_s(t) = \lambda \cdot N_0 \cdot t \cdot e^{-\lambda \cdot t}$

III) allgemeine Lösung: $n(t) = n_s(t) + n_h(t)$; $n(t) = \lambda \cdot N_0 \cdot t \cdot e^{-\lambda \cdot t} + D \cdot e^{-\lambda \cdot t}$

IV) Anfangsbedingung: $n(0) = 0 \Rightarrow D \cdot e^{-\lambda \cdot 0} = 0 \Leftrightarrow D = 0$

$\underline{\underline{n(t) = \lambda \cdot N_0 \cdot t \cdot e^{-\lambda \cdot t}}}$

3.2 $\lambda_T \neq \lambda_M$

(∗) $\dot{n}(t) = \lambda_M \cdot N_0 \cdot e^{-\lambda_M \cdot t} - \lambda_T \cdot n(t)$

I) homogene DG: $\dot{n}(t) + \lambda_T \cdot n(t) = 0$

$\Rightarrow n_h(t) = D \cdot e^{-\lambda_T \cdot t}$ mit $D \in \mathbb{R}$ (siehe 3.1 I)

II) Variation der Konstanten D:

$n(t) = D(t) \cdot e^{-\lambda_T \cdot t} \Rightarrow \dot{n} = \dot{D}(t) \cdot e^{-\lambda_T \cdot t} + D(t) \cdot e^{-\lambda_T \cdot t} \cdot (-\lambda_T)$

in (∗): $\dot{D}(t) \cdot e^{-\lambda_T \cdot t} + D(t) \cdot e^{-\lambda_T \cdot t} \cdot (-\lambda_T) = \lambda_M \cdot N_0 \cdot e^{-\lambda_M \cdot t} - \lambda_T \cdot D(t) \cdot e^{-\lambda_T \cdot t}$

$$\dot{D}(t) \cdot e^{-\lambda_T \cdot t} = \lambda_M \cdot N_0 \cdot e^{-\lambda_M \cdot t}$$

$$\dot{D}(t) = \lambda_M \cdot N_0 \cdot e^{(\lambda_T - \lambda_M) \cdot t}$$

$$\Rightarrow D(t) = \frac{\lambda_M}{\lambda_T - \lambda_M} \cdot N_0 \cdot e^{(\lambda_T - \lambda_M) \cdot t} + \tilde{C}$$

spezielle Lösung mit $\tilde{C} = 0$:

$$n_s(t) = \frac{\lambda_M}{\lambda_T - \lambda_M} \cdot N_0 \cdot e^{(\lambda_T - \lambda_M) \cdot t} \cdot e^{-\lambda_T \cdot t} = \frac{\lambda_M}{\lambda_T - \lambda_M} \cdot N_0 \cdot e^{-\lambda_M \cdot t}$$

III) allgemeine Lösung: $n(t) = n_s(t) + n_h(t)$;

$$n(t) = \frac{\lambda_M}{\lambda_T - \lambda_M} \cdot N_0 \cdot e^{-\lambda_M \cdot t} + D \cdot e^{-\lambda_T \cdot t}$$

IV) Anfangsbedingung: $n(0) = 0$

$$\Rightarrow \frac{\lambda_M}{\lambda_T - \lambda_M} \cdot N_0 + D = 0 \Leftrightarrow D = -\frac{\lambda_M}{\lambda_T - \lambda_M} \cdot N_0$$

$$n(t) = \frac{\lambda_M}{\lambda_T - \lambda_M} \cdot N_0 \cdot e^{-\lambda_M \cdot t} - \frac{\lambda_M}{\lambda_T - \lambda_M} \cdot N_0 \cdot e^{-\lambda_T \cdot t}$$

$$\underline{\underline{n(t) = \frac{\lambda_M}{\lambda_T - \lambda_M} \cdot N_0 \cdot (e^{-\lambda_M \cdot t} - e^{-\lambda_T \cdot t})}}$$

3.3 Wegen $n(0) = 0 \wedge n(t) > 0$ für $t > 0 \wedge \lim_{t \to \infty} n(t) = \frac{\lambda_M}{\lambda_T - \lambda_M} \cdot N_0 \cdot (0-0) = 0$ besitzt die stetige Modellfunktion $n(t)$ für $t > 0$ mindestens ein absolutes Maximum.

$$n(t) = \frac{\lambda_M}{\lambda_T - \lambda_M} \cdot N_0 \cdot (e^{-\lambda_M \cdot t} - e^{-\lambda_T \cdot t})$$

$$\Rightarrow \dot{n}(t) = \frac{\lambda_M}{\lambda_T - \lambda_M} \cdot N_0 \cdot (-\lambda_M \cdot e^{-\lambda_M \cdot t} + \lambda_T \cdot e^{-\lambda_T \cdot t})$$

$$\begin{aligned}
\dot{n}(t) = 0 &\Leftrightarrow -\lambda_M \cdot e^{-\lambda_M \cdot t} + \lambda_T \cdot e^{-\lambda_T \cdot t} = 0 \\
&\Leftrightarrow \lambda_M \cdot e^{-\lambda_M \cdot t} = \lambda_T \cdot e^{-\lambda_T \cdot t} \\
&\Leftrightarrow \ln(\lambda_M \cdot e^{-\lambda_M \cdot t}) = \ln(\lambda_T \cdot e^{-\lambda_T \cdot t}) \\
&\Leftrightarrow \ln(\lambda_M) + (-\lambda_M \cdot t) = \ln(\lambda_T) + (-\lambda_T \cdot t) \\
&\Leftrightarrow \lambda_T \cdot t - \lambda_M \cdot t = \ln(\lambda_T) - \ln(\lambda_M) \\
&\Leftrightarrow (\lambda_T - \lambda_M) \cdot t = \ln(\lambda_T) - \ln(\lambda_M) \\
&\Leftrightarrow t = \frac{\ln(\lambda_T) - \ln(\lambda_M)}{\lambda_T - \lambda_M}
\end{aligned}$$

$n(t)$ besitzt also genau ein absolutes Maximum für: $\underline{\underline{t_{max} = \frac{\ln(\lambda_T) - \ln(\lambda_M)}{\lambda_T - \lambda_M}}}$

Bayern – FOS · BOS 13 – Abiturprüfung 2008
Mathematik (Ausbildungsrichtung Technik) – Stochastik B I

BE

Ein Autoteilezulieferer stellt für eine Autofirma ein aufwändiges elektronisches Bauteil her. Langfristig stellt man fest, dass 8 % der Bauteile fehlerhaft sind. Interpretieren Sie diese relative Häufigkeit als Wahrscheinlichkeit dafür, dass ein Bauteil fehlerhaft ist.

1   In einem Karton befinden sich 50 Bauteile, von denen genau vier fehlerhaft sind.

1.1   Jemand nimmt aus dem Karton zufällig fünf Bauteile. Berechnen Sie, mit welchen Wahrscheinlichkeiten folgende Ereignisse eintreten.
A: „Unter den herausgenommenen Bauteilen befinden sich genau zwei fehlerhafte."
B: „Unter den herausgenommenen Bauteilen befindet sich mindestens ein fehlerhaftes."   5

1.2   Die 50 Bauteile werden aus dem Karton genommen und nebeneinander gelegt. Mit welcher Wahrscheinlichkeit liegen die vier fehlerhaften Bauteile genau nebeneinander?   2

2   Zur Auslieferung der Bauteile an die Autofirma werden jeweils 8 Kartons mit 50 Bauteilen auf eine Palette gepackt.

2.1   Berechnen Sie, mit welcher Wahrscheinlichkeit sich auf einer Palette mindestens 30 fehlerhafte Bauteile befinden.   5

2.2   Ermitteln Sie, mit welcher Wahrscheinlichkeit in einem Karton mindestens drei fehlerhafte Bauteile sind, sowie die Wahrscheinlichkeit, dass auf einer Palette in mindestens einem Karton wenigstens drei fehlerhafte Bauteile sind.   6

3   Berechnen Sie, wie viele Bauteile aus der laufenden Produktion man mindestens überprüfen muss, um mit einer Wahrscheinlichkeit von wenigstens 95 % mehr als fünf fehlerhafte Bauteile zu finden.   8

4   Die Autofirma behauptet, dass die Fehlerquote bei den Bauteilen 8 % überschritten hat (Gegenhypothese). Um dies in einem Signifikanztest zu überprüfen, werden der Produktion 200 Bauteile entnommen und untersucht. Es wird ein Signifikanzniveau von 10 % vereinbart.

4.1   Ermitteln Sie, für welche Anzahlen von fehlerhaften Teilen man sich nicht für die gestiegene Fehlerquote entsprechend der Behauptung der Autofirma entscheidet.
[Ergebnis: $A = \{0; \ldots; 21\}$]   6

4.2   Berechnen Sie die Wahrscheinlichkeit, dass bei dem Annahmebereich aus 4.1 nicht bemerkt wird, wenn die Fehlerquote bei der Produktion auf 15 % ansteigt.   2

5   Um die Fehlerquote zu senken, soll die Produktion der Bauteile zukünftig mit einer neuen Fertigungsstraße erfolgen. Die neue Fertigungsstraße kann 70 % der Produktion übernehmen, die Fehlerquote beträgt zwei Prozent. Die verbleibenden 30 % werden nach wie vor mit der alten Fertigungsstraße mit der Fehlerquote von 8 % hergestellt.

5.1 Ermitteln Sie, mit welcher Wahrscheinlichkeit ein Bauteil der Gesamtproduktion fehlerhaft ist.   4

5.2 Berechnen Sie die Wahrscheinlichkeit dafür, dass ein fehlerhaftes Teil von der neuen Fertigungsstraße stammt. $\frac{2}{40}$

Tipps und Hinweise zur Lösung von Aufgabe B I

Teilaufgabe 1.1
- Verwenden Sie das Zählprinzip. Bei einem Laplace-Experiment sind alle Elementarereignisse gleichwahrscheinlich.
- Verwenden Sie „Kombinationen" $\binom{n}{k}$. Sprich „k aus n".

Teilaufgabe 1.2
- Auch bei 1.2 sollten Sie das Zählprinzip verwenden.

Teilaufgabe 2.1
- Gedankenfolge: Was ist hier die Zufallsgröße X? Ist X binomialverteilt und mit welcher Trefferwahrscheinlichkeit p? Welches Ereignis wird beschrieben?
- Verwenden Sie auch die Normalverteilung als Näherung. Begründen Sie, warum die Normalverteilung als Näherung brauchbare Ergebnisse liefert.

Teilaufgabe 2.2
- Hier wird eine neue Zufallsgröße beschrieben (was wird gezählt?).
- Verwenden Sie für die Trefferwahrscheinlichkeit Ihr Ergebnis aus Aufgabe 2.1.

Teilaufgabe 3
- Tipp wie in 2.1. Welche Aussage wird über die Wahrscheinlichkeit dieses Ereignisses gemacht?
- Verwenden Sie auch die Normalverteilung als Näherung.

Teilaufgabe 4.1
- Geben Sie die Testgröße des Signifikanztests an (was wird gezählt?).
- Geben Sie die Nullhypothese und die Gegenhypothese an.
- Prüfen Sie, ob eine Näherungsrechnung sinnvoll ist.
- Nutzen Sie das Tabellenwerk.

Teilaufgabe 4.2
- Berechnen Sie den Fehler 2. Art.

Teilaufgabe 5.1
- Verwenden Sie ein Baumdiagramm.

Teilaufgabe 5.2
- Es soll eine „bedingte Wahrscheinlichkeit" berechnet werden.

Lösung

1.1 $P(A) = \dfrac{\binom{4}{2} \cdot \binom{46}{3}}{\binom{50}{5}} = 0{,}04298\ldots \approx \underline{\underline{4{,}3\,\%}}$

$P(B) = 1 - P(\overline{B}) = \dfrac{\binom{4}{0} \cdot \binom{46}{5}}{\binom{50}{5}} = 0{,}35303\ldots \approx \underline{\underline{35{,}3\,\%}}$

1.2 Gesuchte Wahrscheinlichkeit: $P = \dfrac{g}{m}$, mit $m = \binom{50}{4}$ bzw. $m = \dfrac{50!}{4! \cdot 46!}$ und $g = 47$

$\Rightarrow \ P = 0{,}000204\ldots \approx \underline{\underline{0{,}02\,\%}}$

2.1 Zufallsgröße X: Anzahl der defekten Bauteile auf einer Palette.
X ist binomialverteilt mit B(n; p), wobei $n = 8 \cdot 50 = 400$ und $p = 0{,}08$.
Für den Erwartungswert μ und die Standardabweichung σ der Zufallsgröße X gilt:

$\mu = n \cdot p = 400 \cdot 0{,}08 = 32$ und $\sigma = \sqrt{n \cdot p \cdot (1-p)} = \sqrt{32 \cdot 0{,}92} = \sqrt{29{,}44}$

Wegen $\text{Var}(X) = \sigma^2 = 29{,}44 > 9$ ist die Normalverteilung als Näherung der Binomialverteilung sinnvoll.
Gesuchte Wahrscheinlichkeit:

$P(X \geq 30) = 1 - P(X \leq 29) = 1 - F_{0{,}08}^{400}(29) \approx 1 - \Phi\left(\dfrac{29 - 32 + 0{,}5}{\sqrt{29{,}44}}\right) \approx 1 - \Phi(-0{,}46) =$

$= 1 - (1 - \Phi(0{,}46)) = \Phi(0{,}46) \approx 0{,}67724 \approx \underline{\underline{67{,}7\,\%}}$

2.2 Wahrscheinlichkeit für mindestens 3 defekte Bauteile in einem Karton:
Es sei X die Anzahl der defekten Bauteile in einem Karton.
X ist binomialverteilt mit B(50; 0,08).
$P(X \geq 3) = 1 - P(X \leq 2) = 1 - F_{0{,}08}^{50}(2) =$

$= 1 - \binom{50}{0} \cdot 0{,}08^0 \cdot 0{,}92^{50} - \binom{50}{1} \cdot 0{,}08^1 \cdot 0{,}92^{49} - \binom{50}{2} \cdot 0{,}08^2 \cdot 0{,}92^{48} =$

$= 1 - 0{,}92^{50} - 50 \cdot 0{,}08 \cdot 0{,}92^{49} - 1225 \cdot 0{,}08^2 \cdot 0{,}92^{48} \approx \underline{\underline{0{,}77403}}$

Wahrscheinlichkeit für mindestens einen Karton mit mindestens 3 defekten Bauteilen in einem Karton:
Es sei Y die Anzahl der Kartons mit mindestens 3 defekten Bauteilen.
Y ist binomialverteilt mit B(8; 0,77403).
$P(Y \geq 1) = 1 - P(Y = 0) = 1 - B(8; 0{,}77403; 0) =$

$= 1 - \binom{8}{0} \cdot 0{,}77403^0 \cdot 0{,}22597^8 = 1 - 0{,}22597^8 \approx \underline{\underline{0{,}99999}}$

3 Zufallsgröße X: Anzahl der defekten Bauteile unter n überprüften Bauteilen.
X ist mit B(n; 0,08) binomialverteilt. $\mu = n \cdot 0,08$; $Var(X) = n \cdot 0,08 \cdot 0,92$
$Var(X) > 9 \iff n \cdot 0,08 \cdot 0,92 > 9 \iff n > 122,28 \implies n \geq 123$
Für $n \geq 123$ ist die Normalverteilung als Näherung sinnvoll.
$P(X > 5) \geq 0,95 \iff 1 - F^n_{0,08}(5) \geq 0,95 \iff F^n_{0,08}(5) \leq 0,05$

Näherung mit Normalverteilung:

$$F^n_{0,08}(5) \approx \Phi\left(\frac{5 - n \cdot 0,08 + 0,5}{\sqrt{n \cdot 0,08 \cdot 0,92}}\right) \leq 0,05 \overset{\text{Tab.werk}}{\iff} \frac{5,5 - n \cdot 0,08}{\sqrt{n \cdot 0,0736}} \leq -1,645$$

$\iff 5,5 - 0,08 \cdot n \leq -1,645 \cdot \sqrt{0,0736} \cdot \sqrt{n}$; Substitution: $z = \sqrt{n}$

$\implies 5,5 - 0,08 \cdot z^2 \leq -1,645 \cdot \sqrt{0,0736} \cdot z$

$\implies 0,08 \cdot z^2 - 1,645 \cdot \sqrt{0,0736} \cdot z - 5,5 \geq 0$

$\implies z \geq \dfrac{1,645 \cdot \sqrt{0,0736} + \sqrt{1,645^2 \cdot 0,0736 + 4 \cdot 0,08 \cdot 5,5}}{2 \cdot 0,08} \approx 11,537$

mit $z^2 = n \implies n \geq 11,537^2 \approx 133,1 \implies n \geq 134$

Man muss also mindestens 134 Bauteile der laufenden Produktion überprüfen.
Wegen $134 > 123$ war die Näherung mithilfe der Normalverteilung sinnvoll.

4.1 Testgröße X: Anzahl der defekten Bauteile unter 200 überprüften Bauteilen.
X ist binomialverteilt mit B(200; p); d. h.: Stichprobenlänge $n = 200$ und $p \in [0; 1]$.
Nullhypothese H_0: $p \leq 0,08$, Gegenhypothese H_1: $p > 0,08$
Signifikanzniveau: 0,10

Annahmebereich von H_0:	Ablehnungsbereich von H_0:
$A = \{0; \ldots; c\}$	$\overline{A} = \{c + 1; \ldots; 200\}$

$Var(X) = n \cdot p \cdot q = 200 \cdot 0,08 \cdot 0,92 = 14,72 > 9$

Eine Näherung mithilfe der Normalverteilung liefert also brauchbare Ergebnisse.

$1 - F^{200}_{0,08}(c) \leq 0,10 \iff F^{200}_{0,08}(c) \geq 0,90$

Mit der Näherung folgt:

$\Phi\left(\dfrac{c - \mu + 0,5}{\sigma}\right) \geq 0,90 \overset{\text{Tab.werk}}{\iff} \dfrac{c - \mu + 0,5}{\sigma} \geq 1,282$

$\iff c - \mu + 0,5 \geq 1,282 \cdot \sigma$

$\iff c \geq \mu - 0,5 + 1,282 \cdot \sigma$

Mit $\mu = n \cdot p = 200 \cdot 0,08 = 16$ und $\sigma = \sqrt{Var(X)}$ gilt:
$c \geq 15,5 + 1,282 \cdot \sqrt{14,72} \iff c \geq 20,42$

Größtmöglicher Ablehnungsbereich von H_0: $\overline{A} = \{22; \ldots; 200\}$
Kleinstmöglicher Annahmebereich von H_0: $A = \{0; \ldots; 21\}$
Falls man unter 200 überprüften Bauteilen höchstens 21 defekte Bauteile findet, entscheidet man sich nicht für die Behauptung der Autofirma.

4.2　X ist nun binomialverteilt mit B(200; 0,15).

$$P(X \leq 21) = F_{0,15}^{200}(21) \overset{\text{Tab.werk}}{=} 0,04150 \approx \underline{\underline{4,2\,\%}}$$

5.1　N: „Das zufällig betrachtete Bauteil stammt von der neuen Fertigungsanlage."
　　　A: „Das zufällig betrachtete Bauteil stammt von der alten Fertigungsanlage."
　　　D: „Das zufällig betrachtete Bauteil ist defekt (fehlerhaft)."
　　　I: „Das zufällig betrachtete Bauteil ist intakt (nicht fehlerhaft)."

Gesuchte Wahrscheinlichkeit:
$$P(D) = P(N \cap D) + P(A \cap D) =$$
$$= 0,70 \cdot 0,02 + 0,30 \cdot 0,08 = 0,038 = \underline{\underline{3,8\,\%}}$$

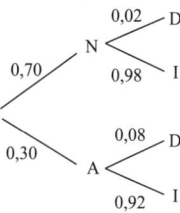

5.2　$P_D(N) = \dfrac{P(N \cap D)}{P(D)} = \dfrac{0,70 \cdot 0,02}{0,038} \approx 0,368 = \underline{\underline{36,8\,\%}}$

Bayern – FOS · BOS 13 – Abiturprüfung 2008
Mathematik (Ausbildungsrichtung Technik) – Stochastik B II

BE

Der Support für ein älteres Betriebssystem eines Softwareentwicklers läuft in Kürze aus. Deshalb wird es in einem Fachgeschäft als Sonderangebot verkauft.

1 60 % der Kunden, die das Fachgeschäft besuchen, kaufen das Betriebssystem, 10 % dieser Kunden erwerben auch noch das zugehörige Officepaket. 8 % aller Kunden kaufen nur das Officepaket. Interpretieren Sie die relativen Häufigkeiten als Wahrscheinlichkeiten.
Ermitteln Sie die Wahrscheinlichkeit,
a) dass ein zufällig ausgewählter Kunde ein Officepaket erwirbt,
b) dass ein Kunde, der kein Betriebssystem kauft, ein Officepaket erwirbt.
Untersuchen Sie, ob die Ereignisse A: „Ein Kunde kauft ein Betriebssystem" und B: „Ein Kunde kauft ein Officepaket" stochastisch unabhängig sind. 6

2 Ein Großhändler kauft in sehr großen Mengen Datenträger ein, weil er Käufern des Betriebssystems ein Paket von Datenträgern kostenlos dazugeben will. Er weiß, dass aufgrund schlechter Qualität des Trägermaterials 5 % der Datenträger unbrauchbar sind.

2.1 Berechnen Sie die Wahrscheinlichkeiten der folgenden Ereignisse:
F: „Erst der fünfte entnommene Datenträger ist unbrauchbar."
D: „Frühestens der dritte entnommene Datenträger ist unbrauchbar."
S: „Spätestens der fünfte entnommene Datenträger ist unbrauchbar." 4

2.2 Ermitteln Sie die Wahrscheinlichkeit dafür, dass der zehnte entnommene Datenträger der dritte unbrauchbare ist. 2

2.3 Berechnen Sie die Anzahl der Datenträger, die ein Kunde mindestens erhalten muss, um mit mehr als 99 % Wahrscheinlichkeit mindestens einen unbrauchbaren Datenträger zu bekommen. 4

2.4 Ein guter Kunde erhält 200 Datenträger. Ermitteln Sie die Wahrscheinlichkeit, dass davon 12 oder mehr Datenträger unbrauchbar sind. 3

3 Das Betriebssystem gilt als sehr zuverlässig. Diese Behauptung soll durch eine Umfrage in einem Forum im Internet überprüft werden, an der 2000 Mitglieder des Forums, die das Betriebssystem installiert haben, teilnehmen.

3.1 Nach Aussage des Softwareentwicklers läuft höchstens 1 % aller installierten Betriebssysteme instabil (Nullhypothese). Die Nullhypothese soll beibehalten werden, wenn höchstens 27 der Mitglieder des Forums über ein instabiles System klagen. Berechnen Sie das Risiko, mit dieser Entscheidungsregel die Nullhypothese fälschlicherweise abzulehnen, sowie die Wahrscheinlichkeit für den Fehler zweiter Art, wenn 2 % der installierten Betriebssysteme instabil sind. 8

3.2 Kurz nach dem Ende des Supports für das Betriebssystem häufen sich im Internet die Beschwerden. Auf Nachfrage gibt der Softwareentwickler die Verschlechterung zu, behauptet aber, dass höchstens 4 % aller installierten Systeme instabil laufen (Nullhypothese).
Ermitteln Sie eine Entscheidungsregel für 2000 Befragte so, dass das Risiko, die Nullhypothese fälschlicherweise abzulehnen, höchstens 5 % beträgt. 7

4   Die Wahrscheinlichkeit für ein instabiles Betriebssystem beträgt 4 %. Es werden 2000 Forumsmitglieder bezüglich der Instabilität befragt. Berechnen Sie ein zum Erwartungswert symmetrisches, möglichst kleines Intervall, in dem mit einer Wahrscheinlichkeit von mindestens 50 % die Anzahl der instabilen Betriebssysteme liegt. Verwenden Sie dabei die Normalverteilung als Näherung.   6
  40

Tipps und Hinweise zur Lösung von Aufgabe B II

Teilaufgabe 1

/ Erstellen Sie zur Berechnung der gesuchten Wahrscheinlichkeiten eine Vierfeldertafel.

Teilaufgabe 2.1 und 2.2

/ Verwenden Sie eine geeignete Bernoullikette.

Teilaufgabe 2.3

/ Verwenden Sie eine geeignete Bernoullikette und rechnen Sie mit der Wahrscheinlichkeit eines geeigneten Gegenereignisses.

/ Lösen Sie die vorkommende Ungleichung mithilfe eines geeigneten Logarithmusgesetzes.

Teilaufgabe 2.4

/ Verwenden Sie die Binomialverteilung und die zugehörigen Wahrscheinlichkeiten aus dem Tafelwerk.

Teilaufgabe 3.1

/ Es wird hier ein rechtsseitiger Signifikanztest beschrieben.

/ Geben Sie die Testgröße des Signifikanztests an (was wird gezählt?).

/ Geben Sie die Nullhypothese und die Gegenhypothese an.

/ Prüfen Sie, ob eine Näherungsrechnung sinnvoll ist.

/ Nutzen Sie das Tabellenwerk.

/ Bei dem zu berechnenden „Risiko" ist die Wahrscheinlichkeit des β-Fehlers gemeint.

Teilaufgabe 3.2

/ Tipp wie in 3.1.

/ Zuerst muss der Annahme- und der Ablehnungsbereich der Nullhypothese ermittelt werden. Erst dann kann man eine Entscheidungsregel formulieren.

/ Verwenden Sie die Normalverteilung als Näherung der Binomialverteilung.

Teilaufgabe 4

/ Beachten Sie, dass gilt: $\Phi(-x) = 1 - \Phi(x)$

Lösung

1 A: „Ein zufällig ausgewählter Kunde kauft das Betriebssystem."
B: „Ein zufällig ausgewählter Kunde kauft das Officepaket."
Laut Angabe gilt: $P(A) = 0{,}60$; $P(A \cap B) = 0{,}60 \cdot 0{,}10 = 0{,}06$; $P(\overline{A} \cap B) = 0{,}08$

Vierfeldertafel:

	A	$\overline{A}$	
B	**0,06**	**0,08**	0,14
$\overline{B}$	0,54	0,32	0,86
	0,60	0,40	1

$P(B) = 0{,}14$

$P_{\overline{A}}(B) = \dfrac{P(B \cap \overline{A})}{P(\overline{A})} = \dfrac{0{,}08}{0{,}40} = 0{,}20$

$P(A \cap B) = 0{,}06$; $P(A) \cdot P(B) = 0{,}60 \cdot 0{,}14 = 0{,}084 \Rightarrow P(A \cap B) \neq P(A) \cdot P(B)$
Also sind die Ereignisse A und B stochastisch abhängig.

2.1 $P(F) = 0{,}95^4 \cdot 0{,}05 \approx 0{,}0407 \approx 4{,}1\%$

D: „Die beiden ersten Datenträger sind brauchbar." $P(D) = 0{,}95^2 = 0{,}9025 \approx 90{,}3\%$

$\overline{S}$: „Die ersten 5 Datenträger sind brauchbar." $P(S) = 1 - P(\overline{S}) = 1 - 0{,}95^5 \approx 22{,}6\%$

2.2 Unter den ersten 9 entnommenen Datenträgern sind genau 2 unbrauchbare und zugleich ist der zehnte entnommene Datenträger unbrauchbar.

$P = B(9; 0{,}05; 2) \cdot 0{,}05 = \binom{9}{2} \cdot 0{,}05^2 \cdot 0{,}95^7 \cdot 0{,}05 = 36 \cdot 0{,}05^3 \cdot 0{,}95^7 \approx 0{,}0031$

2.3 Zufallsgröße X: Anzahl der unbrauchbaren Datenträger aus n ausgewählten Datenträgern. X ist binomialverteilt mit $B(n; 0{,}05)$.

$P(X \geq 1) > 0{,}99 \Leftrightarrow 1 - P(X = 0) > 0{,}99$
$\Leftrightarrow P(X = 0) < 0{,}01$
$\Leftrightarrow 0{,}95^n < 0{,}01$
$\Leftrightarrow \ln(0{,}95^n) < \ln(0{,}01)$
$\Leftrightarrow n \cdot \ln(0{,}95) < \ln(0{,}01)$
$\Leftrightarrow n > \dfrac{\ln(0{,}01)}{\ln(0{,}95)} \approx 89{,}78$

Der Kunde muss mindestens 90 Datenträger erhalten.

2.4 Zufallsgröße X: Anzahl der unbrauchbaren Datenträger aus 200 ausgewählten Datenträgern. X ist binomialverteilt mit $B(200; 0{,}05)$.

$P(X \geq 12) = 1 - P(X \leq 11) = 1 - F^{200}_{0{,}05}(11) \stackrel{\text{Tab.werk}}{=} 1 - 0{,}69976 = 0{,}30024 \approx 30\%$

3.1 Testgröße X: Anzahl der instabilen Betriebssysteme unter 2000.
X ist binomialverteilt nach B(2000; p); d. h.: Stichprobenlänge n = 2000 und p ∈ [0; 1]
Signifikanztest:
Nullhypothese H_0: p ≤ 0,01, Gegenhypothese H_1: p > 0,01

Annahmebereich von H_0: | Ablehnungsbereich von H_0:
A = {0; …; 27} | $\overline{A}$ = {28; …; 2000}

$Var(X) = \sigma^2 = n \cdot p \cdot q = 2000 \cdot 0,01 \cdot 0,99 = 19,8 > 9$
Also ist eine Näherung mithilfe der Normalverteilung sinnvoll.
Erwartungswert: $\mu = n \cdot p = 2000 \cdot 0,01 = 20$

$$P(\overline{A}) = P(X \geq 28) = 1 - F_{0,01}^{2000}(27) \approx 1 - \Phi\left(\frac{27 - 20 + 0,5}{\sqrt{19,8}}\right) = 1 - \Phi(1,69) \stackrel{Tab.werk}{=}$$
$$= 1 - 0,95449 = 0,04551 \approx \underline{\underline{4,6\,\%}}$$

X ist nun binomialverteilt nach B(2000; 0,02).
$Var(X) = \sigma^2 = n \cdot p \cdot q = 2000 \cdot 0,02 \cdot 0,98 = 39,2 > 9$
Also ist auch jetzt eine Näherung mithilfe der Normalverteilung sinnvoll.
Erwartungswert: $\mu = n \cdot p = 2000 \cdot 0,02 = 40$

$$\underline{\underline{\beta'}} = P(A) = P(X \leq 27) = F_{0,02}^{2000}(27) \approx \Phi\left(\frac{27 - 40 + 0,5}{\sqrt{39,2}}\right) \approx \Phi(-1,996) \approx 1 - \Phi(2) \stackrel{Tab.werk}{=}$$
$$= 1 - 0,97725 = 0,02275 \approx \underline{\underline{2,3\,\%}}$$

3.2 Testgröße X: Anzahl der instabilen Betriebssysteme unter 2000.
X ist binomialverteilt nach B(2000; p); d.h.: Stichprobenlänge n = 2000 und p ∈ [0; 1]
Signifikanztest:
Nullhypothese H_0: p ≤ 0,04, Gegenhypothese H_1: p > 0,04
Signifikanzniveau: SN = 0,05

Annahmebereich von H_0: | Ablehnungsbereich von H_0:
A = 0; …; c} | $\overline{A}$ = {c + 1; …; 500}

$P(\overline{A}) \leq 0,05 \iff 1 - F_{0,04}^{2000}(c) \leq 0,05 \iff F_{0,04}^{2000}(c) \geq 0,95$

$Var(X) = \sigma^2 = n \cdot p \cdot q = 2000 \cdot 0,04 \cdot 0,96 = 76,8 > 9$
Also ist eine Näherung mithilfe der Normalverteilung sinnvoll.
Erwartungswert: $\mu = n \cdot p = 2000 \cdot 0,04 = 80$

$$F_{0,04}^{500}(c) \geq 0,95 \iff \Phi\left(\frac{c - 80 + 0,5}{\sqrt{76,8}}\right) \geq 0,95 \iff \frac{c - 79,5}{\sqrt{76,8}} \geq 1,645$$

$$\iff c \geq 1,645 \cdot \sqrt{76,8} + 79,5 \iff c \geq 93,9; \quad c \geq 94$$

Annahmebereich von H_0: A = {0; …; 94}

Ablehnungsbereich von H_0: $\overline{A}$ = {95; …; 2000}

Entscheidungsregel: Ist die Anzahl der instabilen Betriebssysteme (bei 2000 untersuchten) kleiner als 95, so wird man die Aussage des Softwareentwicklers akzeptieren.

4 Zufallsgröße X: Anzahl der instabilen Betriebssysteme unter 2000.
X ist binomialverteilt nach B(2000; 0,04).

Erwartungswert, Standardabweichung:

$$\mu = n \cdot p = 2000 \cdot 0,04 = 80; \quad \sigma = \sqrt{n \cdot p \cdot q} = \sqrt{80 \cdot 0,96} = \sqrt{76,8}$$

$$P(\mu - c \leq X \leq \mu + c) \geq 0,5 \quad \Leftrightarrow \quad F_{0,04}^{2000}(\mu + c) - F_{0,04}^{2000}(\mu - c - 1) \geq 0,50$$

Näherung:

$$\Phi\left(\frac{\mu + c - \mu + 0,5}{\sigma}\right) - \Phi\left(\frac{\mu - c - 1 - \mu + 0,5}{\sigma}\right) \geq 0,50$$

$$\Phi\left(\frac{c + 0,5}{\sigma}\right) - \Phi\left(\frac{-c - 0,5}{\sigma}\right) \geq 0,50$$

$$\Phi\left(\frac{c + 0,5}{\sigma}\right) - \Phi\left(-\frac{c + 0,5}{\sigma}\right) \geq 0,50$$

$$\Phi\left(\frac{c + 0,5}{\sigma}\right) - \left(1 - \Phi\left(\frac{c + 0,5}{\sigma}\right)\right) \geq 0,50$$

$$2 \cdot \Phi\left(\frac{c + 0,5}{\sigma}\right) - 1 \geq 0,50$$

$$\Phi\left(\frac{c + 0,5}{\sigma}\right) \geq 0,75$$

Mit Quantil aus dem Tabellenwerk:

$$\frac{c + 0,5}{\sigma} \geq 0,674 \quad \Leftrightarrow \quad c \geq 0,674 \cdot \sigma - 0,5 \quad \Leftrightarrow \quad c \geq 0,674 \cdot \sqrt{76,8} - 0,5 \approx 5,4066$$

$\Rightarrow \quad c \geq 6$

$\Rightarrow \quad c_{min} = 6; \quad \mu + c_{min} = 86; \quad \mu - c_{min} = 74 \quad \Rightarrow \quad$ kleinstes Intervall: $[74; 86]$

Bayern – FOS · BOS 13 – Abiturprüfung 2009
Mathematik (Ausbildungsrichtung Technik) – Analysis A I

		BE
1	Gegeben ist die reelle Funktion f in der maximalen Definitionsmenge $D_f \subseteq \mathbb{R}$ durch f: $x \mapsto \dfrac{|x-1|}{\sqrt{x^2 - 2x + 2}}$.	
1.1	Bestimmen Sie D_f und die Koordinaten der gemeinsamen Punkte des Graphen von f mit den Koordinatenachsen.	4
1.2	Zeigen Sie, dass der Graph von f symmetrisch zur Geraden mit der Gleichung $x = 1$ ist, und bestimmen Sie das Verhalten der Funktionswerte f(x) für $x \to \pm\infty$ und die Gleichung der Asymptote.	5
1.3	Bestimmen Sie f'(x), das Monotonieverhalten von f und das Verhalten von f'(x) für $x \to 1$ sowie die Art und Koordinaten des Extrempunkts des Graphen von f. [Teilergebnis: $f'(x) = (x^2 - 2x + 2)^{-1,5}$ für $x > 1$]	8
1.4	Zeichnen Sie für $-2 \le x \le 4$ den Graphen der Funktion f in ein kartesisches Koordinatensystem (1 LE = 2 cm).	4
1.5	Die Gerade mit der Gleichung $y = 1$ und der Graph von f schließen eine Fläche ein. Rotiert diese Fläche um die x-Achse, so entsteht ein rotationssymmetrischer Körper. Berechnen Sie die Maßzahl V seines Volumeninhalts.	7
1.6	Gegeben sind nun die reellen Funktionen g und h mit $D_g = D_h = \mathbb{R}$ durch g: $x \mapsto \arccos(f(x))$ und h: $x \mapsto \begin{cases} \arctan\left(\dfrac{1}{|x-1|}\right) & \text{für } x \ne 1 \\ 0,5\pi & \text{für } x = 1 \end{cases}$.	
1.6.1	Zeigen Sie, dass g keine Nullstellen besitzt. Ermitteln Sie g'(x) und zeigen Sie, dass gilt: $g = h$. [Teilergebnis: $g'(x) = \dfrac{-1}{x^2 - 2x + 2}$ für $x > 1$]	14
1.6.2	Bestimmen Sie für die Funktion H mit $H(x) = \int_1^x h(t)\,dt$, $x > 1$ eine integralfreie Darstellung. (Hinweis: Beginnen Sie mit der Substitution $z = t - 1$ bzw. $z = x - 1$.)	10
2	Ein Kondensator der Kapazität C wird an der Gleichspannungsquelle der Spannung U_0 aufgeladen. Für die Beträge U_0 und U_1 der Spannungen gilt: $U_1 < U_0$. Zum Zeitpunkt $t = 0$ wird der Schalter S umgelegt, sodass sich der Kondensator der Kapazität C über den ohmschen Widerstand R entladen kann. Während des Entladevorgangs gilt für den Betrag $U = U(t)$ der Spannung am Kondensator die Differenzialgleichung $\dot{U}(t) = a \cdot (U_1 - U(t))$ mit $\dot{U}(t) = \dfrac{dU(t)}{dt}$ und $a = \dfrac{1}{RC}$. Berechnen Sie die spezielle Lösung U(t) der obigen Differenzialgleichung, falls zum Zeitpunkt $t = 0$ für die Spannung am Kondensator gilt: $U(0) = 3 \cdot U_1$.	8
		60

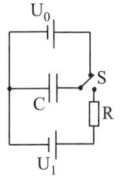

Tipps und Hinweise zur Lösung von Aufgabe A I

Teilaufgabe 1.1
Untersuchen Sie das Argument des Wurzelterms.

Teilaufgabe 1.2
Gilt $f(k+x) = f(k-x)$ für alle $x \in D_f$ und ist D_f symmetrisch zu $x = k$, so ist der Graph von f symmetrisch zur Geraden $x = k$.

Teilaufgabe 1.3
Das Monotonieverhalten bestimmt man mithilfe der 1. Ableitung. Untersuchen Sie dabei die Fälle $x > 1$ und $x < 1$.

Teilaufgabe 1.4
Verwenden Sie Ihre bisherigen Ergebnisse und nutzen Sie das Symmetrieverhalten.

Teilaufgabe 1.5
Verwenden Sie bei der Berechnung des Integrals eine geeignete Substitution.

Teilaufgabe 1.6.1
Unterscheiden Sie die Fälle $x > 1$, $x < 1$ und $x = 1$.

Teilaufgabe 1.6.2
Verwenden Sie bei der Integration nach der Substitution die Methode der partiellen Integration. Beachten Sie dabei, dass für alle Zahlen a gilt: $a = 1 \cdot a$.

Teilaufgabe 2
Verwenden Sie zur Lösung der Differenzialgleichung entweder die Methode „Trennen der Variablen" oder die Methode „Variation der Konstanten". Formen Sie vorher die Differenzialgleichung in eine für die jeweilige Methode geeignete Darstellung um.

Lösung

1 $f(x) = \dfrac{|x-1|}{\sqrt{x^2 - 2x + 2}}$

1.1 $x^2 - 2x + 2 > 0 \Leftrightarrow (x^2 - 2x + 1) + 1 > 0 \Leftrightarrow (x-1)^2 + 1 > 0$
Die Ungleichung ist wahr für alle $x \in \mathbb{R}$. $\Rightarrow \underline{\underline{D_f = \mathbb{R}}}$

$f(0) = \dfrac{1}{\sqrt{2}}$; Punkt auf der y-Achse: $\underline{\underline{S_y\left(0; \dfrac{1}{\sqrt{2}}\right)}}$

$f(x) = 0 \Leftrightarrow x = 1$; Punkt auf der x-Achse: $\underline{\underline{S_x(1; 0)}}$

1.2 $f(1+k) = \dfrac{|1+k-1|}{\sqrt{(1+k)^2 - 2(1+k) + 2}} = \dfrac{|k|}{\sqrt{1 + 2k + k^2 - 2 - 2k + 2}} = \dfrac{|k|}{\sqrt{1+k^2}}$

$f(1-k) = \dfrac{|1-k-1|}{\sqrt{(1-k)^2 - 2(1-k) + 2}} = \dfrac{|-k|}{\sqrt{1 - 2k + k^2 - 2 + 2k + 2}} = \dfrac{|k|}{\sqrt{1+k^2}}$

$\Rightarrow f(1+k) = f(1-k)$ für alle $k \in \mathbb{R}$.
Also ist der Graph von f symmetrisch zur Geraden mit der Gleichung $x = 1$.

$\lim\limits_{x \to \pm\infty} f(x) = \lim\limits_{x \to \pm\infty} \dfrac{|x-1|}{\sqrt{x^2 - 2x + 2}} = \lim\limits_{x \to \pm\infty} \dfrac{|x \cdot (1 - \frac{1}{x})|}{\sqrt{x^2 \cdot \left(1 - \frac{2}{x} + \frac{2}{x^2}\right)}} = \lim\limits_{x \to \pm\infty} \dfrac{|x|}{\sqrt{x^2}} =$

$= \lim\limits_{x \to \pm\infty} \dfrac{|x|}{|x|} = \lim\limits_{x \to \pm\infty} 1 = 1$

Also besitzt der Graph von f die waagrechte Asymptote mit der Gleichung $y = 1$.

1.3 Für $x > 1$ gilt: $f(x) = \dfrac{x-1}{\sqrt{x^2 - 2x + 2}}$

$f'(x) = \dfrac{1 \cdot \sqrt{x^2 - 2x + 2} - (x-1) \cdot \dfrac{1}{2 \cdot \sqrt{x^2 - 2x + 2}} \cdot (2x - 2)}{x^2 - 2x + 2} \cdot \dfrac{\sqrt{x^2 - 2x + 2}}{\sqrt{x^2 - 2x + 2}} =$

$= \dfrac{x^2 - 2x + 2 - (x-1) \cdot (x-1)}{(x^2 - 2x + 2) \cdot \sqrt{x^2 - 2x + 2}} = \dfrac{x^2 - 2x + 2 - (x^2 - 2x + 1)}{(x^2 - 2x + 2) \cdot \sqrt{x^2 - 2x + 2}} =$

$= \dfrac{1}{(x^2 - 2x + 2)^{1,5}} = (x^2 - 2x + 2)^{-1,5}$

Für $x < 1$ gilt: $f(x) = -\dfrac{x-1}{\sqrt{x^2 - 2x + 2}} \Rightarrow f'(x) = -(x^2 - 2x + 2)^{-1,5}$

Für $x > 1$ gilt: $f'(x) = (x^2 - 2x + 2)^{-1,5} > 0$ für alle $x > 1$

Für $x < 1$ gilt: $f'(x) = -(x^2 - 2x + 2)^{-1,5} < 0$ für alle $x < 1$

Wegen der Stetigkeit von f an der Stelle $x = 1$ ist f also streng monoton abnehmend im Intervall $]-\infty; 1]$ und streng monoton zunehmend in $[1; +\infty[$.

$x \overset{>}{\to} 1 \;\Rightarrow\; f'(x) = \underbrace{(x^2 - 2x + 2)}_{\to 1}{}^{-1,5} \to 1$

$x \overset{<}{\to} 1 \;\Rightarrow\; f'(x) = -\underbrace{(x^2 - 2x + 2)}_{\to 1}{}^{-1,5} \to -1$

Wegen $f(1) = 0$, der Stetigkeit von f und des Monotonieverhaltens von f besitzt der Graph von f bei $x = 1$ den Tiefpunkt $\underline{\underline{S_x(1; 0)}}$.

1.4 $f(x) = \dfrac{|x-1|}{\sqrt{x^2 - 2x + 2}}$; $D_f = \mathbb{R}$ (Symmetrie beachten!)

Wertetabelle:

x	-2	-1	0	1	2	3	4
f(x)	0,95	0,89	0,71	0	0,71	0,89	0,95

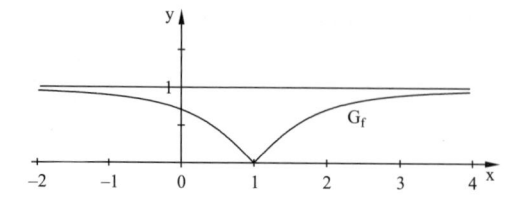

1.5 $V = 2 \cdot \pi \cdot \int\limits_{1}^{\infty} (1^2 - (f(x))^2)\,dx = 2\pi \cdot \lim\limits_{b \to \infty} \int\limits_{1}^{b} (1 - (f(x))^2)\,dx$

Nebenrechnung:

$\int (1 - (f(x))^2)\,dx = \int \left(1 - \dfrac{(x-1)^2}{x^2 - 2x + 2}\right) dx = \int \left(1 - \dfrac{(x-1)^2}{x^2 - 2x + 1 + 1}\right) dx =$

$= \int \left(1 - \dfrac{(x-1)^2}{(x-1)^2 + 1}\right) dx = \int \dfrac{(x-1)^2 + 1 - (x-1)^2}{(x-1)^2 + 1}\,dx =$

$= \int \dfrac{1}{(x-1)^2 + 1}\,dx = \ldots$

Substitution: $t = x - 1$; $\dfrac{dt}{dx} = 1 \;\Leftrightarrow\; dx = dt$

$\ldots = \int \dfrac{1}{t^2 + 1}\,dt = \arctan(t) + C^* = \arctan(x-1) + C$

$$V = 2\pi \cdot \lim_{b \to \infty} \int_1^b (1-(f(x))^2)\,dx = 2\pi \cdot \lim_{b \to \infty} [\arctan(x-1)]_1^b =$$
$$= 2\pi \cdot \lim_{b \to \infty}(\arctan(b-1) - \arctan(0)) = 2\pi \cdot \lim_{b \to \infty} \arctan(b-1) = 2\pi \cdot \frac{\pi}{2} = \pi^2$$

1.6 $g(x) = \arccos(f(x));\ h(x) = \begin{cases} \arctan\left(\frac{1}{|x-1|}\right) & \text{für } x \neq 1 \\ 0,5\pi & \text{für } x = 1 \end{cases};\ D_g = D_h = \mathbb{R}$

1.6.1 $g(x) = 0 \Leftrightarrow f(x) = 1$

Wegen $1 \notin W_f = [0;1[$ besitzt die Gleichung $f(x) = 1$ in D_f keine Lösung, also besitzt g keine Nullstelle.

$$g'(x) = \frac{-1}{\sqrt{1-(f(x))^2}} \cdot f'(x)$$

Aus der Nebenrechnung in der Aufgabe 1.5 ist bereits bekannt:

$$1-(f(x))^2 = \frac{1}{(x-1)^2+1} = \frac{1}{x^2-2x+2}$$

Für $x > 1$ gilt:

$$g'(x) = \frac{-1}{\sqrt{1-(f(x))^2}} \cdot f'(x) = \frac{-1}{\sqrt{\frac{1}{x^2-2x+2}}} \cdot (x^2-2x+2)^{-1,5} =$$

$$= -1 \cdot (x^2-2x+2)^{0,5} \cdot (x^2-2x+2)^{-1,5} = -(x^2-2x+2)^{-1} = \frac{-1}{x^2-2x+2}$$

Für $x < 1$ gilt:

$$g'(x) = \frac{-1}{\sqrt{1-(f(x))^2}} \cdot f'(x) = \frac{-1}{\sqrt{\frac{1}{x^2-2x+2}}} \cdot (-1) \cdot (x^2-2x+2)^{-1,5} = \frac{1}{x^2-2x+2}$$

Für $x > 1$ gilt: $h(x) = \arctan\left(\frac{1}{x-1}\right) \Rightarrow h'(x) = \frac{1}{1+\frac{1}{(x-1)^2}} \cdot \frac{0-1}{(x-1)^2} = \frac{-1}{(x-1)^2+1} =$

$$= \frac{-1}{x^2-2x+2}$$

Für $x < 1$ gilt: $h(x) = \arctan\left(\frac{-1}{x-1}\right) = -\arctan\left(\frac{1}{x-1}\right) \Rightarrow h'(x) = \frac{1}{x^2-2x+2}$

Also gilt für alle $x \in \mathbb{R} \setminus \{1\}$: $g'(x) = h'(x)$ \quad (*)

$g(0) = \arccos(f(0)) = \arccos(\frac{1}{2}\sqrt{2}) = \frac{\pi}{4};\ h(0) = \arctan(1) = \frac{\pi}{4}$

$g(2) = g(0) = \frac{\pi}{4};\ h(2) = \arctan(1) = \frac{\pi}{4}$

$g(1) = \arccos(f(1)) = \arccos(0) = \frac{\pi}{2} = h(1)$

Wegen (*) und $g(0) = h(0)$, $g(2) = h(2)$, $g(1) = h(1)$ folgt: $\underline{\underline{g = h}}$

1.6.2 Es sei $x > 1$:

$$H(x) = \int_1^x h(t)\, dt = \int_1^x \arctan\left(\frac{1}{t-1}\right) dt = \lim_{b \to 1} \int_b^x \arctan\left(\frac{1}{t-1}\right) dt = \ldots$$

Substitution: $z = t - 1;\ \frac{dz}{dt} = 1 \ \Leftrightarrow\ dt = dz$

$$\int \arctan\left(\frac{1}{t-1}\right) dt = \int \arctan\left(\frac{1}{z}\right) dz = \int 1 \cdot \arctan\left(\frac{1}{z}\right) dz =$$

$$= z \cdot \arctan\left(\frac{1}{z}\right) - \int z \cdot \frac{1}{1+\left(\frac{1}{z}\right)^2} \cdot \frac{-1}{z^2}\, dz =$$

$$= z \cdot \arctan\left(\frac{1}{z}\right) - \int \frac{-z}{z^2+1}\, dz = z \cdot \arctan\left(\frac{1}{z}\right) + \frac{1}{2} \cdot \int \frac{2z}{z^2+1}\, dz =$$

$$= z \cdot \arctan\left(\frac{1}{z}\right) + \frac{1}{2} \cdot \ln(z^2 + 1) + C^* =$$

$$= (t-1) \cdot \arctan\left(\frac{1}{t-1}\right) + \frac{1}{2} \cdot \ln((t-1)^2 + 1) + C =$$

$$= (t-1) \cdot \arctan\left(\frac{1}{t-1}\right) + \frac{1}{2} \cdot \ln(t^2 - 2t + 2) + C$$

$$\underline{\underline{H(x)}} = \lim_{b \to 1} \int_b^x \arctan\left(\frac{1}{t-1}\right) dt =$$

$$= (x-1) \cdot \arctan\left(\frac{1}{x-1}\right) + \frac{1}{2} \cdot \ln(x^2 - 2x + 2)$$

$$- \lim_{b \to 1}\left((b-1) \cdot \arctan\left(\frac{1}{b-1}\right) + \frac{1}{2} \cdot \ln(b^2 - 2b + 2)\right) =$$

$$= (x-1) \cdot \arctan\left(\frac{1}{x-1}\right) + \frac{1}{2} \cdot \ln(x^2 - 2x + 2) - \left(0 \cdot \frac{\pi}{2} + \frac{1}{2} \cdot \ln(1)\right) =$$

$$= \underline{\underline{(x-1) \cdot \arctan\left(\frac{1}{x-1}\right) + \frac{1}{2} \cdot \ln(x^2 - 2x + 2)}}$$

2 $\dot{U}(t) = a \cdot (U_1 - U(t))$ mit $\dot{U}(t) = \dfrac{dU(t)}{dt}$ und $a = \dfrac{1}{RC}$, $t \geq 0$.

Lösung durch Trennen der Variablen:

$$\frac{dU}{dt} = -a \cdot (U - U_1) \ \Rightarrow\ \int \frac{1}{U - U_1}\, dU = \int -a\, dt$$

$\ln|U - U_1| = -a \cdot t + C \ \Leftrightarrow\ |U - U_1| = e^{-at} \cdot e^C$

$U - U_1 = D \cdot e^{-at}$ mit $D \in \mathbb{R}$

Allgemeine Lösung der Differenzialgleichung: $U(t) = U_1 + D \cdot e^{-at}$

$U(0) = 3 \cdot U_1 \quad \Rightarrow \quad U_1 + D \cdot e^0 = 3 \cdot U_1 \quad \Leftrightarrow \quad D = 2 \cdot U_1$

Spezielle Lösung der Differenzialgleichung:

$U(t) = U_1 + 2 \cdot U_1 \cdot e^{-at}; \quad \underline{\underline{U(t) = U_1 \cdot (1 + 2e^{-at})}}$

Alternativ: Lösung mithilfe der Methode der „Variation der Konstanten"

Inhomogene Differenzialgleichung: $\dot{U}(t) + a \cdot U(t) = a \cdot U_1$

Homogene Differenzialgleichung: $\dot{U}(t) + a \cdot U(t) = 0$

Lösung der homogenen Differenzialgleichung:

$U_h = D \cdot e^{-at}$ mit $D \in \mathbb{R}$ (siehe Formelsammlung)

Variation der Konstanten:

$U(t) = D(t) \cdot e^{-at}$

$\dot{U}(t) = \dot{D}(t) \cdot e^{-at} + D(t) \cdot e^{-at} \cdot (-a)$

Einsetzen in die inhomogene Differenzialgleichung:

$\dot{D}(t) \cdot e^{-at} + D(t) \cdot e^{-at} \cdot (-a) + a \cdot D(t) \cdot e^{-at} = a \cdot U_1$

$\dot{D}(t) \cdot e^{-at} = a \cdot U_1 \quad \Leftrightarrow \quad \dot{D}(t) = a \cdot U_1 \cdot e^{at}$

$D(t) = U_1 \cdot e^{at} + C$

Allgemeine Lösung der Differenzialgleichung:

$U(t) = (U_1 \cdot e^{at} + C) \cdot e^{-at} \quad \Leftrightarrow \quad U(t) = U_1 + C \cdot e^{-at}$

$U(0) = 3 \cdot U_1 \quad \Rightarrow \quad U_1 + C \cdot e^0 = 3 \cdot U_1 \quad \Leftrightarrow \quad C = 2 \cdot U_1$

Spezielle Lösung der Differenzialgleichung:

$U(t) = U_1 + 2 \cdot U_1 \cdot e^{-at}; \quad \underline{\underline{U(t) = U_1 \cdot (1 + 2e^{-at})}}$

Bayern – FOS · BOS 13 – Abiturprüfung 2009
Mathematik (Ausbildungsrichtung Technik) – Analysis A II

BE

1 Gegeben ist die Funktion f_a: $x \mapsto 2e^{-x} \cdot \sqrt{e^x - a}$ mit $a \in \mathbb{R}^+$ in der von a abhängigen maximalen Definitionsmenge $D_{f_a} \subseteq \mathbb{R}$.

1.1 Bestimmen Sie D_{f_a} und eventuelle Nullstellen von f_a jeweils in Abhängigkeit von a.
[Teilergebnis: $D_{f_a} = [\ln(a); +\infty[\,]$ 3

1.2 Untersuchen Sie das Monotonieverhalten von f_a in Abhängigkeit von a und ermitteln Sie Art und Koordinaten eventuell vorhandener Extrempunkte des Graphen von f_a.
[Mögliches Teilergebnis: $f_a'(x) = \dfrac{2a - e^x}{e^x \cdot \sqrt{e^x - a}}$] 10

1.3 Untersuchen Sie das Verhalten der Funktionswerte $f_a(x)$ für $x \to \infty$ sowie das Verhalten von $f_a'(x)$ für $x \to \ln(a)$. 6

1.4 Zeichnen Sie mithilfe Ihrer bisherigen Ergebnisse und weiterer Funktionswerte den Graphen der Funktion f_1 ($a = 1$) für $0 \leq x \leq 3$ in ein kartesisches Koordinatensystem (1 LE = 2 cm). 4

1.5 Die Integralfunktion von f_1 ist gegeben durch $F(x) = \displaystyle\int_0^x f_1(t)\,dt$ mit $D_F = \mathbb{R}_0^+$.

1.5.1 Berechnen Sie eine integralfreie Darstellung des Funktionsterms $F(x)$ und untersuchen Sie die Funktion F auf Nullstellen.
Hinweis: Beginnen Sie mit einer partiellen Integration und führen Sie dann eine geeignete Substitution durch.
[Teilergebnis: $\int f_1(x)\,dx = -f_1(x) + 2\arctan\sqrt{e^x - 1} + C$, $C \in \mathbb{R}$] 10

1.5.2 Ermitteln Sie die Koordinaten des Wendepunktes des Graphen von F. 4

1.5.3 Der Graph von f_1 und die x-Achse begrenzen eine Fläche, die sich nach rechts ins Unendliche erstreckt. Berechnen Sie die Maßzahl des Flächeninhalts. 5

2 Eine Kugel mit dem Radius R wird mit einem zylindrischen Bohrer mit dem Radius r zentral durchbohrt. Zeigen Sie mithilfe der Integralrechnung, dass für die Maßzahl V des Volumeninhalts der durchbohrten Kugel gilt:

$$V = \frac{4}{3}\pi \cdot (R^2 - r^2)^{1,5}$$ 8

Hinweis: In einem kartesischen Koordinatensystem gilt für die Koordinaten der Punkte einer Kreislinie mit dem Radius R und mit dem Ursprung als Mittelpunkt die Gleichung $x^2 + y^2 = R^2$.
Berechnen Sie damit zuerst die Koordinaten des Punktes P (siehe Skizze).

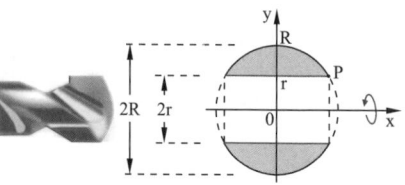

3 Bestimmen Sie die allgemeine Lösung der folgenden Differenzialgleichung mit der Methode der Variation der Konstanten

$$x \cdot y' - 3y' + y = \frac{x-3}{x^2+1} \text{ für } x > 3.$$

10 / 60

Tipps und Hinweise zur Lösung von Aufgabe A II

Teilaufgabe 1.1
- Untersuchen Sie das Argument des Wurzelterms.
- Ein Produkt zweier Zahlen hat den Wert null, wenn schon ein Faktor den Wert null besitzt.

Teilaufgabe 1.2
- Verwenden Sie die Produktregel und untersuchen Sie das Vorzeichen der 1. Ableitung.
- Achten Sie auf die Existenz von Randextrema.

Teilaufgabe 1.3
- Nutzen Sie auch einen der Sätze von L'Hospital.

Teilaufgabe 1.4
- Nutzen Sie Ihre bisherigen Ergebnisse, insbesondere das Verhalten von $f_1'(x)$ für $x \to 0$.

Teilaufgabe 1.5.1
- Verwenden Sie die angegebenen Hinweise.
- Nutzen Sie bei der Untersuchung von F auf Nullstellen die Tatsache, dass F eine Stammfunktion von f_1 ist.

Teilaufgabe 1.5.2
- Argumentieren Sie mithilfe der Definition eines Wendepunktes (siehe Formelsammlung).

Teilaufgabe 1.5.3
- Verwenden Sie Ihre Kenntnisse über die Funktion f_1.

Teilaufgabe 2
- Integrieren Sie nur bis x_p und subtrahieren Sie das Volumen des zylindrischen Lochs.

Teilaufgabe 3
- Verwandeln Sie beim Integrieren einen Bruch in eine Summe.

Lösung

1 $f_a(x) = 2e^{-x} \cdot \sqrt{e^x - a}, \ a > 0$

1.1 $e^x - a \geq 0 \Leftrightarrow e^x \geq a \Leftrightarrow x \geq \ln(a)$; also gilt: $\underline{\underline{D_{f_a} = [\ln(a); +\infty[}}$

$f_a(x) = 0 \Leftrightarrow e^x - a = 0 \Leftrightarrow e^x = a \Leftrightarrow x = \ln(a)$

Für alle Werte $a > 0$ existiert genau eine Nullstelle: $x = \ln(a)$

1.2 $f_a'(x) = 2e^{-x} \cdot (-1) \cdot \sqrt{e^x - a} + 2e^{-x} \cdot \dfrac{e^x}{2 \cdot \sqrt{e^x - a}} = -2e^{-x} \cdot \sqrt{e^x - a} + \dfrac{1}{\sqrt{e^x - a}} =$

$= \dfrac{-2 \cdot \sqrt{e^x - a}}{e^x} + \dfrac{1}{\sqrt{e^x - a}} = \dfrac{-2 \cdot (e^x - a) + e^x}{e^x \cdot \sqrt{e^x - a}} = \dfrac{2a - e^x}{e^x \cdot \sqrt{e^x - a}}$

mit $D_{f_a'} = \,]\ln(a); +\infty[$

$f_a'(x) > 0 \Leftrightarrow 2a - e^x > 0 \Leftrightarrow e^x < 2a \Leftrightarrow x < \ln(2a)$

$f_a'(x) < 0 \Leftrightarrow 2a - e^x < 0 \Leftrightarrow e^x > 2a \Leftrightarrow x > \ln(2a)$

Also ist die Funktion f_a (wegen der Stetigkeit von f_a) streng monoton zunehmend im Intervall $[\ln(a); \ln(2a)]$ und streng monoton abnehmend in $[\ln(2a); +\infty[$.

Aus dem Monotonieverhalten und der Stetigkeit von f_a folgt:
Der Graph von f_a besitzt den Tiefpunkt $\underline{\underline{T(\ln(a); 0)}}$ und bei $x = \ln(2a)$ einen Hochpunkt H.

$f_a(\ln(2a)) = 2 \cdot e^{-\ln(2a)} \cdot \sqrt{e^{\ln(2a)} - a} = 2 \cdot e^{\ln\left(\frac{1}{2a}\right)} \cdot \sqrt{2a - a} = 2 \cdot \dfrac{1}{2a} \cdot \sqrt{a} = \dfrac{1}{\sqrt{a}}$

$\underline{\underline{H\left(\ln(2a); \dfrac{1}{\sqrt{a}}\right)}}$

1.3 $\displaystyle\lim_{x \to \infty} f_a(x) = \lim_{x \to \infty} \underbrace{2e^{-x}}_{\to 0} \cdot \underbrace{\sqrt{e^x - a}}_{\to +\infty} = \lim_{x \to \infty} \dfrac{\overbrace{2 \cdot \sqrt{e^x - a}}^{\to +\infty}}{\underbrace{e^x}_{\to +\infty}} \stackrel{L'H}{=} \lim_{x \to \infty} \dfrac{2 \cdot \dfrac{e^x}{2\sqrt{e^x - a}}}{e^x} =$

$= \displaystyle\lim_{x \to \infty} \dfrac{1}{\underbrace{\sqrt{e^x - a}}_{\to +\infty}} = 0$

$\displaystyle\lim_{x \stackrel{>}{\to} \ln(a)} f_a'(x) = \lim_{x \stackrel{>}{\to} \ln(a)} \dfrac{\overbrace{2a - e^x}^{\to a > 0}}{\underbrace{e^x}_{\to a > 0} \cdot \underbrace{\sqrt{e^x - a}}_{\stackrel{>}{\to} 0}} = +\infty$

1.4 Wertetabelle von $f_1(x) = 2e^{-x} \cdot \sqrt{e^x - 1}$, $D_{f_1} = [0; +\infty[$

x	0	0,25	ln(2) ≈ 0,69	1	2	3
$f_1(x)$	0	0,83	1	0,96	0,68	0,44

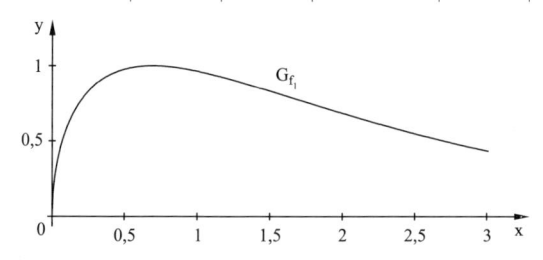

1.5 $F(x) = \int_0^x f_1(t)\,dt$ mit $D_F = \mathbb{R}_0^+$

1.5.1 $J(x) = \int f_1(x)\,dx = \int \underbrace{2e^{-x}}_{v'} \cdot \underbrace{\sqrt{e^x - 1}}_{u}\,dx =$

$= -2e^{-x} \cdot \sqrt{e^x - 1} - \int -2e^{-x} \cdot \dfrac{1}{2\sqrt{e^x - 1}} \cdot e^x\,dx =$

$= -2e^{-x} \cdot \sqrt{e^x - 1} + \int \dfrac{1}{\sqrt{e^x - 1}}\,dx = -f_1(x) + \int \dfrac{1}{\sqrt{e^x - 1}}\,dx = \ldots$

Substitution: $u = \sqrt{e^x - 1}$; $u^2 = e^x - 1$; $e^x = u^2 + 1$

$\dfrac{du}{dx} = \dfrac{1}{2\sqrt{e^x - 1}} \cdot e^x = \dfrac{1}{2u} \cdot (u^2 + 1) = \dfrac{u^2 + 1}{2u} \quad \Rightarrow \quad dx = \dfrac{2u}{u^2 + 1}\,du$

$\int \dfrac{1}{\sqrt{e^x - 1}}\,dx = \int \dfrac{1}{u} \cdot \dfrac{2u}{u^2 + 1}\,du = 2 \cdot \int \dfrac{1}{1 + u^2}\,du = 2\arctan(u) + C =$

$= 2\arctan(\sqrt{e^x - 1}) + C$

$\Rightarrow \quad J(x) = -f_1(x) + 2\arctan(\sqrt{e^x - 1}) + C$ mit $C \in \mathbb{R}$

$\underline{\underline{F(x)}} = \int_0^x f_1(t)\,dt = J(x) - J(0) = -f_1(x) + 2\arctan(\sqrt{e^x - 1}) - (-f_1(0) + 2\arctan(0)) =$

$\underline{\underline{= -2e^{-x} \cdot \sqrt{e^x - 1} + 2\arctan(\sqrt{e^x - 1})}}$

Wegen $F(0) = \int_0^0 f_1(t)\,dt = 0$ besitzt F die Nullstelle $\underline{\underline{x = 0}}$.

Wegen $F'(x) = f_1(x) > 0$ für alle $x > 0$ und der Stetigkeit von F ist F streng monoton zunehmend im Intervall $[0; +\infty[$. Also besitzt F keine weitere Nullstelle.

1.5.2 Der Graph von $F' = f_1$ besitzt in $]0; \infty[$ genau eine Extremstelle $x = \ln(2)$, also besitzt der Graph von F genau einen Wendepunkt W bei $x = \ln(2)$.

$$F(\ln(2)) = -f_1(\ln(2)) + 2 \cdot \arctan(1) = -1 + 2 \cdot \frac{\pi}{4} = \frac{\pi}{2} - 1; \quad \underline{\underline{W\left(\ln(2); \frac{\pi}{2} - 1\right)}}$$

1.5.3
$$A = \int_0^\infty f_1(x)\,dx = \lim_{b \to \infty} \int_0^b f_1(x)\,dx = \lim_{b \to \infty} (F(b) - F(0)) =$$

$$= \lim_{b \to \infty} (-f_1(b) + 2 \cdot \arctan(\sqrt{e^b - 1}) + f_1(0) - 2 \cdot \arctan(0)) =$$

$$= -\lim_{b \to \infty} f_1(b) + 2 \cdot \lim_{b \to \infty} \underbrace{\arctan(\sqrt{e^b - 1})}_{\to +\infty} + 0 - 0 = -0 + 2 \cdot \frac{\pi}{2} \underline{\underline{= \pi}}$$

2 Für den Punkt P gilt: $P(x_p; y_p)$ mit $y_p = r \wedge x_p > 0$

$$x_p^2 + r^2 = R^2 \Leftrightarrow x_p^2 = R^2 - r^2 \Leftrightarrow x_p = \sqrt{R^2 - r^2}; \quad P(\sqrt{R^2 - r^2}; r)$$

$$\underline{\underline{V}} = 2 \cdot \pi \cdot \int_0^{x_p} y^2\,dx - V_{Zyl} = 2\pi \cdot \int_0^{x_p} y^2\,dx - r^2\pi \cdot 2x_p =$$

$$= 2\pi \cdot \int_0^{x_p} (R^2 - x^2)\,dx - 2\pi r^2 x_p = 2\pi \cdot \left[R^2 \cdot x - \frac{1}{3}x^3\right]_0^{x_p} - 2\pi r^2 x_p =$$

$$= 2\pi \cdot \left(R^2 \cdot x_p - \frac{1}{3}x_p^3 - 0\right) - 2\pi r^2 x_p = 2\pi \cdot x_p \cdot \left(R^2 - r^2 - \frac{1}{3}x_p^2\right) =$$

$$= 2\pi \cdot x_p \cdot \left(x_p^2 - \frac{1}{3}x_p^2\right) = 2\pi \cdot x_p \cdot \frac{2}{3}x_p^2 = \frac{4}{3}\pi \cdot x_p^3 = \frac{4}{3}\pi \cdot \sqrt{R^2 - r^2}^3 =$$

$$= \frac{4}{3}\pi \cdot \left((R^2 - r^2)^{0,5}\right)^3 \underline{\underline{= \frac{4}{3}\pi \cdot (R^2 - r^2)^{1,5}}}$$

3 Inhomogene Differenzialgleichung: $\quad x \cdot y' - 3y' + y = \dfrac{x-3}{x^2+1}; \quad x > 3$

$$\Leftrightarrow y' \cdot (x-3) + y = \frac{x-3}{x^2+1}$$

$$\Leftrightarrow y' + \frac{1}{x-3} \cdot y = \frac{1}{x^2+1} \quad (*)$$

I) homogene DG: $y' + \dfrac{1}{x-3} \cdot y = 0$ (triviale Lösung $y = 0$)

$\Rightarrow \dfrac{dy}{dx} = -\dfrac{1}{x-3} \cdot y \Rightarrow \int \dfrac{1}{y} dy = \int -\dfrac{1}{x-3} dx \quad \text{mit } y \neq 0$

$\Rightarrow \ln|y| = -\ln(x-3) + C$

$\Rightarrow |y| = e^{-\ln(x-3)+C} = e^C \cdot e^{\ln\left(\frac{1}{x-3}\right)} = e^C \cdot \dfrac{1}{x-3}$

$\Rightarrow y_h = D \cdot \dfrac{1}{x-3}$ mit $D \in \mathbb{R}$ ist auch die triviale Lösung enthalten.

II) Variation der Konstanten D:

$y = D(x) \cdot \dfrac{1}{x-3} \Rightarrow y' = D'(x) \cdot \dfrac{1}{x-3} - D(x) \cdot \dfrac{1}{(x-3)^2}$

in ($\ast$): $D'(x) \cdot \dfrac{1}{x-3} - D(x) \cdot \dfrac{1}{(x-3)^2} + \dfrac{1}{x-3} \cdot D(x) \cdot \dfrac{1}{x-3} = \dfrac{1}{x^2+1}$

$\Leftrightarrow D'(x) \cdot \dfrac{1}{x-3} = \dfrac{1}{x^2+1}$

$\Leftrightarrow D'(x) = \dfrac{x-3}{x^2+1}$

$\Rightarrow D(x) = \int \dfrac{x-3}{x^2+1} dx = \int \left(\dfrac{x}{x^2+1} - \dfrac{3}{x^2+1} \right) dx =$

$= \dfrac{1}{2} \int \dfrac{2x}{x^2+1} dx - 3 \cdot \int \dfrac{1}{x^2+1} dx = \dfrac{1}{2} \ln(x^2+1) - 3\arctan(x) + C$

III) allgemeine Lösung:

$y = D(x) \cdot \dfrac{1}{x-3} \Leftrightarrow \underline{\underline{y = \left(\dfrac{1}{2} \ln(x^2+1) - 3\arctan(x) + C \right) \cdot \dfrac{1}{x-3} \quad \text{mit } C \in \mathbb{R}}}$

Bayern – FOS · BOS 13 – Abiturprüfung 2009
Mathematik (Ausbildungsrichtung Technik) – Stochastik B I

		BE
1	In einer Fabrik werden Handy-Gehäuse in zwei Schichten produziert. 65 % der Produktion stammen aus der Frühschicht. Von diesen sind 10 % fehlerhaft. 8,5 % der Gesamtproduktion sind fehlerhafte Handy-Gehäuse der Spätschicht. Interpretieren Sie diese relativen Häufigkeiten als Wahrscheinlichkeiten.	
1.1	Erstellen Sie eine geeignete Vierfeldertafel und ermitteln Sie den Anteil der fehlerhaften Handy-Gehäuse von der Gesamtproduktion. [Ergebnis: 15 %]	3
1.2	Berechnen Sie die Wahrscheinlichkeit, dass ein von der Spätschicht gefertigtes Gehäuse einwandfrei ist.	2
1.3	Untersuchen Sie, ob die Fehlerhaftigkeit des Gehäuses stochastisch unabhängig ist von der Produktion in Früh- oder Spätschicht.	2
1.4	Der Gesamtproduktion werden 600 Handy-Gehäuse entnommen. Berechnen Sie die Wahrscheinlichkeit, dass mehr fehlerhafte Exemplare in dieser Stichprobe sind als man erwartet.	4
2	Trotz des Verbots von eingeschalteten Handys im Unterricht hat jeder fünfzehnte Schüler sein Handy auch während des Unterrichts eingeschaltet. In einer Schule wird eine Kontrolle des „Handy-Verbots" durchgeführt. Die Wahrscheinlichkeit für ein eingeschaltetes Handy wird mit $\frac{1}{15}$ angenommen.	
2.1	Ermitteln Sie, wie viele Schüler mindestens kontrolliert werden müssen, damit mit mindestens 90 % Wahrscheinlichkeit mindestens ein Schüler mit eingeschaltetem Handy erwischt wird.	4
2.2	Es werden nacheinander 30 Schüler kontrolliert. Berechnen Sie die Wahrscheinlichkeiten folgender Ereignisse: A: „Es werden genau drei Schüler mit eingeschaltetem Handy erwischt und diese direkt nacheinander." B: „Es werden mindestens zwei eingeschaltete Handys gefunden." C: „Der zehnte Schüler ist der vierte mit eingeschaltetem Handy."	8
3	Ein Jugendmagazin hat eine Auflage von 7500 Stück. Der neuesten Ausgabe liegt ein Fragebogen zum Handykonsum bei. Für die Rücksendung des ausgefüllten Fragebogens bedankt sich der Verlag mit einem Handyanhänger. Erfahrungsgemäß senden 10 % der Leser einen ausgefüllten Fragebogen zurück. Bestimmen Sie die Anzahl der Handyanhänger, die der Verlag mindestens vorrätig haben sollte, damit bei ausverkaufter Auflage die Anzahl der Handyanhänger mit mindestens 99 % Wahrscheinlichkeit ausreicht.	6
4	Eine ältere Studie besagt, dass 65 % aller Jugendlichen mit Handy eine Prepaid-Karte nutzen. Ein namhaftes Jugendmagazin ist der Meinung, dass sich dieser Anteil der Prepaid-Kartennutzer verändert hat. Es gibt deswegen einen Test in Auftrag, bei dem 500 Jugendliche mit Handy befragt werden.	
4.1	Entwickeln Sie einen geeigneten (zweiseitigen) Test zur Überprüfung der Aussage der Studie und ermitteln Sie den größtmöglichen Ablehnungsbereich	

auf dem 5 %-Signifikanzniveau. Dabei soll der Annahmebereich symmetrisch zum Erwartungswert sein. 9

4.2 Erklären Sie, was man bei dem vorliegenden Test unter dem Fehler 2. Art versteht. $\frac{2}{40}$

Tipps und Hinweise zur Lösung von Aufgabe B I

Teilaufgabe 1.1
Achtung: Es ist auch eine bedingte Wahrscheinlichkeit gegeben.

Teilaufgabe 1.2
Entnehmen Sie zur Berechnung der bedingten Wahrscheinlichkeit Zahlen aus der Vierfeldertafel.

Teilaufgabe 1.3
Zwei Ereignisse A und B sind stochastisch abhängig, falls gilt $P(A \cap B) = P(A) \cdot P(B)$.

Teilaufgabe 1.4
„Erwartet" wird der Erwartungswert. Verwenden Sie die Normalverteilung als Näherung.

Teilaufgabe 2.1
Nutzen Sie das Gegenereignis von „mindestens ein Schüler".

Teilaufgabe 2.2
Stellen Sie sich eine Bernoullikette als Baumdiagramm vor.

Teilaufgabe 3
Was ist hier Zufallsgröße? Verwenden Sie die Normalverteilung als Näherung.

Teilaufgabe 4.1
Wählen Sie sich eine Testgröße, eine Nullhypothese und eine Gegenhypothese.
Die Wahrscheinlichkeit des Fehlers 1. Art soll immer kleiner oder gleich dem Signifikanzniveau sein.

Teilaufgabe 4.2
Eine allgemeine Beschreibung des Fehlers 2. Art (β-Fehler) finden Sie in der Formelsammlung.

Lösung

1.1 F: „Ein zufällig ausgewähltes Handy-Gehäuse stammt aus der Frühschicht."
d: „Ein zufällig ausgewähltes Handy-Gehäuse ist fehlerhaft."
Laut Angabe gilt: $P(F) = 0,65$; $P(F \cap d) = 0,65 \cdot 0,10 = 0,065$; $P(\overline{F} \cap d) = 0,085$
Vierfeldertafel:

	F	$\overline{F}$	
d	**0,065**	**0,085**	0,15
$\overline{d}$	0,585	0,265	0,85
	0,65	0,35	1

$\underline{\underline{P(d) = 0,15 = 15\,\%}}$

1.2 $\underline{\underline{P_{\overline{F}}(\overline{d})}} = \dfrac{P(\overline{F} \cap \overline{d})}{P(\overline{F})} = \dfrac{0,265}{0,35} \approx 0,757 = \underline{\underline{75,7\,\%}}$

1.3 $P(d \cap F) = 0,065$; $P(d) \cdot P(F) = 0,15 \cdot 0,65 = 0,0975$
$\Rightarrow P(d \cap F) \neq P(d) \cdot P(F)$
Also sind die Ereignisse d und F stochastisch abhängig.

1.4 Zufallsgröße X: Anzahl der defekten Handy-Gehäuse von 600 entnommenen.
X ist binomialverteilt mit B(n; p), wobei n = 600 und p = 0,15.
Für den Erwartungswert μ und die Standardabweichung σ der Zufallsgröße X gilt:
$\mu = n \cdot p = 600 \cdot 0,15 = 90$ und $\sigma = \sqrt{n \cdot p \cdot (1-p)} = \sqrt{90 \cdot 0,85} = \sqrt{76,5}$
Wegen $\text{Var}(X) = \sigma^2 = 76,5 > 9$ ist die Normalverteilung als Näherung der Binomialverteilung sinnvoll.
Gesuchte Wahrscheinlichkeit:

$\underline{\underline{P(X > 90)}} = 1 - P(X \leq 90) = 1 - F_{0,15}^{600}(90) \approx 1 - \Phi\left(\dfrac{90 - 90 + 0,5}{\sqrt{76,5}}\right) \approx 1 - \Phi(0,06) \approx$
$\approx 1 - 0,52 = 0,48 = \underline{\underline{48\,\%}}$

2.1 Zufallsgröße X: Anzahl der eingeschalteten Handys bei n untersuchten Handys.
X ist binomialverteilt nach B(n; p), wobei $p = \dfrac{1}{15}$.
$P(X \geq 1) \geq 0,90 \Leftrightarrow 1 - P(X = 0) \geq 0,90 \Leftrightarrow P(X = 0) \leq 0,10$

$\Leftrightarrow \binom{n}{0} \cdot \left(\dfrac{1}{15}\right)^0 \cdot \left(\dfrac{14}{15}\right)^n \leq 0,1 \Leftrightarrow \left(\dfrac{14}{15}\right)^n \leq 0,1 \Leftrightarrow \ln\left(\left(\dfrac{14}{15}\right)^n\right) \leq \ln(0,1)$

$\Leftrightarrow n \cdot \ln\left(\dfrac{14}{15}\right) \leq \ln(0,1) \Leftrightarrow n \geq \dfrac{\ln(0,1)}{\ln\left(\frac{14}{15}\right)} \approx 33,37$

Es müssen mindestens 34 Handys kontrolliert werden.

2.2 $P(A) = 28 \cdot \left(\dfrac{1}{15}\right)^3 \cdot \left(\dfrac{14}{15}\right)^{27} \approx 0,0013 = \underline{\underline{0,13\,\%}}$

$P(B) = P(k \geq 2) = 1 - P(k \leq 1) = 1 - P(k = 0) - P(k = 1) =$

$= 1 - \left(\dfrac{14}{15}\right)^{30} - 30 \cdot \left(\dfrac{1}{15}\right)^1 \cdot \left(\dfrac{14}{15}\right)^{29} \approx 0,603 = \underline{\underline{60,3\,\%}}$

$P(C) = B(9; \dfrac{1}{15}; 3) \cdot \dfrac{1}{15} = \binom{9}{3} \cdot \left(\dfrac{1}{15}\right)^3 \cdot \left(\dfrac{14}{15}\right)^6 \cdot \dfrac{1}{15} = 84 \cdot \dfrac{14^6}{15^{10}} \approx 0,0011 = \underline{\underline{0,11\,\%}}$

3 Zufallsgröße X: Anzahl der Rücksender des Fragebogens unter 7500 verteilten Fragebögen
X ist binomialverteilt nach B(n; p) mit n = 7500; p = 0,10.
Für den Erwartungswert μ und die Varianz Var(X) der Zufallsgröße X gilt:
$\mu = n \cdot p = 7500 \cdot 0,1 = 750$; $\text{Var}(X) = n \cdot p \cdot (1-p) = 750 \cdot 0,9 = 675$

$P(X \leq k) \geq 0,99 \quad \Leftrightarrow \quad F_{0,10}^{7500}(k) \geq 0,99$

Wegen Var(X) > 9 ist die Normalverteilung als Näherung der Binomialverteilung sinnvoll.
Näherung mit Normalverteilung:

$F_{0,10}^{7500}(k) \approx \Phi\left(\dfrac{k - 750 + 0,5}{\sqrt{675}}\right) \geq 0,99 \quad \overset{\text{Tab.werk}}{\Leftrightarrow} \quad \dfrac{k - 749,5}{\sqrt{675}} \geq 2,326$

$\Leftrightarrow \quad k \geq 2,326 \cdot \sqrt{675} + 749,5 \approx 809,93$

Es müssen also mindestens 810 Handyanhänger vorrätig sein.

4.1 Testgröße X: Anzahl der Jugendlichen unter 500 mit Handy, die eine Prepaid-Karte nutzen
X ist binomialverteilt nach B(500; p), d. h. Stichprobenlänge n = 500 und p ∈ [0; 1].
Nullhypothese $H_0: p = 0,65$ mit dem Erwartungswert $\mu = n \cdot p = 500 \cdot 0,65 = 325$
Gegenhypothese $H_1: p \neq 0,65$
Signifikanzniveau: SN = 0,05

Annahmebereich von H_0:   Ablehnungsbereich von H_0:
$A = \{\mu - c; \ldots; \mu + c\}$ $\overline{A} = \{0; \ldots; \mu - c - 1\} \cup \{\mu + c + 1; \ldots; 500\}$

$P(X \in \overline{A}) \leq SN \quad \Leftrightarrow \quad F_{0,65}^{500}(\mu - c - 1) + 1 - F_{0,65}^{500}(\mu + c) \leq 0,05$

$\Leftrightarrow \quad F_{0,65}^{500}(\mu + c) - F_{0,65}^{500}(\mu - c - 1) \geq 0,95$

Wegen Var(X) = $n \cdot p \cdot (1-p) = 325 \cdot 0,35 = 113,75 > 9$ liefert eine Näherung der Binomialverteilung mithilfe der Normalverteilung brauchbare Ergebnisse.

Mit der Näherung folgt:

$$\Phi\left(\frac{\mu+c-\mu+0,5}{\sigma}\right) - \Phi\left(\frac{\mu-c-1-\mu+0,5}{\sigma}\right) \geq 0,95$$

$$\Leftrightarrow \Phi\left(\frac{c+0,5}{\sigma}\right) - \Phi\left(\frac{-c-0,5}{\sigma}\right) \geq 0,95$$

$$\Leftrightarrow \Phi\left(\frac{c+0,5}{\sigma}\right) - \Phi\left(-\frac{c+0,5}{\sigma}\right) \geq 0,95$$

$$\Leftrightarrow \Phi\left(\frac{c+0,5}{\sigma}\right) - \left(1 - \Phi\left(\frac{c+0,5}{\sigma}\right)\right) \geq 0,95$$

$$\Leftrightarrow 2 \cdot \Phi\left(\frac{c+0,5}{\sigma}\right) \geq 1,95$$

$$\Leftrightarrow \Phi\left(\frac{c+0,5}{\sigma}\right) \geq 0,975$$

Mit Quantil aus dem Tabellenwerk:

$$\frac{c+0,5}{\sqrt{113,75}} \geq 1,96 \Leftrightarrow c \geq 1,96 \cdot \sqrt{113,75} - 0,5 \approx 20,4$$

$\Rightarrow c \geq 21$

$\Rightarrow c_{min} = 21; \quad \mu + c_{min} = 325 + 21 = 346; \quad \mu - c_{min} = 325 - 21 = 304$

Größtmöglicher Ablehnungsbereich von H_0: $\overline{A} = \{0; \ldots; 303\} \cup \{347; \ldots; 500\}$

4.2 Der Fehler 2. Art besteht bei diesem Test darin, dass man aufgrund des Testergebnisses davon ausgeht, dass sich der Anteil der Prepaid-Karten bei jugendlichen Handybesitzern nicht verändert hat, obwohl er größer oder kleiner geworden ist.

		BE
1	Nach dem erfolgreichen Bestehen der Abschlussprüfung wird für die 600 Absolventen einer bayerischen Fach- und Berufsoberschule eine Abschlussfeier organisiert. Die Auslagen werden teilweise durch den Förderverein und teilweise aus dem Verkauf von Essensmarken finanziert. Erfahrungsgemäß kauft ein Absolvent mit einer Wahrscheinlichkeit von 0,60 eine Essensmarke.	
1.1	Berechnen Sie die Wahrscheinlichkeit dafür, dass mindestens 370 Essensmarken an die Absolventen verkauft werden.	4
1.2	Die Essensmarken werden auch an geladene Gäste (Lehrer, Eltern und Verwandte der Absolventen) verkauft. Die Finanzierung des Festes gilt als gesichert, wenn insgesamt mindestens 800 Essensmarken verkauft werden. Ein Gast kauft erfahrungsgemäß eine Essensmarke mit der Wahrscheinlichkeit von 0,60. Berechnen Sie, wie viele Personen an der Feier mindestens teilnehmen müssen, damit die Finanzierung des Festes mit einer Wahrscheinlichkeit von mindestens 0,80 gewährleistet ist.	8
2	Zusätzlich zum Verkauf von Essensmarken werden Lose verkauft. Ein Absolvent, der eine Essensmarke gekauft hat, kauft mit der Wahrscheinlichkeit von 0,50 ein Los. Insgesamt kaufen 58 % der Absolventen ein Los. Weiterhin kauft ein Absolvent mit einer Wahrscheinlichkeit von 0,60 eine Essensmarke.	
2.1	Bestimmen Sie, mit welcher Wahrscheinlichkeit ein beliebig ausgewählter Absolvent weder eine Essensmarke noch ein Los kauft.	4
2.2	Ermitteln Sie, mit welcher Wahrscheinlichkeit ein beliebig ausgewählter Absolvent, der kein Los erworben hat, eine Essensmarke kauft.	3
2.3	Ein Los ist mit der Wahrscheinlichkeit von 0,40 ein Gewinnlos. Ermitteln Sie, wie viele Lose man mindestens kaufen muss, damit mit einer Wahrscheinlichkeit von mindestens 0,99 wenigstens ein Gewinnlos dabei ist.	4
3	Für die Bühnendekoration stehen 9 Sonnenblumen und 7 Gladiolen in einer Vase bereit.	
3.1	Diese Blumen werden rein zufällig in einer Reihe geordnet. Berechnen Sie, wie groß die Wahrscheinlichkeit ist, dass bei dieser Anordnung alle Sonnenblumen nebeneinander liegen und am Anfang und Ende der Reihe jeweils eine Gladiole liegt.	4
3.2	Für ein Blumengeschenk werden aus den 16 Blumen rein zufällig 6 entnommen. Ermitteln Sie, mit welcher Wahrscheinlichkeit sich in diesem Blumengesteck höchstens zwei Sonnenblumen befinden.	3
4	Die Schülersprecherin möchte eine Fotoagentur beauftragen, Freundschaftsbilder von jedem Absolventen anzufertigen. Die Agentur will den Auftrag annehmen, wenn mindestens 60 % der Absolventen ein Bild kaufen. Die Entscheidung soll auf der Grundlage eines Signifikanztests getroffen werden, wobei 250 zufällig ausgewählte Absolventen befragt werden, ob sie ein Bild kaufen würden.	

4.1 Die Wahrscheinlichkeit dafür, dass der Auftrag irrtümlich abgelehnt wird, soll höchstens 5 % betragen. Bestimmen Sie für diesen Fall den Annahmebereich und den Ablehnungsbereich. 6

4.2 Bestimmen Sie, mit welcher Wahrscheinlichkeit der Auftrag irrtümlich angenommen wird, obwohl insgesamt nur 50 % aller Absolventen ein Bild kaufen, wenn ab 137 Kaufabsichten von 250 Befragten der Auftrag angenommen wird. $\underline{4}$
$\overline{40}$

Tipps und Hinweise zur Lösung von Aufgabe B II

Teilaufgabe 1.1
- Legen Sie die Zufallsgröße fest (was wird gezählt?).
- Rechnen Sie mit dem Gegenereignis von „mindestens 370 …".

Teilaufgabe 1.2
- Unbekannt ist hier die Kettenlänge. Nutzen Sie die Normalverteilung als Näherung und machen Sie eine geeignete Substitution.

Teilaufgabe 2.1
- Erstellen Sie eine Vierfeldertafel.

Teilaufgabe 2.2
- Gesucht ist eine bedingte Wahrscheinlichkeit. Verwenden Sie Werte aus Ihrer Vierfeldertafel.

Teilaufgabe 2.3
- Nutzen Sie das Gegenereignis von „wenigstens ein Gewinnlos".

Teilaufgabe 3.1
- Es wird ein Laplace-Experiment beschrieben. Zählen Sie die „günstigen Fälle" und berechnen Sie die Anzahl aller „möglichen Fälle".

Teilaufgabe 3.2
- Auch hier wird ein Laplace-Experiment beschrieben.

Teilaufgabe 4.1
- Gegeben ist der Fehler 1. Art (α-Fehler).
- Entwickeln Sie einen linksseitigen Test und nutzen Sie die Normalverteilung als Näherung.

Teilaufgabe 4.2
- Nähern Sie auch hier die beschriebene Binomialverteilung mithilfe der Normalverteilung.

Lösung

1.1 Zufallsgröße X: Anzahl der verkauften Essensmarken an 600 Absolventen
X ist binomialverteilt nach B(n; p), wobei n = 600 und p = 0,6.
Für den Erwartungswert µ und die Standardabweichung σ der Zufallsgröße X gilt:
$\mu = n \cdot p = 600 \cdot 0,6 = 360$ und $\sigma = \sqrt{n \cdot p \cdot (1-p)} = \sqrt{360 \cdot 0,4} = \sqrt{144} = 12$

Wegen $\text{Var}(X) = \sigma^2 = 144 > 9$ ist die Normalverteilung als Näherung der Binomialverteilung sinnvoll.
Gesuchte Wahrscheinlichkeit:

$P(X \geq 370) = 1 - P(X \leq 369) = 1 - F_{0,6}^{600}(369) \approx 1 - \Phi\left(\dfrac{369 - 360 + 0,5}{12}\right) \approx 1 - \Phi(0,79) \approx$
$\approx 1 - 0,79 = 0,21 = 21\,\%$

1.2 Zufallsgröße X: Anzahl der insgesamt verkauften Essensmarken bei n Gästen
X ist binomialverteilt nach B(n; 0,6). $\mu = n \cdot 0,6$; $\sigma^2 = \text{Var}(X) = n \cdot 0,6 \cdot 0,4 = 0,24 \cdot n$
Wegen $n \geq 800$ gilt $\text{Var}(X) \geq 0,24 \cdot 800 = 192 > 9$ und die Normalverteilung ist als Näherung der Binomialverteilung sinnvoll.

$P(X \geq 800) \geq 0,80 \;\Leftrightarrow\; 1 - F_{0,6}^{n}(799) \geq 0,80 \;\Leftrightarrow\; F_{0,6}^{n}(799) \leq 0,2$

Näherung mit Normalverteilung:

$F_{0,6}^{n}(799) \approx \Phi\left(\dfrac{799 - n \cdot 0,6 + 0,5}{\sqrt{0,24 \cdot n}}\right) \leq 0,2 \;\overset{\text{Tab.werk}}{\Leftrightarrow}\; \dfrac{799,5 - 0,6 \cdot n}{\sqrt{0,24} \cdot \sqrt{n}} \leq -0,842$

$\Leftrightarrow \; 799,5 - 0,6 \cdot n \leq -0,842 \cdot \sqrt{0,24} \cdot \sqrt{n}$; Substitution: $z = \sqrt{n}$

$\Rightarrow \; 799,5 - 0,6 \cdot z^2 \leq -0,842 \cdot \sqrt{0,24} \cdot z$

$\Leftrightarrow \; 0,6 \cdot z^2 - 0,842 \cdot \sqrt{0,24} \cdot z - 799,5 \geq 0$

$\Rightarrow \; z \geq \dfrac{0,842 \cdot \sqrt{0,24} + \sqrt{0,842^2 \cdot 0,24 + 4 \cdot 0,6 \cdot 799,5}}{2 \cdot 0,6} \approx 36,85$

mit $z^2 = n \;\Rightarrow\; n \geq 36,85^2 \approx 1357,9 \;\Rightarrow\; n \geq 1358$

Es müssen also mindestens 1358 Personen am Fest teilnehmen.

2.1 E: „Ein zufällig ausgewählter Absolvent hat eine Essensmarke gekauft."
L: „Ein zufällig ausgewählter Absolvent hat ein Los gekauft."
Laut Angabe gilt:
$P(E) = 0,60;\; P(L) = 0,58;\; P(E \cap L) = P(E) \cdot P_E(L) = 0,60 \cdot 0,50 = 0,30$

Vierfeldertafel:

	L	$\overline{L}$	
E	**0,30**	0,30	**0,60**
$\overline{E}$	0,28	0,12	0,40
	0,58	0,42	1

gesuchte Wahrscheinlichkeit: $P(\overline{E} \cap \overline{L}) = 0,12 = 12\,\%$

2.2 $\quad P_{\overline{L}}(E) = \dfrac{P(E \cap \overline{L})}{P(\overline{L})} = \dfrac{0,30}{0,42} \approx 0,714 = \underline{\underline{71,4\,\%}}$

2.3 Zufallsgröße X: Anzahl der Gewinnlose unter n gekauften Losen
X ist binomialverteilt nach B(n; p), wobei p = 0,40.

$$P(X \geq 1) \geq 0,99 \quad \Leftrightarrow \quad 1 - P(X = 0) \geq 0,99$$
$$\Leftrightarrow \quad P(X = 0) \leq 0,01$$
$$\Leftrightarrow \quad \binom{n}{0} \cdot 0,4^0 \cdot 0,6^n \leq 0,01$$
$$\Leftrightarrow \quad 0,6^n \leq 0,01$$
$$\Leftrightarrow \quad n \cdot \ln(0,6) \leq \ln(0,01)$$
$$\Leftrightarrow \quad n \geq \dfrac{\ln(0,01)}{\ln(0,6)} \approx 9,015$$

Man muss mindestens 10 Lose kaufen.

3.1 Laplace-Experiment:
Die erste Sonnenblume kann an der zweiten bis siebten Stelle liegen:
GSSSSSSSSSGGGGGG, ..., GGGGGGSSSSSSSSSG
Es gilt also 6 Möglichkeiten (günstige Fälle).

Für alle möglichen Fälle gilt: $\binom{16}{9} = 11\,440$

(Es müssen aus den 16 Plätzen 9 Plätze für Sonnenblumen ausgewählt werden.)

Gesuchte Wahrscheinlichkeit: $P = \dfrac{6}{11\,440} \approx \underline{\underline{0,000524 = 0,0524\,\%}}$

3.2 $\quad \underline{\underline{P(k \leq 2)}} = \dfrac{\binom{9}{0} \cdot \binom{7}{6} + \binom{9}{1} \cdot \binom{7}{5} + \binom{9}{2} \cdot \binom{7}{4}}{\binom{16}{6}} = \dfrac{1 \cdot 7 + 9 \cdot 21 + 36 \cdot 35}{8008} = \dfrac{2}{11} \approx \underline{\underline{0,182 = 18,2\,\%}}$

4.1 Testgröße X: Anzahl der Absolventen von 250, die angeben ein Bild zu kaufen
X ist binomialverteilt nach B(250; p), d. h.: Stichprobenlänge n = 250 und p ∈ [0; 1].
Signifikanztest:
Nullhypothese H_0: $p \geq 0,6$, Gegenhypothese H_1: $p < 0,6$

Ablehnungsbereich von H_0:	Annahmebereich von H_0:
$\overline{A} = \{0;\,\ldots;\,g\}$	$A = \{g+1;\,\ldots;\,250\}$

$P(X \leq g) \leq 0,05 \quad \Leftrightarrow \quad F_{0,6}^{250}(g) \leq 0,05$

Für p = 0,6 gilt $\text{Var}(X) = \sigma^2 = n \cdot p \cdot (1-p) = 250 \cdot 0,6 \cdot 0,4 = 60 > 9$, also ist eine Näherung mithilfe der Normalverteilung sinnvoll.
Erwartungswert: $\mu = n \cdot p = 250 \cdot 0,6 = 150$

Mit der Näherung folgt:

$$\Phi\left(\frac{g-\mu+0,5}{\sigma}\right) \leq 0,05 \overset{\text{Tab.werk}}{\Leftrightarrow} \frac{g-150+0,5}{\sqrt{60}} \leq -1,645$$

$$\Leftrightarrow g \leq -1,645 \cdot \sqrt{60} + 149,5 \approx 136,76$$

$$\Rightarrow g_{max} = 136$$

Größtmöglicher Ablehnungsbereich von H_0: $\overline{A} = \{0; \ldots; 136\}$

Kleinstmöglicher Annahmebereich von H_0: $A = \{137; \ldots; 250\}$

4.2 Zufallsgröße X: Anzahl der Absolventen von 250, die angeben ein Bild zu kaufen
X ist binomialverteilt nach B(250; 0,5), d. h.: n = 250, p = 0,5.

$$P(X \in \overline{A}) = P(X \geq 137) = 1 - F_{0,5}^{250}(136) \approx 1 - \Phi\left(\frac{136-\mu+0,5}{\sigma}\right) =$$

$$= 1 - \Phi\left(\frac{136,5 - 250 \cdot 0,5}{\sqrt{250 \cdot 0,5 \cdot 0,5}}\right) \approx 1 - \Phi(1,45) \approx 1 - 0,926 = 0,074 = 7,4\,\%$$

Wegen Var(X) = 250 · 0,25 = 62,5 > 9 war die Näherung der Binomialverteilung durch die Normalverteilung sinnvoll.

Bayern – FOS · BOS 13 – Abiturprüfung 2010
Mathematik (Ausbildungsrichtung Technik) – Analysis A I

		BE
1	Gegeben ist die Funktion $f_a: x \mapsto \ln\left(\dfrac{x^2}{a-x^2}\right)$ mit $a \in \mathbb{R}^+$ in der maximalen Definitionsmenge $D_a \subseteq \mathbb{R}$.	
1.1	Bestimmen Sie D_a in Abhängigkeit von a, das Symmetrieverhalten des Graphen von f_a und die Nullstellen von f_a. Ermitteln Sie das Verhalten von $f_a(x)$ an den Rändern der Definitionsmenge und damit die Gleichungen der Asymptoten des Graphen von f_a. [Teilergebnis: $D_a = \,]-\sqrt{a};\sqrt{a}\,[\setminus\{0\}]$	10
1.2	Ermitteln Sie das Monotonieverhalten des Graphen von f_a. [Teilergebnis: $f_a'(x) = \dfrac{2a}{x(a-x^2)}$]	5

In den folgenden Teilaufgaben ist $a = 4$.

1.3	Bestimmen Sie die Koordinaten der Wendepunkte des Graphen von f_4.	5
1.4	Zeichnen Sie den Graphen von f_4 im Bereich $-2 < x < 2$ unter Verwendung aller bisheriger Ergebnisse (1 LE = 2 cm). Tragen Sie auch die Asymptoten ein.	4
1.5	Begründen Sie, dass die Funktion g mit $g(x) = f_4(x)$ und $D_g = \,]0;2[$ umkehrbar ist. Der Punkt P'(0; ?) liegt auf dem Graphen von g^{-1}. Ermitteln Sie die Gleichung der Tangente im Punkt P', ohne $g^{-1}(x)$ zu berechnen.	4
1.6	Bestimmen Sie den Term der Umkehrfunktion g^{-1} und die zugehörige Definitionsmenge $D_{g^{-1}}$. [Teilergebnis: $g^{-1}(x) = \sqrt{\dfrac{4e^x}{1+e^x}}$]	4
1.7	Rotiert der Graph von g um die y-Achse, so entsteht ein Rotationskörper. Für $-\infty < y \leq 2$ erhält man einen Körper mit endlichem Volumeninhalt. Berechnen Sie die Maßzahl des Volumeninhalts dieses Körpers.	6
2	Für die Geschwindigkeit v(t) eines Körpers unter dem Einfluss einer zeitlich periodisch wirkenden Kraft und einer geschwindigkeitsproportionalen Reibungskraft gilt folgende Differenzialgleichung: $\dot{v}(t) + 2v(t) = \sin(2t)$ Der Körper soll zum Zeitpunkt $t = 0$ aus der Ruhe heraus starten. Ermitteln Sie v(t) mithilfe der Methode der Variation der Konstanten.	10
3	Gegeben sind die Funktionen $k: x \mapsto 2 \cdot \arctan\left(\sqrt{x^2-1}\right)$ und $h: x \mapsto \arcsin\left(1-\dfrac{2}{x^2}\right)$ in der maximalen gemeinsamen Definitionsmenge $D \subseteq \mathbb{R}$.	
3.1	Zeigen Sie, dass die Funktionen k und h dieselbe maximale Definitionsmenge D besitzen, und geben Sie diese an.	4
3.2	Zeigen Sie, dass sich k(x) und h(x) jeweils nur um eine additive Konstante unterscheiden, und bestimmen Sie diese Konstante für $x \geq 1$.	8
		60

Tipps und Hinweise zur Lösung von Aufgabe A I

Teilaufgabe 1.1
- Untersuchen Sie das Argument der gegebenen Logarithmusfunktion.
- Nutzen Sie beim letzten Arbeitsauftrag das Symmetrieverhalten des Graphen von f_a.

Teilaufgabe 1.2
- Verwenden Sie die Ketten- und Quotientenregel, kürzen Sie den so gewonnenen Term $f'_a(x)$ und untersuchen Sie dann das Vorzeichen von $f'_a(x)$.

Teilaufgabe 1.3
- Argumentieren Sie mit dem Vorzeichenwechsel der zweiten Ableitung.

Teilaufgabe 1.5
- Nutzen Sie die schon bekannte Nullstelle der Funktion g.

Teilaufgabe 1.6
- Duch Umformung der Gleichung $x = g(y)$ erhalten Sie den Term $y = g^{-1}(x)$.

Teilaufgabe 1.7
- Betrachten Sie die Rotation des Graphen von g^{-1} an der x-Achse.

Teilaufgabe 2
- Die Methode der partiellen Integration ist zweimal anzuwenden.

Teilaufgabe 3.1
- Untersuchen Sie die Argumente der gegebenen Funktionen.

Teilaufgabe 3.2
- Nutzen Sie die Ableitungen der gegebenen Funktionsterme.

Lösung

1 $\quad f_a(x) = \ln\left(\dfrac{x^2}{a-x^2}\right)$ mit $a > 0$

1.1 $\quad \dfrac{x^2}{a-x^2} > 0 \iff x \neq 0 \wedge a - x^2 > 0 \iff x \neq 0 \wedge x^2 < a$

$\iff x \neq 0 \wedge -\sqrt{a} < x < \sqrt{a}$, also gilt: $\underline{\underline{D_a = \,]-\sqrt{a};0[\, \cup \,]0;\sqrt{a}[}}$

$\underline{\underline{f_a(-x)}} = \ln\left(\dfrac{(-x)^2}{a-(-x)^2}\right) = \ln\left(\dfrac{x^2}{a-x^2}\right) = \underline{\underline{f_a(x)}}$ für alle $x \in D_a$

Also ist der Graph von f_a symmetrisch zur y-Achse des Koordinatensystems.

$f_a(x) = 0 \Leftrightarrow \dfrac{x^2}{a-x^2} = 1 \Leftrightarrow x^2 = a - x^2 \Leftrightarrow 2x^2 = a \Leftrightarrow x^2 = \dfrac{a}{2}$

$\Rightarrow$ Nullstellen von f_a: $\underline{\underline{x_{1;2} = \pm\sqrt{\dfrac{a}{2}}}}$

$x \overset{>}{\underset{<}{\to}} 0 \Rightarrow \dfrac{x^2}{a-x^2} \overset{>}{\underset{<}{\to}} 0 \Rightarrow f_a(x) = \ln\left(\dfrac{x^2}{a-x^2}\right) \to -\infty$

$x \overset{<}{\underset{>}{\to}} \pm\sqrt{a} \Rightarrow \dfrac{\overset{\to a}{\overbrace{x^2}}}{\underset{\underset{\to 0}{>}}{\underbrace{a-x^2}}} \to +\infty \Rightarrow f_a(x) = \ln\left(\dfrac{x^2}{a-x^2}\right) \to +\infty$

Also besitzt der Graph von f_a die senkrechten Asymptoten mit den Gleichungen $\underline{\underline{x = -\sqrt{a}}}$, $\underline{\underline{x = 0}}$ und $\underline{\underline{x = \sqrt{a}}}$.

1.2 $f_a(x) = \ln\left(\dfrac{x^2}{a-x^2}\right) \Rightarrow f'_a(x) = \dfrac{a-x^2}{x^2} \cdot \dfrac{2x \cdot (a-x^2) - x^2 \cdot (-2x)}{(a-x^2)^2} =$

$= \dfrac{1}{x} \cdot \dfrac{2 \cdot (a-x^2) - x \cdot (-2x)}{a-x^2} = \dfrac{2a}{x \cdot (a-x^2)}$ für alle $x \in D_a$

Für $-\sqrt{a} < x < 0$ gilt: $2a > 0 \wedge x < 0 \wedge a - x^2 > 0 \Rightarrow f'_a(x) < 0$

Für $0 < x < \sqrt{a}$ gilt: $2a > 0 \wedge x > 0 \wedge a - x^2 > 0 \Rightarrow f'_a(x) > 0$

Also ist der Graph von f_a streng monoton fallend im Intervall $]-\sqrt{a}; 0[$ und streng monoton steigend im Intervall $]0; \sqrt{a}[$.

1.3 $f_4(x) = \ln\left(\dfrac{x^2}{4-x^2}\right)$; $f'_4(x) = \dfrac{8}{x \cdot (4-x^2)} = \dfrac{8}{4x-x^3}$; $D_4 =]-2; 0[\cup]0; 2[$

$f''_4(x) = \dfrac{0 - 8 \cdot (4 - 3x^2)}{x^2 \cdot (4-x^2)^2} = \dfrac{8 \cdot (3x^2 - 4)}{x^2 \cdot (4-x^2)^2}$

$f''_4(x) = 0 \Leftrightarrow 3x^2 - 4 = 0 \Leftrightarrow x^2 = \dfrac{4}{3} \Leftrightarrow x = -\sqrt{\dfrac{4}{3}} \vee x = \sqrt{\dfrac{4}{3}}$

$f''_4(x)$ wechselt das Vorzeichen an der Stelle $x = \sqrt{\dfrac{4}{3}}$, also besitzt der Graph von f_4 bei $x = \sqrt{\dfrac{4}{3}} = \sqrt{\dfrac{4 \cdot 3}{3 \cdot 3}} = \dfrac{2}{3}\sqrt{3}$ einen Wendepunkt W_1.

$f_4\left(\sqrt{\dfrac{4}{3}}\right) = \ln\left(\dfrac{\frac{4}{3}}{4-\frac{4}{3}} \cdot \dfrac{3}{3}\right) = \ln\left(\dfrac{4}{12-4}\right) = \ln\left(\dfrac{4}{8}\right) = \ln\left(\dfrac{1}{2}\right) = -\ln(2)$; $\underline{\underline{W_1\left(\dfrac{2}{3}\sqrt{3}; -\ln(2)\right)}}$

Wegen der Symmetrie des Graphen von f_4 zur y-Achse hat dieser noch den Wendepunkt $\underline{\underline{W_2\left(-\dfrac{2}{3}\sqrt{3}; -\ln(2)\right)}}$.

1.4 Nullstellen: $x_{1;2} = \pm\sqrt{2} \approx \pm 1{,}41$; $D_a = \,]-2;0[\,\cup\,]0;2[$

Wertetabelle:

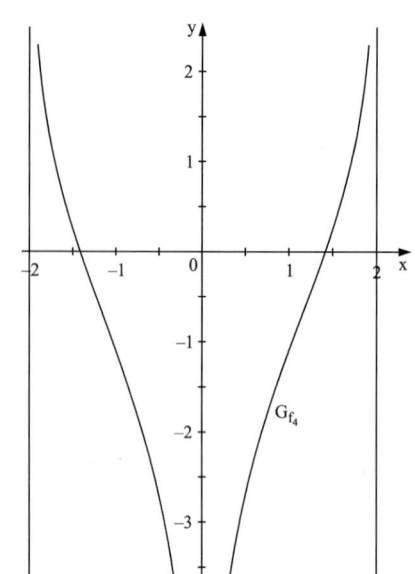

x	$\approx f_4(x)$	
$\pm 0{,}3$	$-3{,}77$	
$\pm 0{,}5$	$-2{,}71$	
$\pm 1{,}0$	$-1{,}10$	
$\pm 1{,}15$	$-0{,}71$	$W_{1;2}$
$\pm\sqrt{2}$	0	
$\pm 1{,}7$	$0{,}96$	
$\pm 1{,}9$	$2{,}23$	

1.5 Die Funktion g ist in $D_g = \,]0;2[$ streng monoton. Deshalb ist g umkehrbar.

$g(\sqrt{2}) = 0 \;\Leftrightarrow\; g^{-1}(0) = \sqrt{2}$

$g'(\sqrt{2}) = \dfrac{8}{\sqrt{2}\cdot(4-2)} = \dfrac{4}{\sqrt{2}} \;\Rightarrow\; (g^{-1})'(0) = \dfrac{\sqrt{2}}{4}$

$y = (g^{-1})'(0)\cdot(x-0) + g^{-1}(0)$

Gesuchte Tangentengleichung: $\underline{\underline{y = \dfrac{1}{4}\sqrt{2}\cdot x + \sqrt{2}}}$

1.6 Für $g^{-1}: x \mapsto y = g^{-1}(x)$ gilt:

$x = \ln\!\left(\dfrac{y^2}{4-y^2}\right) \;\Leftrightarrow\; e^x = \dfrac{y^2}{4-y^2} \;\Leftrightarrow\; 4e^x - e^x\cdot y^2 = y^2 \;\Leftrightarrow\; y^2 + e^x\cdot y^2 = 4e^x$

$\Leftrightarrow\; y^2\cdot(1+e^x) = 4e^x \;\Leftrightarrow\; y^2 = \dfrac{4e^x}{1+e^x} \;\stackrel{(*)}{\Leftrightarrow}\; y = \sqrt{\dfrac{4e^x}{1+e^x}}$

(∗) gilt wegen $y \in D_g$, also $0 < y < 2$.

Also gilt $\underline{\underline{g^{-1}(x) = \sqrt{\dfrac{4e^x}{1+e^x}}}}$ mit $D_{g^{-1}} = W_g = \mathbb{R}$.

1.7 $\underline{\underline{V}} = \pi \cdot \int_{-\infty}^{2} (g^{-1}(x))^2 \, dx = \pi \cdot \lim_{k \to -\infty} \int_{k}^{2} \frac{4 \cdot e^x}{1+e^x} \, dx = 4\pi \cdot \lim_{k \to -\infty} \int_{k}^{2} \frac{e^x}{1+e^x} \, dx =$

$= 4\pi \cdot \lim_{k \to -\infty} \left[\ln(e^x + 1) \right]_{k}^{2} = 4\pi \cdot \lim_{k \to -\infty} (\ln(e^2+1) - \ln(e^k+1)) =$

$= 4\pi \cdot (\ln(e^2+1) - \ln(0+1)) = \underline{\underline{4\pi \cdot \ln(e^2+1)}}$

2\. $\dot{v}(t) + 2v(t) = \sin(2t)$ mit $v(0) = 0$
Zugehörige homogene Differenzialgleichung: $\dot{v}(t) + 2 \cdot v(t) = 0$
Lösung der homogenen Differenzialgleichung:

$v_h = D \cdot e^{-2 \cdot t}$ (siehe Formelsammlung)

Variation der Konstanten:

$v(t) = D(t) \cdot e^{-2t}$

$\dot{v}(t) = \dot{D}(t) \cdot e^{-2t} + D(t) \cdot e^{-2t} \cdot (-2)$

Einsetzen in die gegebene inhomogene Differenzialgleichung:

$\dot{D}(t) \cdot e^{-2t} - 2 \cdot D(t) \cdot e^{-2t} + 2 \cdot D(t) \cdot e^{-2t} = \sin(2t)$

$\dot{D}(t) \cdot e^{-2t} = \sin(2t) \quad \Leftrightarrow \quad \dot{D}(t) = e^{2t} \cdot \sin(2t)$

$D(t) = \int e^{2t} \cdot \sin(2t) \, dt = \frac{1}{2} e^{2t} \cdot \sin(2t) - \int \frac{1}{2} e^{2t} \cdot 2 \cdot \cos(2t) \, dt =$

$= \frac{1}{2} e^{2t} \cdot \sin(2t) - \int e^{2t} \cdot \cos(2t) \, dt =$

$= \frac{1}{2} e^{2t} \cdot \sin(2t) - \left(\frac{1}{2} e^{2t} \cdot \cos(2t) - \int \frac{1}{2} e^{2t} \cdot (-2) \cdot \sin(2t) \, dt \right) =$

$= \frac{1}{2} e^{2t} \cdot \sin(2t) - \frac{1}{2} e^{2t} \cdot \cos(2t) - \int e^{2t} \cdot \sin(2t) \, dt$

$\Rightarrow \quad \int e^{2t} \cdot \sin(2t) \, dt = \frac{1}{2} e^{2t} \cdot \sin(2t) - \frac{1}{2} e^{2t} \cdot \cos(2t) - \int e^{2t} \cdot \sin(2t) \, dt$

$\Leftrightarrow \quad 2 \cdot \int e^{2t} \cdot \sin(2t) \, dt = \frac{1}{2} e^{2t} \cdot (\sin(2t) - \cos(2t)) + C^*$

$\Rightarrow \quad D(t) = \int e^{2t} \cdot \sin(2t) \, dt = \frac{1}{4} e^{2t} \cdot (\sin(2t) - \cos(2t)) + C$

Allgemeine Lösung der gegebenen Differenzialgleichung:

$v(t) = D(t) \cdot e^{-2t} = \left(\frac{1}{4} e^{2t} \cdot (\sin(2t) - \cos(2t)) + C \right) \cdot e^{-2t} =$

$= \frac{1}{4} \cdot (\sin(2t) - \cos(2t)) + C \cdot e^{-2t}$

Spezielle Lösung der Differenzialgleichung:

$v(0) = 0 \quad \Rightarrow \quad \frac{1}{4} \cdot (\sin(0) - \cos(0)) + C = 0 \quad \Leftrightarrow \quad C = \frac{1}{4}$

$\underline{\underline{v(t) = \frac{1}{4} \cdot \left(\sin(2t) - \cos(2t) + e^{-2t} \right)}}$

3 $k(x) = 2 \cdot \arctan\left(\sqrt{x^2-1}\right)$ und $h(x) = \arcsin\left(1 - \dfrac{2}{x^2}\right)$

3.1   Für k(x) gilt: $x^2 - 1 \geq 0 \iff x^2 \geq 1 \iff x \in \,]-\infty;\,-1] \cup [1;\,+\infty[$

Für h(x) gilt: $-1 \leq 1 - \dfrac{2}{x^2} \leq 1 \iff -1 \leq 1 - \dfrac{2}{x^2} \iff -2 \leq -\dfrac{2}{x^2} \iff 1 \geq \dfrac{1}{x^2}$

$\iff x^2 \geq 1 \iff x \in \,]-\infty;\,-1] \cup [1;\,+\infty[$

Also besitzen k und h dieselbe maximale Definitionsmenge $\underline{\underline{D = \,]-\infty;\,-1] \cup [1;\,+\infty[}}$.

3.2 $k'(x) = 2 \cdot \dfrac{1}{1+x^2-1} \cdot \dfrac{1}{2 \cdot \sqrt{x^2-1}} \cdot 2x = \dfrac{2x}{x^2 \cdot \sqrt{x^2-1}} = \dfrac{2}{x \cdot \sqrt{x^2-1}}$

$h'(x) = \dfrac{1}{\sqrt{1-(1-\frac{2}{x^2})^2}} \cdot \dfrac{4}{x^3} = \dfrac{1}{\sqrt{1-1+\frac{4}{x^2}-\frac{4}{x^4}}} \cdot \dfrac{4}{x^3} = \dfrac{4}{x^3} \cdot \dfrac{1}{2 \cdot \sqrt{\frac{1}{x^2}-\frac{1}{x^4}}} = \dfrac{2}{x \cdot \sqrt{x^2-1}}$

Wegen $k'(x) = h'(x)$ für alle $x \in \,]-\infty;\,-1[\,\cup\,]1;\,+\infty[$ und der Stetigkeit von k und h auf D gilt:

$k(x) = \begin{cases} h(x) + C_1 & \text{für } x \leq -1 \\ h(x) + C_2 & \text{für } x \geq 1 \end{cases}$

$k(1) = h(1) + C_2 \iff C_2 = k(1) - h(1)$

$\underline{\underline{C_2}} = k(1) - h(1) = 2 \cdot \arctan(0) - \arcsin(-1) = 0 - (-\dfrac{\pi}{2}) = \underline{\underline{\dfrac{\pi}{2}}}$

Da sowohl der Graph von k als auch der Graph von h symmetrisch zur y-Achse verläuft, gilt für alle $x \in D$: $k(x) = h(x) + \dfrac{\pi}{2}$

Bayern – FOS · BOS 13 – Abiturprüfung 2010
Mathematik (Ausbildungsrichtung Technik) – Analysis A II

BE

1 Gegeben ist die Funktion $f_a: x \mapsto \dfrac{x^2 - a^2}{ax^2}$ mit $a \in \mathbb{R} \setminus \{0\}$ in der von a unabhängigen Definitionsmenge $D_f = \mathbb{R} \setminus \{0\}$.

1.1 Ermitteln Sie die Nullstellen von f_a, das Symmetrieverhalten des Graphen von f_a und die Werte von a, für welche die Wertemenge von f_a die Zahl 1 enthält. 5

1.2 Bestimmen Sie jeweils in Abhängigkeit von a das Verhalten der Funktionswerte $f_a(x)$ an den Rändern der Definitionsmenge und das Monotonieverhalten des Graphen von f_a. 6

1.3 Der Graph von $f_{0,75}$ und die Geraden mit den Gleichungen $x = 0,75$ und $y = 1$ begrenzen im I. Quadranten ein Flächenstück. Berechnen Sie die Maßzahl des Flächeninhalts. 5

2 Gegeben ist weiter die Funktion $g: x \mapsto \arccos(f_1(x))$ in der maximalen Definitionsmenge $D_g \subseteq \mathbb{R}$. Dabei ist f_1 die Funktion f_a aus Aufgabe 1 mit $a = 1$.

2.1 Ermitteln Sie die Definitionsmenge D_g.
[Ergebnis: $D_g = \mathbb{R} \setminus]-\sqrt{0,5}; \sqrt{0,5}[$] 3

2.2 Bestimmen Sie die Ableitungsfunktion g', das Verhalten der Funktionswerte $g'(x)$ an den Rändern von $D_{g'}$ und das Monotonieverhalten des Graphen von g. Geben Sie die Koordinaten und die Art der Extrempunkte des Graphen von g an. 8

2.3 Zeichnen Sie den Graphen von g im Bereich $-4 \leq x \leq 4$ unter Verwendung aller bisherigen Ergebnisse (1 LE = 2 cm). 4

2.4 Der Wert des Integrals $\int_1^3 g(x)\,dx$ soll näherungsweise bestimmt werden. Berechnen Sie dazu den arithmetischen Mittelwert aus Ober- und Untersumme bei Unterteilung des Integrationsintervalls in vier gleich große Teile auf drei Nachkommastellen genau. Veranschaulichen Sie die Rechnung, indem Sie die für die Berechnung der Obersumme verwendeten Rechtecke in die Zeichnung aus 2.3 eintragen. 5

2.5 Begründen Sie, dass die Funktion h mit $h(x) = g(x)$ und $D_h = [\sqrt{0,5}; +\infty[$ umkehrbar ist. Ermitteln Sie die Definitionsmenge der Umkehrfunktion h^{-1} und die Gleichung der Tangente an den Graphen von h^{-1} an der Stelle $x = \frac{\pi}{3}$. 7

3 Die Innenkante des Querschnitts eines Glases (siehe Bild rechts) wird durch die Funktion

$s: x \mapsto 5\sqrt{\ln(x)} \cdot (x+1)^{-1}$

(vgl. Graph rechts unten) beschrieben. Durch die Rotation des Graphen um die x-Achse entsteht ein Rotationskörper, welcher näherungsweise die Form eines solchen Glases beschreibt. Berechnen Sie die Maßzahl des Volumeninhalts im Bereich $1 \leq x \leq 6$ auf 2 Nachkommastellen.
(Hinweis: Beginnen Sie mit partieller Integration.) 9

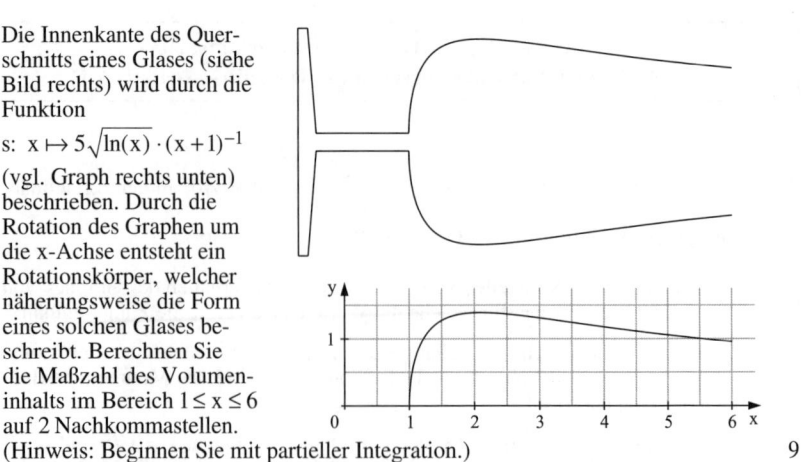

4 Bestimmen Sie für $x \in \mathbb{R}$ die allgemeine Lösung der Differenzialgleichung $y' \cdot (x^2 + 1) = x(1-y)$ mit der Methode der Variation der Konstanten. $\underline{8}$
60

Tipps und Hinweise zur Lösung von Aufgabe A II

Teilaufgabe 1.1
/ Untersuchen Sie u. a. die Lösbarkeit der Gleichung $f_a(x) = 1$.

Teilaufgabe 1.2
/ Machen Sie bei der Untersuchung des Monotonieverhaltens eine geeignete Fallunterscheidung.

Teilaufgabe 1.3
/ Schreiben Sie den gegebenen Term $f_{0,75}(x)$ als Summe aus ganzrationalem Anteil und echt gebrochen-rationalem Anteil.

Teilaufgabe 2.1
/ Betrachten Sie die Ungleichungen $-1 \leq f_1(x) \leq 1$.

Teilaufgabe 2.2
/ Verwenden Sie die Kettenregel und Erkenntnisse aus Aufgabe 1.2.

Teilaufgabe 2.4
/ Betrachten Sie den Graphen von g und summieren Sie geeignete Rechtecksflächen.

Teilaufgabe 2.5

✐ Argumentieren Sie mit dem Monotonieverhalten von h.
✐ Nutzen Sie zur Berechnung der Tangente einen geeigneten Punkt auf dem Graphen von h.

Teilaufgabe 3

✐ Verwenden Sie bei Ihrer Rechnung die Methode der Partialbruchzerlegung.

Teilaufgabe 4

✐ Bringen Sie zuerst die Differenzialgleichung in die Form $y' + k(x) \cdot y = s(x)$.

Lösung

1    $f_a(x) = \dfrac{x^2 - a^2}{ax^2}$; $D_f = \mathbb{R} \setminus \{0\}$, $a \in \mathbb{R} \setminus \{0\}$

1.1 $f_a(x) = 0 \Rightarrow x^2 - a^2 = 0 \Leftrightarrow x^2 = a^2$; $x_{1;2} = \pm |a| \Leftrightarrow x_{1;2} = \pm a \in D_f$

Nullstellen: $\underline{\underline{x_{1;2} = \pm a}}$

$\underline{\underline{f_a(-x)}} = \dfrac{(-x)^2 - a^2}{a(-x)^2} = \dfrac{x^2 - a^2}{ax^2} = \underline{\underline{f_a(x)}}$ für alle $x \in D_f$

$\Rightarrow$ Der Graph von f_a ist symmetrisch zur y-Achse.

(*) $f_a(x) = 1 \Leftrightarrow \dfrac{x^2 - a^2}{ax^2} = 1 \Leftrightarrow x^2 - a^2 = ax^2 \Leftrightarrow x^2 - ax^2 = a^2$

$\Leftrightarrow x^2(1-a) = a^2 \Leftrightarrow x^2 = \dfrac{a^2}{1-a}$ mit $x \in D_f$

$\Rightarrow$ Die Gleichung (*) ist lösbar, falls gilt:

$1 - a > 0 \wedge a \neq 0 \Leftrightarrow a < 1 \wedge a \neq 0$, d. h. für: $\underline{\underline{a \in \,]-\infty; 1[\,\setminus \{0\}}}$

1.2 $x \to \pm\infty \Rightarrow f_a(x) = \dfrac{x^2 - a^2}{ax^2} = \dfrac{1}{a} - \dfrac{a}{x^2} \to \dfrac{1}{a}$

$x \to 0 \Rightarrow f_a(x) = \dfrac{\overbrace{x^2 - a^2}^{\to -a^2 < 0}}{\underbrace{ax^2}_{\substack{>\\ \to 0\\ <}}} \to \begin{cases} -\infty & \text{für } a > 0 \\ +\infty & \text{für } a < 0 \end{cases}$

2010-9

$$f_a(x) = \frac{x^2 - a^2}{a \cdot x^2} = \frac{1}{a} - \frac{a}{x^2} = \frac{1}{a} - a \cdot x^{-2} \implies f_a'(x) = 0 + 2a \cdot x^{-3} = \frac{2a}{x^3}$$

Für $a > 0$ ist: $f_a'(x) = \dfrac{2a}{x^3} \begin{cases} < 0 \text{ für } x < 0 \\ > 0 \text{ für } x > 0 \end{cases}$

Also ist der Graph von f_a für $\underline{\underline{a > 0}}$ streng monoton fallend im Intervall $]-\infty; 0[$ und streng monoton steigend im Intervall $]0; +\infty[$.

Für $a < 0$ ist: $f_a'(x) = \dfrac{2a}{x^3} \begin{cases} > 0 \text{ für } x < 0 \\ < 0 \text{ für } x > 0 \end{cases}$

Also ist der Graph von f_a für $\underline{\underline{a < 0}}$ streng monoton steigend im Intervall $]-\infty; 0[$ und streng monoton fallend im Intervall $]0; +\infty[$.

1.3 Schnitt des Graphen von $f_{0,75}$ mit der waagrechten Gerade w: y = 1:

Mit der Rechnung aus 1.1, $f_a(x) = 1 \Leftrightarrow x^2 = \dfrac{a^2}{1-a}$, folgt:

$$f_{0,75}(x) = 1; \quad x_{1;2} = \pm\sqrt{\frac{0{,}75^2}{1-0{,}75}} = \pm\frac{0{,}75}{\sqrt{0{,}25}} = \pm\frac{0{,}75}{0{,}5} \cdot \frac{2}{2} = \pm 1{,}5$$

Wegen $f_a(a) = 0$ (siehe 1.1) gilt: $f_{0,75}(0{,}75) = 0$

$$f_{0,75}(x) = \frac{x^2 - 0{,}75^2}{0{,}75 x^2} = \frac{1}{0{,}75} - \frac{0{,}75}{x^2} = \frac{4}{3} - \frac{3}{4} x^{-2}$$

$$\underline{\underline{A}} = \int_{0{,}75}^{1{,}5} (1 - f_{0,75}(x))\, dx = \int_{0{,}75}^{1{,}5}\left(1 - \left(\frac{4}{3} - \frac{3}{4}x^{-2}\right)\right) dx = \int_{0{,}75}^{1{,}5}\left(-\frac{1}{3} + \frac{3}{4}x^{-2}\right) dx =$$

$$= \left[-\frac{1}{3}x - \frac{3}{4}x^{-1}\right]_{0{,}75}^{1{,}5} = \left[-\frac{1}{3}x - \frac{3}{4x}\right]_{0{,}75}^{1{,}5} = -0{,}5 - 0{,}5 - (-0{,}25 - 1) = \underline{\underline{0{,}25}}$$

2   $g(x) = \arccos(f_1(x)); \quad f_1(x) = \dfrac{x^2 - 1}{x^2} = 1 - \dfrac{1}{x^2}$

2.1 $-1 \leq f_1(x) \leq 1 \Leftrightarrow -1 \leq 1 - \dfrac{1}{x^2} \leq 1 \Leftrightarrow -2 \leq -\dfrac{1}{x^2} \leq 0$

$\Leftrightarrow -2 \leq -\dfrac{1}{x^2} \Leftrightarrow -2x^2 \leq -1 \Leftrightarrow x^2 \geq 0{,}5 \Leftrightarrow |x| \geq \sqrt{0{,}5}$

Also gilt: $\underline{\underline{D_g = \,]-\infty; -\sqrt{0{,}5}\,] \cup [\,\sqrt{0{,}5}; +\infty[}}$

2.2 Aus Aufgabe 1.2 mit $f_a'(x) = \dfrac{2a}{x^3}$ folgt: $f_1'(x) = \dfrac{2}{x^3}$

$$g'(x) = \dfrac{-1}{\sqrt{1-(f_1(x))^2}} \cdot f_1'(x) = \dfrac{-1}{\sqrt{1-(1-\frac{1}{x^2})^2}} \cdot \dfrac{2}{x^3} = \dfrac{-1}{\sqrt{1-(1-\frac{2}{x^2}+\frac{1}{x^4})}} \cdot \dfrac{2}{x^3} =$$

$$= \dfrac{-1}{\sqrt{\frac{2}{x^2}-\frac{1}{x^4}}} \cdot \dfrac{2}{x^3} = \dfrac{-1}{\sqrt{2x^2-1}} \cdot \dfrac{2}{x} = \dfrac{-2}{x \cdot \sqrt{2x^2-1}}$$

mit $D_{g'} =]-\infty; -\sqrt{0,5}[\,\cup\,]\sqrt{0,5}; +\infty[$

$x \xrightarrow{>} \sqrt{0,5} \;\Rightarrow\; g'(x) = \dfrac{-2}{\underbrace{x \cdot \sqrt{2x^2-1}}_{\xrightarrow{>} 0}} \to -\infty$

$x \xrightarrow{<} -\sqrt{0,5} \;\Rightarrow\; g'(x) = \dfrac{-2}{\underbrace{x \cdot \sqrt{2x^2-1}}_{\xrightarrow{<} 0}} \to +\infty$

$x \to \pm\infty \;\Rightarrow\; g'(x) = \dfrac{-2}{\underbrace{x \cdot \sqrt{2x^2-1}}_{\to \pm\infty}} \to 0$

Wegen

$g'(x) = \dfrac{-2}{x \cdot \sqrt{2x^2-1}} \begin{cases} > 0 \text{ für alle } x < -\sqrt{0,5} \\ < 0 \text{ für alle } x > \sqrt{0,5} \end{cases}$

und der Stetigkeit von g gilt:
Der Graph von g ist streng monoton steigend im Intervall $]-\infty; -\sqrt{0,5}]$ und streng monoton fallend im Intervall $[\sqrt{0,5}; +\infty[$. Also hat der Graph von g bei $x_1 = -\sqrt{0,5}$ und bei $x_2 = \sqrt{0,5}$ jeweils die Hochpunkte H_1 und H_2.

$g(\pm\sqrt{0,5}) = \arccos\left(\dfrac{0,5-1}{0,5}\right) = \arccos(-1) = \pi; \;\; \underline{\underline{H_1(-\sqrt{0,5}; \pi)}}, \;\; \underline{\underline{H_2(\sqrt{0,5}; \pi)}}$

2.3 Wertetabelle:

x	$\pm\sqrt{0,5} \approx \pm 0,71$	1	2	3	4
$\approx g(x)$	3,14	1,57	0,72	0,48	0,36

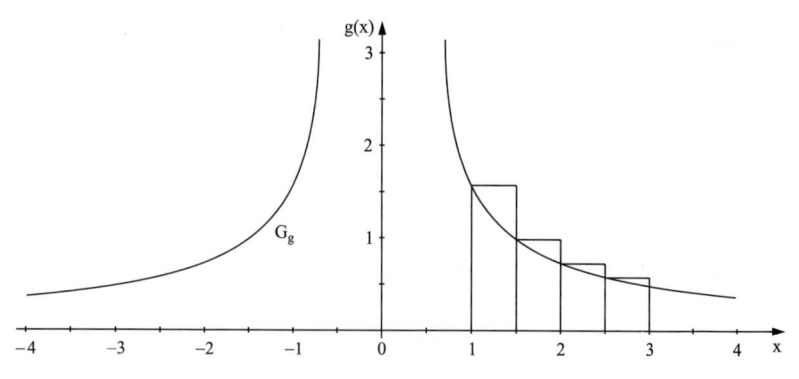

2.4

x	1	1,5	2	2,5	3
≈ g(x)	1,5708	0,9818	0,7227	0,5735	0,4759

(Rechtecke in der Grafik bei 2.3 eingetragen.)

Obersumme: $S_O = g(1) \cdot 0{,}5 + g(1{,}5) \cdot 0{,}5 + g(2) \cdot 0{,}5 + g(2{,}5) \cdot 0{,}5 =$
$= (1{,}5708 + 0{,}9818 + 0{,}7227 + 0{,}5735) \cdot 0{,}5 = 1{,}9244$

Untersumme: $S_U = g(1{,}5) \cdot 0{,}5 + g(2) \cdot 0{,}5 + g(2{,}5) \cdot 0{,}5 + g(3) \cdot 0{,}5 =$
$= (0{,}9818 + 0{,}7227 + 0{,}5735 + 0{,}4759) \cdot 0{,}5 = 1{,}3770$

Mittelwert: $(1{,}9244 + 1{,}3770) \cdot 0{,}5 = \underline{\underline{1{,}651}}$

2.5 $h(x) = g(x)$, $D_h = [\sqrt{0{,}5}; +\infty[$

Der Graph von h ist in D_h streng monoton fallend, also besitzt h eine Umkehrfunktion h^{-1}.
Wegen

$x \to +\infty \Rightarrow f_1(x) = 1 - \dfrac{1}{x^2} \to 1 \Rightarrow h(x) \to \arccos(1) = 0$ und $h(\sqrt{0{,}5}) = \pi$

gilt:
$W_h = \underline{\underline{D_{h^{-1}} =]0; \pi]}}$

$h(x) = \dfrac{\pi}{3} \Leftrightarrow \arccos\left(1 - \dfrac{1}{x^2}\right) = \dfrac{\pi}{3} \Leftrightarrow 1 - \dfrac{1}{x^2} = \dfrac{1}{2} \Leftrightarrow \dfrac{1}{x^2} = \dfrac{1}{2}$

$\Leftrightarrow x^2 = 2 \Leftrightarrow x = \sqrt{2}$

$h'(\sqrt{2}) = \dfrac{-2}{\sqrt{2} \cdot \sqrt{2 \cdot 2 - 1}} = \dfrac{-2}{\sqrt{2 \cdot 3}} = \dfrac{-2}{\sqrt{6}}$

$\left(h^{-1}\left(\dfrac{\pi}{3}\right)\right)' = \dfrac{1}{h'(\sqrt{2})} = \dfrac{\sqrt{6}}{-2} = -\dfrac{1}{2}\sqrt{6}$; $h^{-1}\left(\dfrac{\pi}{3}\right) = \sqrt{2}$

Tangente: $\underline{\underline{y = -\dfrac{1}{2}\sqrt{6} \cdot (x - \dfrac{\pi}{3}) + \sqrt{2}}}$ bzw. $\underline{\underline{y = -\dfrac{1}{2}\sqrt{6} \cdot x - \dfrac{\pi}{6}\sqrt{6} + \sqrt{2}}}$

3 $\underline{\underline{V}} = \pi \cdot \int_1^6 (s(x))^2 \, dx = \pi \cdot \int_1^6 25 \cdot \ln(x) \cdot (x+1)^{-2} \, dx = 25\pi \cdot \int_1^6 \frac{1}{(x+1)^2} \cdot \ln(x) \, dx = \ldots$

$\int \frac{1}{(x+1)^2} \cdot \ln(x) \, dx = -\frac{1}{x+1} \cdot \ln(x) - \int -\frac{1}{x+1} \cdot \frac{1}{x} \, dx = -\frac{\ln(x)}{x+1} + \int \frac{1}{x \cdot (x+1)} \, dx = \ldots$

Partialbruchzerlegung: $\frac{1}{x \cdot (x+1)} = \frac{A}{x} + \frac{B}{x+1} \Rightarrow A \cdot (x+1) + B \cdot x = 1$

Für $x = 0 \Rightarrow A = 1$

Für $x = -1 \Rightarrow -B = 1 \Leftrightarrow B = -1$

$\ldots = -\frac{\ln(x)}{x+1} + \int \left(\frac{1}{x} - \frac{1}{x+1}\right) dx = -\frac{\ln(x)}{x+1} + \ln(x) - \ln(x+1) + C$

$\ldots = 25\pi \cdot \left[-\frac{\ln(x)}{x+1} + \ln(x) - \ln(x+1)\right]_1^6 =$

$= 25\pi \cdot \left(-\frac{\ln(6)}{7} + \ln(6) - \ln(7) - \left(-\frac{0}{2} + 0 - \ln(2)\right)\right) =$

$= 25\pi \cdot \left(\frac{6}{7}\ln(6) - \ln(7) + \ln(2)\right) \approx \underline{\underline{22{,}23}}$

4 Inhomogene Differenzialgleichung: $\quad y' \cdot (x^2 + 1) = x \cdot (1 - y)$

$\Leftrightarrow \quad y' \cdot (x^2 + 1) = -x \cdot y + x$

$\Leftrightarrow \quad y' = -\frac{x}{x^2+1} \cdot y + \frac{x}{x^2+1}$

$\Leftrightarrow \quad y' + \frac{x}{x^2+1} \cdot y = \frac{x}{x^2+1}$ (*)

I) Zugehörige homogene DG: $y' + \frac{x}{x^2+1} \cdot y = 0$ (triviale Lösung $y = 0$)

$\frac{dy}{dx} = -\frac{x}{x^2+1} \cdot y \Rightarrow \int \frac{1}{y} \, dy = \int -\frac{1}{2} \cdot \frac{2x}{x^2+1} \, dx$

$\ln|y| = -\frac{1}{2} \cdot \ln(x^2+1) + C$

$|y| = e^{-\frac{1}{2} \cdot \ln(x^2+1) + C} = e^C \cdot e^{\ln\left((x^2+1)^{-0{,}5}\right)} = e^C \cdot (x^2+1)^{-0{,}5}$

$y_h = D \cdot (x^2+1)^{-0{,}5} = D \cdot \frac{1}{\sqrt{x^2+1}}$

Mit $D \in \mathbb{R}$ ist auch die triviale Lösung enthalten.

II) Variation der Konstanten D:

$$y = D(x) \cdot (x^2+1)^{-0,5}$$

$$\Rightarrow \quad y' = D'(x) \cdot (x^2+1)^{-0,5} + D(x) \cdot (-0,5) \cdot (x^2+1)^{-1,5} \cdot 2x =$$
$$= D'(x) \cdot (x^2+1)^{-0,5} - D(x) \cdot x \cdot (x^2+1)^{-1,5}$$

In $(*)$:

$$D'(x) \cdot (x^2+1)^{-0,5} - D(x) \cdot x \cdot (x^2+1)^{-1,5} + \frac{x}{x^2+1} \cdot D(x) \cdot (x^2+1)^{-0,5} = \frac{x}{x^2+1}$$

$$D'(x) \cdot (x^2+1)^{-0,5} - D(x) \cdot x \cdot (x^2+1)^{-1,5} + x \cdot D(x) \cdot (x^2+1)^{-1,5} = x \cdot (x^2+1)^{-1}$$

$$D'(x) \cdot (x^2+1)^{-0,5} = x \cdot (x^2+1)^{-1}$$

$$D'(x) = x \cdot (x^2+1)^{-0,5} = \frac{x}{\sqrt{x^2+1}}$$

$$\Rightarrow \quad D(x) = \int \frac{x}{\sqrt{x^2+1}}\, dx = \int \frac{2x}{2\sqrt{x^2+1}}\, dx = \sqrt{x^2+1} + C$$

III) Allgemeine Lösung:

$$y = D(x) \cdot \frac{1}{\sqrt{x^2+1}} \quad \Leftrightarrow \quad y = \left(\sqrt{x^2+1} + C\right) \cdot \frac{1}{\sqrt{x^2+1}}$$

$$\underline{\underline{y = 1 + \frac{C}{\sqrt{x^2+1}}}} \quad \text{mit } C \in \mathbb{R}$$

Bayern – FOS · BOS 13 – Abiturprüfung 2010
Mathematik (Ausbildungsrichtung Technik) – Stochastik B I

BE

Die Firma Sparlux stellt Energiesparlampen in großer Anzahl her, die, je nachdem, wie genau sie die Nennleistung einhalten, zwei verschiedene Güteklassen, entweder A oder B, angehören können. Langfristig haben 80 % der hergestellten Lampen die Güte A, der Rest die Güte B. Äußerlich sind Lampen der beiden Güteklassen nicht zu unterscheiden.

1 Die Lampen werden zum Versand in quadratische Kartons mit gleich großen nummerierten Waben gelegt. Die Skizze zeigt den Grundriss eines 9er-Kartons.

1	2	3
4	5	6
7	8	9

1.1 Berechnen Sie, auf wie viele verschiedene Weisen 7 Lampen in einen 9er-Karton gepackt werden können, wenn
a) die Lampen nicht unterscheidbar sind,
b) alle Lampen verschieden gekennzeichnet sind (z. B. durch eine Seriennummer),
c) die Lampen nur die Güteklasse als Unterscheidungsmerkmal haben. 4

1.2 Genau zwei der Lampen in einem vollen 9er-Karton haben Güteklasse B. Berechnen Sie die Wahrscheinlichkeit, dass diese beiden Lampen in Waben liegen, die jeweils eine gemeinsame Trennwand haben. 3

1.3 Berechnen Sie, wie viele Lampen ein Karton mindestens enthalten muss, damit die Wahrscheinlichkeit, darunter keine B-Lampe zu finden, kleiner ist als die Wahrscheinlichkeit, dass man in dem Karton mindestens eine Lampe der Güte B vorfindet. 4

2 Ein Großkunde behauptet, dass der Anteil der B-Lampen größer als 20 % geworden sei (Gegenhypothese) und verlangt deshalb einen Preisnachlass. Um dies in einem Signifikanztest auf dem Signifikanzniveau von 5 % zu überprüfen, misst die Firma Sparlux bei 200 Lampen die Leistung möglichst genau nach. Ermitteln Sie die Mindestanzahl von Lampen der Güte A unter den 200 getesteten, ab der Sparlux dem Kunden einen Preisnachlass verweigern wird. 6

3 Ein weiterer Großkunde benötigt mindestens 240 Lampen der Güte A.

3.1 Berechnen Sie die Wahrscheinlichkeit, dass in einer Lieferung von 300 Lampen genau 240 die Güte A haben. 3

3.2 Berechnen Sie, wie viele Lampen der Großkunde mindestens bestellen muss, damit die Wahrscheinlichkeit größer als 95 % ist, dass sich darunter wenigstens 240 Lampen der Güte A befinden. 8

4.1 Lampen der Güteklasse A, deren Anteil 80 % beträgt, müssen die Nennleistung von 10,0 Watt mit einer maximalen Abweichung von ±4 % genau einhalten. Die übrigen sind – obwohl voll funktionsfähig – der niederen Güteklasse B zugeordnet. Bei der Lampenleistung Y ist von einer normalverteilten Zufallsgröße mit $\mu = 10{,}0$ Watt auszugehen.
Berechnen Sie die Standardabweichung σ der Zufallsgröße Y, und bestimmen Sie, mit welcher Wahrscheinlichkeit eine zufällig ausgewählte Lampe eine Leistung von höchstens 9,2 Watt aufweist.
[Teilergebnis: $\sigma = 0{,}312$ Watt] 7

4.2   60 % der Lampen werden mit großer E27-Fassung, die restlichen 40 % mit kleiner E14-Fassung gefertigt. Durch Qualitätskontrollen wurde herausgefunden, dass 25 % der E14-Lampen die Güte B aufweisen. Alle Lampen der Güte B werden nach der Kontrolle in einem Container gesammelt.
Berechnen Sie die Wahrscheinlichkeit, dass eine zufällig dem Container entnommene Lampe die Fassungsgröße E27 aufweist. $\frac{5}{40}$

Tipps und Hinweise zur Lösung von Aufgabe B I

Teilaufgabe 1.1
/ Verwenden Sie auch das „Zählprinzip".

Teilaufgabe 1.2
/ Zählen Sie die möglichen Lagen mit den Fingern ab und denken Sie sich ein geeignetes Laplace-Experiment.

Teilaufgabe 1.3
/ Wählen Sie eine Zufallsgröße und notieren Sie eine zum Problem passende Ungleichung.

Teilaufgabe 2
/ Die Wahrscheinlichkeit des Fehlers 1. Art soll immer kleiner oder gleich dem Signifikanzniveau sein. Nutzen Sie das Tafelwerk.

Teilaufgabe 3.1
/ Wählen Sie eine geeignete Näherung oder das Tafelwerk, falls Ihr Taschenrechner versagt.

Teilaufgabe 3.2
/ Unbekannt ist hier die Kettenlänge. Nutzen Sie die Normalverteilung als Näherung und machen Sie eine geeignete Substitution.

Teilaufgabe 4.1
/ Berechnen Sie die maximale Abweichung in Watt und nutzen Sie die Verteilungsfunktion Φ der Normalverteilung.

Teilaufgabe 4.2
/ Erstellen Sie zuerst eine geeignete Vierfeldertafel.

Lösung

1.1 a) $\binom{9}{7} = \binom{9}{2} = \dfrac{9 \cdot 8}{1 \cdot 2} = \underline{36}$

b) $9 \cdot 8 \cdot 7 \cdot 6 \cdot 5 \cdot 4 \cdot 3 = \underline{181\,440}$

c) $\binom{9}{7} \cdot 2^7 = 36 \cdot 128 = \underline{4608}$

1.2 Anzahl der möglichen Lagen nebeneinander oder übereinander: $6 + 6 = 12$

Anzahl der möglichen Lagen der zwei Lampen im Karton: $\binom{9}{2} = 36$

$\underline{P} = \dfrac{12}{36} = \underline{\dfrac{1}{3}}$

1.3 Zufallsgröße X: Anzahl der B-Lampen in einem Karton mit n Lampen ($n \leq 9$).
X ist binomialverteilt nach B(n; p), wobei $p = 0,2$.

$P(X = 0) < 1 - P(X = 0) \iff 2 \cdot P(X = 0) < 1 \iff P(X = 0) < 0,50$

$\iff \binom{n}{0} \cdot 0,2^0 \cdot 0,8^n < 0,5 \iff 0,8^n < 0,5$

$\iff \ln(0,8^n) < \ln(0,5) \iff n \cdot \ln(0,8) < \ln(0,5)$

$\iff n > \dfrac{\ln(0,5)}{\ln(0,8)}; \; n > 3,106\ldots$

Ein Karton muss mindestens 4 Lampen enthalten.

2 Testgröße X: Anzahl der B-Lampen unter 200 überprüften Lampen.
X ist binomialverteilt nach B(200; p), wobei $p \in [0; 1]$.

Signifikanztest:
Nullhypothese $H_0: p \leq 0,2$; Gegenhypothese $H_1: p > 0,2$

Annahmebereich von H_0:	Ablehnungsbereich von H_0:
$A = \{0; \ldots; g\}$	$\overline{A} = \{g+1; \ldots; 200\}$

$P(X > g) \leq 0,05 \iff 1 - F_{0,2}^{200}(g) \leq 0,05 \iff F_{0,2}^{200}(g) \geq 0,95$

Mit Tafelwerk folgt: $g \geq 49$

Kleinstmöglicher Annahmebereich von H_0: $A = \{0; \ldots; 49\}$

Größtmöglicher Ablehnungsbereich von H_0: $\overline{A} = \{50; \ldots; 200\}$

Bei höchstens 49 gefundenen B-Lampen, d. h. bei mindestens $\underline{151}$ A-Lampen, wird dem Großkunden kein Preisnachlass gewährt.

3.1 Zufallsgröße X: Anzahl der Lampen der Güteklasse A unter 300 Lampen.
X ist binomialverteilt nach B(300; 0,8).

$$P(X = 240) = B(300; 0,8; 240) = \binom{300}{240} \cdot 0,8^{240} \cdot 0,2^{60} = \ldots \text{ (Taschenrechner versagt!)}$$

Wegen $\text{Var}(X) = n \cdot p \cdot q = 300 \cdot 0,8 \cdot 0,2 = 48 > 9$ ist eine Näherung mithilfe der Normalverteilung sinnvoll.

$$P(X = 240) = B(300; 0,8; 240) \approx \frac{1}{\sigma} \cdot \varphi\left(\frac{k-\mu}{\sigma}\right) = \frac{1}{\sqrt{48}} \cdot \varphi\left(\frac{240-240}{\sqrt{48}}\right)$$

$$= \frac{1}{\sqrt{48}} \cdot \varphi(0) \stackrel{TW}{\approx} \frac{1}{\sqrt{48}} \cdot 0,39894 \approx 0,0576 \approx 5,8\,\%$$

Alternativ (mit Tafelwerk für die Fakultäten):

$$P(X = 240) = \binom{300}{240} \cdot 0,8^{240} \cdot 0,2^{60} = \frac{300!}{60! \cdot 240!} \cdot 0,8^{240} \cdot 0,2^{60} =$$

$$= \frac{3,0606 \cdot 10^{614}}{8,3210 \cdot 10^{81} \cdot 4,0679 \cdot 10^{468}} \cdot 0,8^{240} \cdot 0,2^{60} =$$

$$= 0,09042 \cdot 10^{65} \cdot 0,8^{240} \cdot 0,2^{60} \approx 5,75\,\%$$

3.2 Zufallsgröße X: Anzahl der Lampen der Güteklasse A unter n Lampen.
X ist binomialverteilt nach B(n; 0,8).

$\mu = n \cdot 0,8;\quad \sigma^2 = \text{Var}(X) = n \cdot 0,8 \cdot 0,2 = 0,16 \cdot n$

Wegen $n \geq 240$ gilt:
$\text{Var}(X) = 0,16 \cdot n \geq 0,16 \cdot 240 = 38,4 > 9$
Die Normalverteilung als Näherung der Binomoalverteilung ist also sinnvoll.

$P(X \geq 240) > 0,95 \quad \Leftrightarrow \quad 1 - F^n_{0,8}(239) > 0,95 \quad \Leftrightarrow \quad F^n_{0,8}(239) < 0,05$

Näherung mit Normalverteilung:

$$\Phi\left(\frac{239 - n \cdot 0,8 + 0,5}{\sqrt{0,16 \cdot n}}\right) < 0,05 \quad \stackrel{\text{Tafelwerk}}{\Leftrightarrow} \quad \frac{239,5 - 0,8 \cdot n}{0,4 \cdot \sqrt{n}} < -1,645$$

$$\Leftrightarrow \quad 239,5 - 0,8 \cdot n < -1,645 \cdot 0,4 \cdot \sqrt{n}$$

Substitution $z = \sqrt{n}$:
$239,5 - 0,8 \cdot z^2 < -0,658 \cdot z \quad \Leftrightarrow \quad 0,8 \cdot z^2 - 0,658 \cdot z - 239,5 > 0$

$\Leftrightarrow \quad 8z^2 - 6,58 \cdot z - 2395 > 0 \quad (\wedge\ z \geq \sqrt{240} \approx 15,5)$

$$\Rightarrow \quad z > \frac{6,58 + \sqrt{6,58^2 + 4 \cdot 8 \cdot 2395}}{2 \cdot 8} \quad (\approx 17,72)$$

Mit $z^2 = n \quad \Rightarrow \quad n > 313,95 \quad \Rightarrow \quad n \geq 314$

Der Großkunde muss mindestens 314 Lampen bestellen.

4.1 Zufallsgröße Y: Leistung einer Lampe in Watt.
Y ist normalverteilt mit $\mu = 10{,}0$ (Watt).

$$P(9{,}6 \leq Y \leq 10{,}4) = 0{,}8 \Leftrightarrow \Phi\left(\frac{10{,}4-10}{\sigma}\right) - \Phi\left(\frac{9{,}6-10}{\sigma}\right) = 0{,}8$$

$$\Leftrightarrow \Phi\left(\frac{0{,}4}{\sigma}\right) - \Phi\left(-\frac{0{,}4}{\sigma}\right) = 0{,}8$$

$$\Leftrightarrow \Phi\left(\frac{0{,}4}{\sigma}\right) - \left(1 - \Phi\left(\frac{0{,}4}{\sigma}\right)\right) = 0{,}8$$

$$\Leftrightarrow 2 \cdot \Phi\left(\frac{0{,}4}{\sigma}\right) = 1{,}8 \Leftrightarrow \Phi\left(\frac{0{,}4}{\sigma}\right) = 0{,}9 \stackrel{TW}{\Leftrightarrow} \frac{0{,}4}{\sigma} = 1{,}281$$

$$\Rightarrow \underline{\underline{\sigma = \frac{0{,}4}{1{,}281} \approx 0{,}312}} \text{ (Watt)}$$

$$\underline{\underline{P(Y \leq 9{,}2)}} = \Phi\left(\frac{9{,}2-10{,}0}{0{,}312}\right) = \Phi(-2{,}56) = 1 - \Phi(2{,}56) \stackrel{TW}{=} 1 - 0{,}99477 \approx \underline{\underline{0{,}52\ \%}}$$

4.2 E27: „Eine zufällig ausgewählte Lampe besitzt eine E27-Fassung."
E14: „Eine zufällig ausgewählte Lampe besitzt eine E14-Fassung."
A: „Eine zufällig ausgewählte Lampe hat die Güteklasse A."
B: „Eine zufällig ausgewählte Lampe hat die Güteklasse B."
Laut Angabe gilt:
$P(A) = 0{,}8;\ P(E27) = 0{,}6;\ P(E14) = 0{,}4;\ P_{E14}(B) = 0{,}25$

Gesucht ist: $P_B(E27) = \dfrac{P(B \cap E27)}{P(B)}$

$P_{E14}(B) = \dfrac{P(E14 \cap B)}{P(E14)} = 0{,}25 \Rightarrow P(E14 \cap B) = 0{,}25 \cdot P(E14) = 0{,}25 \cdot 0{,}4 = 0{,}1$

Vierfeldertafel:

	E27	E14	
A	0,5	0,3	**0,8**
B	0,1	**0,1**	0,2
	0,6	**0,4**	1

$$\underline{\underline{P_B(E27)}} = \frac{P(B \cap E27)}{P(B)} = \frac{0{,}1}{0{,}2} = \underline{\underline{0{,}5}}$$

Bayern – FOS · BOS 13 – Abiturprüfung 2010
Mathematik (Ausbildungsrichtung Technik) – Stochastik B II

BE

1 Auf dem Nürnberger Flughafen werden die zu transportierenden Gepäckstücke unabhängig voneinander auf ein Förderband gelegt. Die Wahrscheinlichkeit, dass eines dieser Gepäckstücke den Zielflughafen Palma de Mallorca hat, sei p.

1.1 Die Wahrscheinlichkeit, dass von zwei aufeinanderfolgenden Gepäckstücken höchstens eines den Zielflughafen Palma hat, sei 87,75 %. Berechnen Sie daraus die Wahrscheinlichkeit p. 2

1.2 Nun werden 15 aufeinanderfolgende Gepäckstücke betrachtet. Bestimmen Sie für $p = 0,35$ die Wahrscheinlichkeit folgender Ereignisse:
A: „Genau fünf Gepäckstücke haben Palma als Ziel."
B: „Das fünfzehnte Gepäckstück ist das fünfte nach Palma."
C: „Genau fünf Gepäckstücke haben das Ziel Palma und liegen direkt hintereinander." 5

1.3 Es werden 2 % der Gepäckstücke fehlgeleitet; von den fehlgeleiteten haben 15 % das Ziel Palma. Mit welcher Wahrscheinlichkeit wird ein Gepäckstück, welches das Ziel Palma hat, richtig weitergeleitet? Verwenden Sie $p = 0,35$. 5

1.4 Für das Sortieren des Gepäcks auf der Basis von Mikrochips wird einer Fluggesellschaft ein Lesegerät angeboten, das eine Quote von weniger als 1 % an Lesefehlern verspricht. Die Fluggesellschaft testet ihre Vermutung, dass die Fehlerquote beim Lesen mindestens 1 % beträgt, an 4000 mit Mikrochips gekennzeichneten Gepäckstücken auf dem 5 %-Signifikanzniveau. Bestimmen Sie Ablehnungs- und Annahmebereich der Nullhypothese. 7

2 Ein bestimmtes Modell eines MP3-Players hat einen Herstellungspreis von 55 €. Erfahrungsgemäß werden während der Garantiezeit 20 % dieser MP3-Player reklamiert.
25 % der reklamierten Player weisen einen geringen Schaden auf, dessen Reparatur durchschnittlich 9 € Kosten verursacht, bei 60 % muss die Elektronik ausgetauscht werden, wofür 25 € Kosten anfallen. Die restlichen defekten MP3-Player werden einbehalten und vollständig durch neue ersetzt. Aus den einbehaltenen MP3-Playern gewinnt der Hersteller noch Ersatzteile im Wert von 10 €. Berechnen Sie, zu welchem Preis ein MP3-Player an den Großhändler verkauft werden muss, damit die Firma einen durchschnittlichen Gewinn von 13 € erzielt. 6

3 Eine Zeitschrift behauptet, dass 30 % der Jugendlichen unter 18 Jahren einen MP3-Player besitzen. Eine Gruppe von Schülern zweifelt an dieser Aussage, wobei einige behaupten, dass der Anteil kleiner ist, andere diesen Anteil für höher einschätzen. In einer Umfrage werden 240 zufällig ausgewählte Jugendliche unter 18 Jahren befragt.
Legen Sie für einen zweiseitigen Signifikanztest mit einem Signifikanzniveau von 5 % die Testgröße fest, formulieren Sie die Hypothesen und bestimmen Sie Annahme- und Ablehnungsbereich der Nullhypothese. 7

4 Es wird behauptet, dass mit einer Wahrscheinlichkeit von wenigstens 0,15 ein Jugendlicher mindestens zwei MP3-Player besitzt. Es werden zuerst 100 zufällig ausgewählte Jugendliche befragt. Liegt die Anzahl der Jugendlichen mit mindestens zwei MP3-Playern unter den 100 befragten mindestens bei 14, so wird die Behauptung angenommen. Liegt die Anzahl mindestens bei 11, aber höchstens bei 13, so wird eine zweite Umfrage bei 300 Jugendlichen durchgeführt. Beträgt hier die Anzahl der Jugendlichen mit mindestens zwei MP3-Playern mindestens 44, so wird die Behauptung ebenfalls angenommen, sonst abgelehnt. Berechnen Sie die Wahrscheinlichkeit, dass die Behauptung bei dieser Vorgehensweise angenommen wird, wenn die Wahrscheinlichkeit 0,15 beträgt, dass ein Jugendlicher mindestens zwei MP3-Player besitzt. 8

40

Tipps und Hinweise zur Lösung von Aufgabe B II

Teilaufgabe 1.1
Legen Sie die Zufallsgröße fest (Was wird gezählt?). Rechnen Sie mit dem Gegenereignis von „höchstens ...".

Teilaufgabe 1.2
Stellen Sie sich eine geeignete Bernoullikette der Kettenlänge 15 vor.

Teilaufgabe 1.3
Erstellen Sie eine Vierfeldertafel und ermitteln Sie dann die gesuchte bedingte Wahrscheinlichkeit.

Teilaufgabe 1.4
Entwickeln Sie einen linksseitigen Signifikanztest und verwenden Sie die Normalverteilung als Näherung.

Teilaufgabe 2
Wählen Sie sich eine geeignete Zufallsgröße K und berechnen Sie deren Erwartungswert.

Teilaufgabe 3
Bei einem zweiseitigen Signifikanztest gilt: Die Wahrscheinlichkeit, dass die Testgröße X im linken Teil des Ablehnungsbereichs liegt, ist etwa so groß wie die Wahrscheinlichkeit, dass X im rechten Teil des Ablehnungsbereichs liegt.

Teilaufgabe 4
Zeichnen Sie ein geeignetes Baumdiagramm.

Lösung

1.1 Zufallsgröße X: Anzahl der Gepäckstücke, die Palma erreichen, unter 2 untersuchten Gepäckstücken.
X ist binomialverteilt nach B(n; p), wobei $n = 2$, $p \in [0; 1]$.

$P(X \leq 1) = 0,8775 \Leftrightarrow 1 - P(X = 2) = 0,8775 \Leftrightarrow 1 - p^2 = 0,8775$
$\Leftrightarrow p^2 = 0,1225 \Leftrightarrow \underline{\underline{p = 0,35}}$

1.2 $\underline{\underline{P(A)}} = B(15; 0,35; 5) = \binom{15}{5} \cdot 0,35^5 \cdot 0,65^{10} = \underline{\underline{0,21234}}$ (Ist auch im Tafelwerk notiert.)

$\underline{\underline{P(B)}} = B(14; 0,35; 4) \cdot 0,35 = \binom{14}{4} \cdot 0,35^4 \cdot 0,65^{10} \cdot 0,35 = \underline{\underline{0,07078}}$

$\underline{\underline{P(C)}} = 11 \cdot 0,35^5 \cdot 0,65^{10} = \underline{\underline{0,00078}}$

1.3 P: „Ein zufällig ausgewähltes Gepäckstück hat den Zielflughafen Palma."
F: „Ein zufällig ausgewähltes Gepäckstück ist fehlgeleitet."
Laut Angabe gilt:
$P(P) = p = 0,35$; $P(F) = 0,02$; $P_F(P) = 0,15$

Gesucht ist: $P_P(\overline{F}) = \dfrac{P(P \cap \overline{F})}{P(P)}$

$P_F(P) = \dfrac{P(F \cap P)}{P(F)} = 0,15 \Rightarrow P(F \cap P) = 0,15 \cdot P(F) = 0,15 \cdot 0,02 = 0,003$

Vierfeldertafel:

	P	$\overline{P}$	
F	**0,003**	0,017	**0,02**
$\overline{F}$	0,347	0,633	0,98
	0,35	0,65	1

$\underline{\underline{P_P(\overline{F})}} = \dfrac{P(P \cap \overline{F})}{P(P)} = \dfrac{0,347}{0,35} = \underline{\underline{0,991}}$

1.4 Testgröße X: Anzahl der Lesefehler unter 4000 Gepäckstücken.
X ist binomialverteilt nach B(4000; p), d. h.:
Stichprobenlänge $n = 4000$ und $p \in [0; 1]$.

Signifikanztest:
Nullhypothese $H_0: p \geq 0,01$, Gegenhypothese $H_1: p < 0,01$

Ablehnungsbereich von H_0:
$\overline{A} = \{0; \ldots; g\}$

Annahmebereich von H_0:
$A = \{g+1; \ldots; 4000\}$

$P(X \leq g) \leq 0,05 \Leftrightarrow F_{0,01}^{4000}(g) \leq 0,05$

Für p = 0,01 gilt
Var(X) = σ^2 = n · p · (1 − p) = 4000 · 0,01 · 0,99 = 40 · 0,99 = 39,6 > 9,
also ist eine Näherung mithilfe der Normalverteilung sinnvoll.
Erwartungswert: μ = n · p = 4000 · 0,01 = 40
Mit der Näherung folgt:

$$\Phi\left(\frac{g-\mu+0,5}{\sigma}\right) \leq 0,05 \overset{\text{Tab.werk}}{\Leftrightarrow} \frac{g-40+0,5}{\sqrt{39,6}} \leq -1,645$$

$$\Leftrightarrow g \leq -1,645 \cdot \sqrt{39,6} + 39,5 \; (\approx 29,15) \;\; \Rightarrow \;\; g \leq 29$$

Größtmöglicher Ablehnungsbereich von H_0: $\overline{A} = \{0; \ldots; 29\}$

Kleinstmöglicher Annahmebereich von H_0: $A = \{30; \ldots; 4000\}$

2   Alle gegebenen relativen Häufigkeiten werden als Wahrscheinlichkeiten interpretiert.
R: „Ein zufällig ausgewählter MP3-Player wird (irgendwann) reklamiert."
G: „Ein zufällig ausgewählter MP3-Player hat einen geringen Schaden."
E: „Bei einem zufällig ausgewählten MP3-Player ist die Elektronik defekt."
N: „Ein zufällig ausgewählter MP3-Player wird duch einen neuen ersetzt."
Zufallsgröße K: Kosten des Herstellers in € pro Stück.
$P(K = 55) = 0,8$
$P(K = 55 + 9 = 64) = P(R \cap G) = P(R) \cdot P_R(G) = 0,2 \cdot 0,25 = 0,05$
$P(K = 55 + 25 = 80) = P(R \cap E) = P(R) \cdot P_R(E) = 0,2 \cdot 0,6 = 0,12$
$P(K = 2 \cdot 55 - 10 = 100) = P(R \cap N) = P(R) \cdot P_R(N) = 0,2 \cdot 0,15 = 0,03$

Für den Erwartungswert gilt:
$\mu = E(K) = 55 \cdot 0,8 + 64 \cdot 0,05 + 80 \cdot 0,12 + 100 \cdot 0,03 = 59,8$
Durchschnittlicher Verkaufspreis pro Stück: 59,80 € + 13,00 € = 72,80 €

3   Testgröße X: Anzahl der Jugendlichen mit MP3-Player unter 240 befragten Jugendlichen.
X ist binomialverteilt nach B(240; p), d. h. Stichprobenlänge n = 240 und p $\in$ [0; 1].

Zweiseitiger Signifikanztest:
Nullhypothese $H_0: p = 0,3$, Gegenhypothese $H_1: p \neq 0,3$
Erwartungswert, falls H_0 wahr ist: μ = n · p = 240 · 0,3 = 72

Ablehnungsbereich von H_0:
$\overline{A} = \{0; \ldots; 72-k\} \cup \{72+k; \ldots; 240\}$

Annahmebereich von H_0:
$A = \{72-k+1; \ldots; 72+k-1\}$
$= \{73-k; \ldots; 71+k\}$

$P(X \leq 72-k) \leq \frac{0,05}{2} \;\; \Leftrightarrow \;\; F_{0,3}^{240}(72-k) \leq 0,025$

Für p = 0,3 gilt
Var(X) = σ^2 = n · p · (1 − p) = 240 · 0,3 · 0,7 = 72 · 0,7 = 50,4 > 9,
also ist eine Näherung mithilfe der Normalverteilung sinnvoll.

Mit der Näherung folgt:

$$\Phi\left(\frac{72-k-\mu+0,5}{\sigma}\right) \leq 0,025 \overset{\text{Tab.werk}}{\Leftrightarrow} \frac{-k+0,5}{\sqrt{50,4}} \leq -1,960$$

$$\Leftrightarrow -k \leq -1,96 \cdot \sqrt{50,4} - 0,5 \approx -14,4 \Rightarrow k \geq 14,4$$

$$k_{min} = 15$$

$\mu - k_{min} = 72 - 15 = 57;\ \mu + k_{min} = 72 + 15 = 87$

Größtmöglicher Ablehnungsbereich von H_0: $\overline{A} = \{0; \ldots; 57\} \cup \{87; \ldots; 240\}$

Kleinstmöglicher Annahmebereich von H_0: $A = \{58; \ldots; 86\}$

4 Zufallsgröße X: Anzahl der Jugendlichen, die mindestens zwei MP3-Player besitzen unter 100 befragten Jugendlichen.
X ist binomialverteilt nach B(100, 0,15).

Zufallsgröße Z: Anzahl der Jugendlichen, die mindestens zwei MP3-Player besitzen unter 300 befragten Jugendlichen.
Z ist binomialverteilt nach B(300, 0,15).

Baumdiagramm:

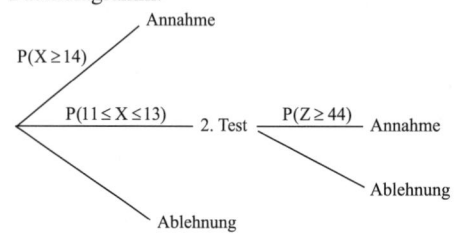

```
                    Annahme
        P(X≥14)
                    P(11≤X≤13)      P(Z≥44)
                                2. Test         Annahme
                                                Ablehnung
                    Ablehnung
```

$P(\text{Annahme}) = P(X \geq 14) + P(11 \leq X \leq 13) \cdot P(Z \geq 44) =$

$= (1 - F^{100}_{0,15}(13)) + (F^{100}_{0,15}(13) - F^{100}_{0,15}(10)) \cdot (1 - F^{300}_{0,15}(43)) =$

$\approx 1 - 0,34743 + (0,34743 - 0,09945) \cdot \left(1 - \Phi\left(\frac{43 - 300 \cdot 0,15 + 0,5}{\sqrt{300 \cdot 0,15 \cdot 0,85}}\right)\right) =$

$= 0,65257 + 0,24798 \cdot (1 - \Phi(-0,24)) =$

$= 0,65257 + 0,24798 \cdot (1 - (1 - \Phi(0,24))) =$

$= 0,65257 + 0,24798 \cdot \Phi(0,24) = 0,65257 + 0,24798 \cdot 0,59483 \approx 0,800$

Wegen $\text{Var}(Z) = 300 \cdot 0,15 \cdot 0,85 = 45 \cdot 0,85 = 38,25 > 9$ war die Normalverteilung als Näherung der Binomialverteilung sinnvoll.

Ihre Meinung ist uns wichtig!

Ihre Anregungen sind uns immer willkommen. Bitte informieren Sie uns mit diesem Schein über Ihre Verbesserungsvorschläge!

Titel-Nr.	Seite	Vorschlag

Bitte hier abtrennen

Lernen · Wissen · Zukunft

STARK

20-VE9

Bitte ausfüllen und im frankierten Umschlag an uns einsenden. Für Fensterkuverts geeignet.

**STARK Verlag
Postfach 1852
85318 Freising**

Zutreffendes bitte ankreuzen!

Die Absenderin / der Absender ist:

- ☐ Lehrer/in in den Klassenstufen: _____
- ☐ Fachbetreuer/in
  Fächer: _____
- ☐ Seminarlehrer/in
  Fächer: _____
- ☐ Regierungsfachberater/in
  Fächer: _____
- ☐ Oberstufenbetreuer/in
- ☐ Schulleiter/in
- ☐ Referendar/in, Termin 2. Staatsexamen: _____
- ☐ Leiter/in Lehrerbibliothek
- ☐ Leiter/in Schülerbibliothek
- ☐ Sekretariat
- ☐ Eltern
- ☐ Schüler/in, Klasse: _____
- ☐ Sonstiges: _____

Unterrichtsfächer: (Bei Lehrkräften)

_____

Absender (Bitte in Druckbuchstaben!)

Name/Vorname _____

Straße/Nr. _____

PLZ/Ort/Ortsteil _____

Telefon privat _____ Geburtsjahr _____

E-Mail _____

Schule / Schulstempel (Bitte immer angeben!)

Kennen Sie Ihre Kundennummer?
Bitte hier eintragen.

Bitte hier abtrennen ✂

Training für Schüler!

Prüfungsrelevantes Faktenwissen mit vielen Beispielen, abwechslungsreichen Aufgaben und schülergerechten Lösungen zur Selbstkontrolle.

Mathematik

Funktionenlehre · Lineare Gleichungssysteme – Technik und Nichttechnik	Best.-Nr. 92406
Analysis und Stochastik – Nichttechnik	Best.-Nr. 92407
Wiederholung Algebra – FOS	Best.-Nr. 92402
Wiederholung Geometrie	Best.-Nr. 90010
Analysis 1 – FOS/BOS 12	Best.-Nr. 92403
Analysis 2 – FOS/BOS 12	Best.-Nr. 92404
Analytische Geometrie FOS/BOS 12	Best.-Nr. 92405
Infinitesimalrechnung 1/11. Klasse	Best.-Nr. 94006
Infinitesimalrechnung 2/11. Klasse	Best.-Nr. 94008
Wahrscheinlichkeitsrechnung und Statistik – gk	Best.-Nr. 40055
Kompakt-Wissen FOS/BOS 12 Analysis und Stochastik	Best.-Nr. 924001
Kompakt-Wissen FOS/BOS 12/13 – Analysis, Lineare Algebra und Analytische Geometrie	Best.-Nr. 924002
Kompakt-Wissen Algebra	Best.-Nr. 90016
Kompakt-Wissen Geometrie	Best.-Nr. 90026

Physik

Mechanik	Best.-Nr. 94307
Gravitations-, elektrisches und magnetisches Feld	Best.-Nr. 92436
Wechselstromwiderstände, Mechanische Schwingungen, Impuls	Best.-Nr. 92437
Kinematik, Dynamik, Energie	Best.-Nr. 92438
Physik – Übertritt in die Oberstufe	Best.-Nr. 80301
Abitur-Wissen Elektrodynamik	Best.-Nr. 94331
Kompakt-Wissen Abitur Physik 1	Best.-Nr. 943012
Kompakt-Wissen Abitur Physik 2	Best.-Nr. 943013
Kompakt-Wissen Abitur Physik 3	Best.-Nr. 943011

Deutsch

Gedichte analysieren und interpretieren	Best.-Nr. 944091
Dramen analysieren und interpretieren	Best.-Nr. 944092
Epische Texte analysieren und interpretieren	Best.-Nr. 944093
Erörtern und Sachtexte analysieren	Best.-Nr. 944094
Abitur-Wissen Prüfungswissen Oberstufe	Best.-Nr. 944400
Abitur-Wissen Deutsche Literaturgeschichte	Best.-Nr. 944405
Abitur-Wissen Textinterpretation Lyrik, Drama, Epik	Best.-Nr. 944061
Abitur-Wissen Erörtern u. Sachtexte analysieren	Best.-Nr. 944064
Kompakt-Wissen Rechtschreibung	Best.-Nr. 944065

Französisch

Sprachmittlung · Übersetzung	Best.-Nr. 94512
Landeskunde Frankreich	Best.-Nr. 94501
Themenwortschatz	Best.-Nr. 94503
Literatur	Best.-Nr. 94502
Textarbeit Oberstufe	Best.-Nr. 94504
Abitur-Wissen Franz. Literaturgeschichte	Best.-Nr. 94506
Kompakt-Wissen Kurzgrammatik	Best.-Nr. 945011
Kompakt-Wissen Abitur Themenwortschatz	Best.-Nr. 945010
Sprachenzertifikat Französisch DELF B1 mit MP3-CD	Best.-Nr. 105530

Englisch

Themenwortschatz	Best.-Nr. 82451
Grammatikübung	Best.-Nr. 82452
Übersetzung	Best.-Nr. 82454
Grundlagen, Arbeitstechniken und Methoden mit Audio-CD	Best.-Nr. 944601
Sprechfertigkeit mit Audio-CD	Best.-Nr. 94467
Sprachmittlung	Best.-Nr. 94469
Englisch Grundwissen 10. Klasse	Best.-Nr. 90510
Englisch Übertritt in die Oberstufe	Best.-Nr. 82453
Klausuren Englisch Oberstufe	Best.-Nr. 905113
Abitur-Wissen Landeskunde Großbritannien	Best.-Nr. 94461
Abitur-Wissen Landeskunde USA	Best.-Nr. 94463
Abitur-Wissen Englische Literaturgeschichte	Best.-Nr. 94465
Kompakt-Wissen Kurzgrammatik	Best.-Nr. 90461
Kompakt-Wissen Abitur Themenwortschatz	Best.-Nr. 90462
Kompakt-Wissen Abitur Landeskunde/Literatur	Best.-Nr. 90463
Kompakt-Wissen Grundwortschatz	Best.-Nr. 90464
Sprachenzertifikat Englisch Niveau B1 mit Audio-CD	Best.-Nr. 105550
Sprachenzertifikat Englisch Niveau A2 mit Audio-CD	Best.-Nr. 105552

Biologie

Biologie 1 – Bayern LK K12	Best.-Nr. 94701
Biologie 2 – Bayern LK K13	Best.-Nr. 94702
Biologie 1 – Bayern GK K12	Best.-Nr. 94715
Biologie 2 – Bayern GK K13	Best.-Nr. 94716
Methodentraining Biologie	Best.-Nr. 94710
Chemie für den LK Biologie	Best.-Nr. 54705
Abitur-Wissen Genetik	Best.-Nr. 94703
Abitur-Wissen Neurobiologie	Best.-Nr. 94705
Abitur-Wissen Verhaltensbiologie	Best.-Nr. 94706
Abitur-Wissen Evolution	Best.-Nr. 94707
Abitur-Wissen Ökologie	Best.-Nr. 94708
Abitur-Wissen Zell- und Entwicklungsbiologie	Best.-Nr. 94709
Kompakt-Wissen Abitur Biologie Zellen und Stoffwechsel, Nerven, Sinne und Hormone · Ökologie	Best.-Nr. 94712
Kompakt-Wissen Abitur Biologie Genetik und Entwicklung, Immunbiologie · Evolution · Verhalten	Best.-Nr. 94713
Kompakt-Wissen Biologie Fachbegriffe der Biologie	Best.-Nr. 94714

Wirtschaft/Recht

Betriebswirtschaft	Best.-Nr. 94851
Abitur-Wissen Volkswirtschaft	Best.-Nr. 94881
Abitur-Wissen Rechtslehre	Best.-Nr. 94882
Kompakt-Wissen Abitur Volkswirtschaft	Best.-Nr. 948501
Kompakt-Wissen Abitur Betriebswirtschaft	Best.-Nr. 924801

(Bitte blättern Sie um)

Chemie

Chemie 1 – LK K 12
Analytik · Kernchemie · Kohlenwasserstoffe ...... Best.-Nr. 94731
Chemie 2 – LK K 13 Biomoleküle ·
Stoffwechsel · Organische Chemie des Alltags .... Best.-Nr. 94732
Chemie 1 – gk K 12 Natürliche und synthetische
Kohlenstoffverbindungen .... Best.-Nr. 94741
Chemie 2 – gk K 13 Biokatalyse und Stoffwechsel
Umweltschutz und Alltagschemie .... Best.-Nr. 94742
Methodentraining Chemie .... Best.-Nr. 947308
Rechnen in der Chemie .... Best.-Nr. 84735
Abitur-Wissen Protonen und Elektronen .... Best.-Nr. 947301
Abitur-Wissen
Struktur der Materie und Kernchemie .... Best.-Nr. 947303
Abitur-Wissen
Stoffklassen organischer Verbindungen .... Best.-Nr. 947304
Abitur-Wissen Biomoleküle .... Best.-Nr. 947305
Abitur-Wissen
Biokatalyse und Stoffwechselwege .... Best.-Nr. 947306
Abitur-Wissen
Chemie am Menschen – Chemie im Menschen ... Best.-Nr. 947307
Kompakt-Wissen Abitur Chemie Organische Stoffklassen
Natur-, Kunst- und Farbstoffe .... Best.-Nr. 947309
Kompakt-Wissen Abitur Chemie Anorganische Chemie,
Energetik · Kinetik · Kernchemie .... Best.-Nr. 947310

Geschichte

Geschichte 1 .... Best.-Nr. 94781
Geschichte 2 .... Best.-Nr. 94782
Methodentraining Geschichte .... Best.-Nr. 94789
Abitur-Wissen Die Antike .... Best.-Nr. 94783
Abitur-Wissen Das Mittelalter .... Best.-Nr. 94788
Abitur-Wissen Französische Revolution .... Best.-Nr. 947812
Abitur-Wissen Die Ära Bismarck: Entstehung und
Entwicklung des deutschen Nationalstaats .... Best.-Nr. 94784
Abitur-Wissen Imperialismus und Erster Weltkrieg Best.-Nr. 94785
Abitur-Wissen Die Weimarer Republik .... Best.-Nr. 47815
Abitur-Wissen
Nationalsozialismus und Zweiter Weltkrieg .... Best.-Nr. 94786
Abitur Wissen
Deutschland von 1945 bis zur Gegenwart .... Best.-Nr. 947811
Abitur Wissen USA .... Best.-Nr. 947813
Abitur Wissen Naher Osten .... Best.-Nr. 947814
Kompakt-Wissen Abitur Geschichte Oberstufe .... Best.-Nr. 947601

Erziehungswissenschaft/Psychologie

Erziehungswissenschaft .... Best.-Nr. 94941
Grundwissen Pädagogik .... Best.-Nr. 92480
Grundwissen Psychologie .... Best.-Nr. 92481

Politik

Abitur-Wissen Demokratie .... Best.-Nr. 94803
Abitur-Wissen Sozialpolitik .... Best.-Nr. 94804
Abitur-Wissen Die Europäische Einigung .... Best.-Nr. 94805
Abitur-Wissen Politische Theorie .... Best.-Nr. 94806
Abitur-Wissen Internationale Beziehungen .... Best.-Nr. 94807
Kompakt-Wissen Abitur Politik/Sozialkunde .... Best.-Nr. 948001

Abitur-Prüfungsaufgaben

Mit vielen Jahrgängen der **zentral gestellten** Prüfungsaufgaben an Beruflichen Oberschulen sowie Fachschulen und Fachakademien in Bayern – **einschließlich des aktuellen Jahrgangs**. Mit schülergerechten Lösungen.

Fachabitur FOS/BOS 12. Klasse

Fachabiturprüfung Mathematik – Technik
FOS/BOS Bayern 12. Klasse .... Best.-Nr. 92500
Fachabiturprüfung Mathematik – Nichttechnik
FOS/BOS Bayern 12. Klasse .... Best.-Nr. 92510
Fachabiturprüfung Physik
FOS/BOS Bayern 12. Klasse .... Best.-Nr. 92530
Fachabiturprüfung Deutsch
FOS/BOS Bayern 12. Klasse .... Best.-Nr. 92540
Fachabiturprüfung Englisch
FOS/BOS Bayern 12. Klasse .... Best.-Nr. 92550
Fachabiturprüfung Pädagogik · Psychologie
FOS/BOS Bayern 12. Klasse .... Best.-Nr. 92580
Fachabiturprüfung BWL mit Rechnungswesen
FOS/BOS Bayern 12. Klasse .... Best.-Nr. 92570

Abitur FOS/BOS 13. Klasse

Abiturprüfung Mathematik – Technik
FOS/BOS Bayern 13. Klasse .... Best.-Nr. 92501
Abiturprüfung Mathematik – Nichttechnik
FOS/BOS Bayern 13. Klasse .... Best.-Nr. 92511
Abiturprüfung Physik
FOS/BOS Bayern 13. Klasse .... Best.-Nr. 92531
Abiturprüfung Deutsch
FOS/BOS Bayern 13. Klasse .... Best.-Nr. 92541
Abiturprüfung Englisch
FOS/BOS Bayern 13. Klasse .... Best.-Nr. 92551
Abiturprüfung Pädagogik · Psychologie
FOS/BOS Bayern 13. Klasse .... Best.-Nr. 92581
Abiturprüfung BWL mit Rechnungswesen
FOS/BOS Bayern 13. Klasse .... Best.-Nr. 92571

Abschluss Fachschule/Fachakademie

Abschlussprüfung Mathematik
Fachschule/Fachakademie – Bayern .... Best.-Nr. 935001
Abschlussprüfung Englisch
Fachschule/Fachakademie – Bayern .... Best.-Nr. 935501
Abschlussprüfung
Pädagogik/Psychologie/Heilpädagogik
Fachakademie – Bayern .... Best.-Nr. 935801

Bestellungen bitte direkt an:
STARK Verlagsgesellschaft mbH & Co. KG · Postfach 1852 · 85318 Freising
Tel. 0180 3 179000* · Fax 0180 3 179001* · www.stark-verlag.de · info@stark-verlag.de
*9 Cent pro Min. aus dem deutschen Festnetz, Mobilfunk bis 42 Cent pro Min.
Aus dem Mobilfunknetz wählen Sie die Festnetznummer: 08167 9573-0

Lernen • Wissen • Zukunft
STARK